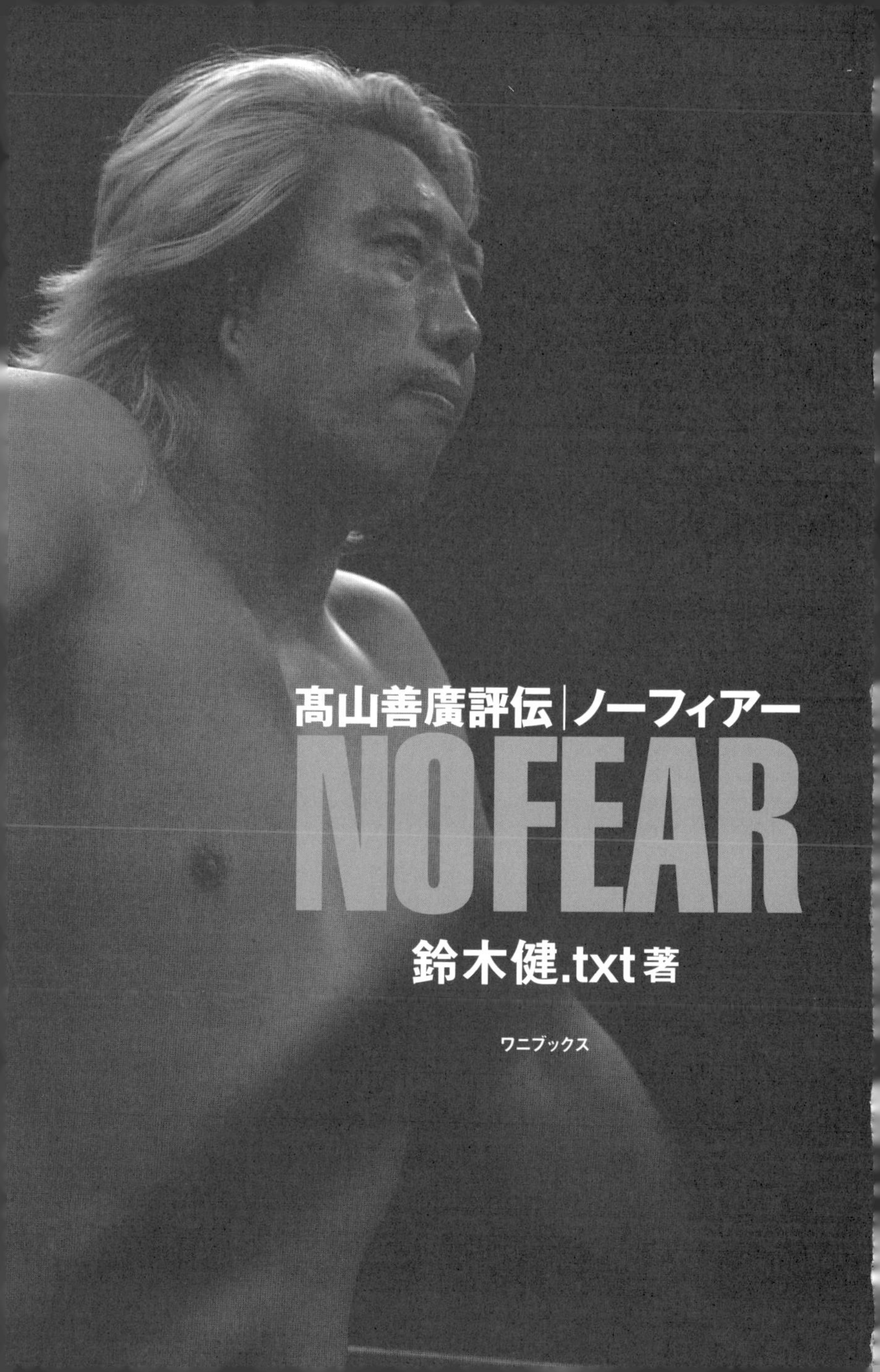

髙山善廣評伝｜ノーフィアー

NO FEAR

鈴木健.txt 著

ワニブックス

まえがき――すべてのTAKAYAMANIAの皆様に

自分を突き動かす〝動機〟に対し、正直になった結果、生まれた一冊

2009年9月26日。その日、髙山善廣《たかやまよしひろ》は三冠ヘビー級王者として小島聡《こじまさとし》の挑戦を迎えるべく、開場前の横浜文化体育館をランニングしていた。21年間在籍したベースボール・マガジン社を月末に退社する筆者は、全日本プロレスの選手・関係者への挨拶に回る最中。

走る速度が弱まり、歩いているところを見計らって近づき「髙山さん、お話があります」と言うと、その大きな上半身を折るようにして体勢を低くし、こちらの口元に耳を近づける。背丈が違いすぎるため、そうしなければ言葉が聞き取れなかったからなのは明らかだった。

それ自体は当たり前のことだが、自分で体を近づけた髙山がカッコよく映った。他者に対する気遣い、やさしさに思えたのだ。

デビュー戦の試合リポートを書いたとはいえ、筆者にとっての髙山善廣はこの世界に入るき

まえがき

っかけとなったＵＷＦ系選手の一人という認識に過ぎず。それ以前に〝プロレス界の帝王〟としてとんでもなく高いところへいる人物だ。自分との関係性がどうとか考えもしなかった。

その距離が一気に近づいたのは、２０１３年2月に始まったプロレス専門インターネット情報動画サイト『ニコニコプロレスチャンネル』のニュース番組「ニコプロ一週間」がきっかけだった。筆者は番組ＭＣ、帝王はマット界のご意見番としてレギュラーコメンテーターを務め、毎週水曜日22時からの2時間、共演することになった。

同じくレギュラーの『週刊プロレス』佐藤正行《さとうまさゆき》編集長（当時）が天然ボケをかますとこちらが突っ込み、それを聞いて高山が「ガッハッハッ！」と豪快に笑うという役割分担がされており、コメント機能を通じて視聴者もそこに参加する。みんながハッピーを共有できる、心地よい空間が番組のテイストとして愛された。

プロレス業界へ携わるようになって２０２４年9月で37年目に入ったが、もっとも楽しかった時期はと自問すると、あの日まで4年続いた〝ニコイチ〟における帝王＆佐藤元編集長との日々が、その答えになる。90年代前後の週プロに在籍した時も充実感を得られたが、生配信番組はリアルタイムで受け手の反応をつかめる分、より一体感を味わえたのが大きかった。

こんな時間が、永遠に続けばいいと思った。だが、２０１７年1月をもって佐藤編集長が野球編集部へ異動したことで番組の空気感が微妙に変わった。そして3ヵ月後——あの大きくて頼り甲斐のある体が、自分の隣からいなくなってしまった。

毎週顔を合わせる人間となんの前触れもなく会えなくなる経験は、私にとってそれが初めてだった。一人の取材対象者からほんの少しだけ距離が近づき、そして髙山善廣に関するすべてが他人事《ひとごと》ではなくなった。

9月4日のTAKAYAMANIA発足以後は、各団体で始まった支援募金活動に協力させていただく形で呼びかけ続けた。自分ができることはと考えた結果、それしか浮かばなかった。「なぜプロレスマスコミが特定の選手のために?」という見方をされるのも承知だったが、自分の中へ芽生えた衝動に対し、正直でいたかった。ただ、それだけだ。

誰かに言われてやるのでもなければ、義務感や情《じょう》とも違う気がする。筆者のブログでは、2017年8月28日に書いた「髙山善廣さんへの思いを持ち続けること」というエントリーをトップに固定している。何かのタイミングで初めて訪れた方に訴えたい思いを記したからだ。

「何が正しくて何が正しくないのかの正解は一つでありません。人によって、価値によって、状況や環境、立場によっていくらでも変わってきます。その上で、心へ芽生えた自分を突き動かす〝動機〟に対し、正直になってください。それが信念を育《はぐく》みます。そして良識のもと信念に基づく言動であれば、あなたにとっての正解です」

プロレスラーが募金箱を持っている時は、ちゃんと協力していただいたファンの方々にお礼

まえがき

を言える。ただ、人手が足らず誰もいなかったら、それもできない。

「そんな時、帝王はどう思うだろう」

おこがましいが週に一度、帝王の隣に座った者として髙山善廣の代わりに頭を下げよう。プロレスラーでも世間的バリューのある人間でもない自分も、これならできると思った。

ところが、それさえも許されぬ状況が新型コロナウイルスによって2020年にもたらされる。本当に、己の無力さを噛み締めた。

直接的な接触が制限される中でも協力各団体では募金活動を再開。そこからは、選手・関係者に託すべきと判断したのだが、髙山善廣のために動いていない現実がのしかかった。

募金活動とは違う形で何かを始める……そこで、伝える立場にあるという原点に還った。幸いなことにそのタイミングで、本書のプロジェクトに声をかけていただけた。

リング内だけでなく、外も含め帝王と深い関係性を紡いだ方々の証言をまとめて、一冊の本にする。あの日、あの時の髙山善廣へ逢いにいく旅が始まった。

これまでも、こうした出版の話は何度かあったと聞く。だが、そのつど帝王は固辞してきた。

「俺はまだ引退していないから」が理由だった。

足跡をまとめたものとなると、確かに現役を退いた選手や追悼本のようなケースが多い。それに対し本書はまず、TAKAYAMANIA支援活動の一環との大前提に基づいている。

売り上げの一部を医療費に充《あ》てるのはもちろんだが、事故からこの5月4日で8年が経つ今、改めてプロレスラー・高山善廣の存在を広く認識し、なにゆえここまで人の心を揺さぶるのかを検証する。それには数々の実績、エピソードを今一度伝える必要がある。

リアルタイムで見た人にとっては、自分が同時代に生きた証となるだろう。伝説として知る世代は、記録だけではうかがい知れぬむき出しの物語が体に刻み込まれるはずだ。

新たな証言や記録の検証が肝なのは言うまでもないが、同じく重要なのは語り尽くされたと思われる事象も省かず、まとまった文献に残す作業。人間は、自分が知る話は誰もが知っていると思いがちだ。

だから我々伝える側は「これ、読んだことがある」と言われながら何度でも書く。みんながみんな、同じタイミングで入り口を通ってきたわけではない。

TAKAYAMANIAの活動も、基本的には同じことの繰り返しだ。募金を呼びかけ、協力していただき、EMPIREのようにみんなの集まれる場所が設けられたら馳せ参じる。

自発的に動こうとするエネルギー……それこそがTAKAYAMANIAであり、高山善廣そのものなのだ。恐れるものがなければ動機に対し、正直になれる――。

Contents

©高山堂

第1章
帝王紀元前

丙午《ひのえうま》生まれの普通とは違う何か

１９６６年は60年に一度訪れる「丙午」に当たる。昔からこの年に生まれた女性は「気性が激しく、夫の命を縮める」という迷信があり、女児が生まれるのを避けたため出生率が前年より25％下がった。

つまり、１９６６年に子どもを授かった夫婦はそういった言い伝えを信じたり、あるいは気にしたりしなかったことになる。常識や古いしきたりにとらわれない親を持てば、その遺伝子が子どもに継がれる。出生率が低いのとは裏腹に、１９６６年生まれのプロレスラーは前後５年のスパンで見ると飛び抜けて多い。

ザッとあげるとＡＫＩＲＡ（3月13日）、松永光弘《まつながみつひろ》（3月24日）、エル・サムライ（4月19日）、飯塚高史《いいづかたかし》（8月2日）、佐々木健介《ささきけんすけ》（8月4日）、セッド・ジニアス（9月1日）、金本浩二《かねもとこうじ》（10月31日）、小川良成《おがわよしなり》（11月２日）、新崎人生《しんざきじんせい》（12月２日）、ウルティモ・ドラゴン（12月12日）、MEN'S《メンズ》テイオー（12月16日）となる。

丙午とは関係ないが同い年の外国人選手としては、ビターゼ・タリエル（1月12日）、ゴールダスト（4月11日）、ヨコヅナ（10月2日）、リキシ（10月11日）、ジョン・ブラッドショー・レイフィールド（11月29日）、ゴールドバーグ（12月27日）といったところが該当。ジャイアント馬場《ばば》

第1章　帝王紀元前

唯一の異種格闘技戦の相手となったラジャ・ライオンも、月日は不明だが1966年生まれとされている（1965年説もあり）。

翌1967年の早生まれで同級生となるのが、中西学《なかにしまなぶ》（1月22日）と小橋建太《こばしけんた》（3月27日）だ。こうして見ると、90年代から現在にかけて日本のプロレスシーンをけん引した者たちが多い。

想像を絶するほどに肉体を鍛えあげ、なったあとも続けるにはハードルが高いプロレスラーを目指そうとするのは、一般的な発想とは逸脱している。それこそ親譲りのパイオニア精神やチャレンジする姿勢がなければ、成し遂げるのが難しい。

いささか暴論ながら、生まれながらに普通とは違う何かを備えるのが丙午世代だとするなら、プロレスラーとなって大成するのはわかる気がする。高山善廣《たかやまよしひろ》はそんな1966年の9月19日に、東京都墨田《すみだ》区《く》錦糸町《きんしちょう》にて父・善四郎《ぜんしろう》、母・芙美枝《ふみえ》の次男として生を受けた。

高山が生まれる5年前、現在の「テルミナ」である「駅ビルきんし町」ができたのをきっかけに少しずつ変化していったが、当時の錦糸町は現在よりずっと下町らしい風景だった。小学生の頃は、近所の公園で魚や蛙を獲って遊べたという。

実家は薬局を営み、母方から父が継ぐ形で切り盛りしていた。もともと祖父・善次郎《ぜんじろう》が上野の高山家へ養子に入ったことで、その系譜は始まっている。

善次郎は坂本龍一《さかもとりゅういち》も輩出《はいしゅつ》した東京藝術《げいじゅつ》大学を卒業し、ドイツへ遊学するほど本格的に音楽を学んでおり、明治チョコレートの最初のコマーシャルソングを作曲した人物。高山と、3歳年上の兄・善将《よしまさ》は小さい頃に父の歌声でそれを何度となく聴かされた。

ただ、本格的に音楽家の道を進むことなく、甘味屋《かんみや》に落ち着いた。以上のように祖父、父、兄、そして弟と〝善〟の文字が代々受け継がれている。

生まれた頃より髙山は、2つの試練と向き合う宿命にあった。ひとつは右耳の奇形。先天性のもので、3度にわたり形成手術を受け少しずつ整えるはずだったが最終段階で失敗し、はじめからやり直さなければならなくなった。

手術のたび入退院を繰り返し、それに嫌気がさして4度目は受けないままにした。

もうひとつの試練は喘息《ぜんそく》。物心がつく頃には苦しめられていた。

普段、呼吸をするのに支障はなくとも、日中元気に走り回ると夜から発作が始まる。いったん就寝したあと、夜中に息苦しくなり体を横へするだけでシンドい。

上体を起こし、座った姿勢にならなければ呼吸ができないからだ。発作が起こると別室で寝ている母のもとまでいき、背中をさすってもらう。「ぜえぜえ、ぜえぜえ……」と苦しむ息子が少しでも楽になるようにと眠いのも忘れ、何時間もだ。

そのうち呼吸が楽になり、知らぬ間に髙山は眠りへとつくのだが、夜が明けて朝が訪れる頃には別の苦しみへと襲われる。肺に空気を送ろうと全身の筋肉を使って喘《あえ》ぐため、反動が背筋に来る。

体のあちこちが痛くてたまらなくなり起き上がるのもできず、幼稚園を休むこととなる。それほど体力を消耗し、一日中動けず寝込んだ。

耳の方をなぜしっかりと治さなかったのかと言われるかもしれないが、幼少期の子どもが2つの苦しみを抱えるのはあまりに酷である。喘息と闘うだけで、善廣少年は精いっぱいだったと思われる。

プロレス界の帝王になってからも、人知れず喘息との闘いは続いた。寝る前の治療薬と漢方薬は欠かせず、それ以外に粉末と液体の吸入薬《きゅうにゅうやく》を肺へ送り込んだ。

このように体が弱かった高山だが体育の授業を休むことはなく、自転車で遠出《とおで》するぐらいならできた。ただ、スポーツマンタイプではなく、体こそ大きかったものの運動神経が特にいいわけでもなかった。

兄に無理やり野球をやらされたせいで球技は嫌いになった。プラモデルや学校で紙芝居、林間学校のしおりなどを作る時にほぼ一人で描くなど、どちらかというと文化系タイプだった。好きなものに関してとことん追求するマニアックな性格は、子どもの頃より変わっていない。その恵まれた体格を生かすには、まだ時間を要した。

小学生の時点で後ろの方へ並んでいた高山だが、兄も中学生で１７５㎝あった。弟と同じ系列の高校（東海大高輪《とうかいだいたかなわ》）から東海大学へ進み、電気回路を設計する会社に入った善将は192cmまで伸びた。

大学2年で高校生だった善廣に抜かれたが、この長身の血筋も母方にある。祖母も芙美枝も170cm台と、女性としては大きかった。

プロレスの入り口はアントニオ猪木《いのき》自伝

スポーツが好きでなかった髙山は、どういった経緯でプロレスと出逢ったのか。記憶に残っている一番古いものは日本テレビの人気番組『うわさのチャンネル』でせんだみつおに足4の字固めをかけているザ・デストロイヤーの姿だ。

力道山《りきどうざん》のライバルであり〝白覆面の魔王〟と恐れられたデストロイヤーは、1972年にジャイアント馬場が設立した全日本プロレスへ協力する。日本陣営へ回ったのをきっかけに、バラエティー番組にも出演。コミカルな日本語と和田アキ子らタレントとのやりとりが人気を博し、全国でもっとも有名な外国人レスラーとなった。

ただ、髙山少年にとってそれはプロレスを見たわけでなくテレビの中のワンシーンとして刻まれたもの。今なお語り継がれるアントニオ猪木vsモハメド・アリの異種格闘技戦（1976

第1章　帝王紀元前

年6月26日、日本武道館)も父と見ていたが、子どもの目にはつまらない試合にしか映らず、途中で外へ遊びにいってしまった。

　当時の小学生の間でプロレスは人気コンテンツのひとつだった。友達の家へ集まり遊ぶうち、毎週土曜夕方に放送される『全日本プロレス中継』にチャンネルが合わせられ、付き合った。ザ・ファンクスとアブドーラ・ザ・ブッチャー&ザ・シークの「オープンタッグ選手権」最終戦は、大人になってからも鮮明に憶えているほど強く印象に残ったものの、それで夢中になったわけではない。

　新日本プロレス中継の『ワールドプロレスリング』が放送される金曜夜8時は『太陽にほえろ!』や『3年B組金八先生』を見ていた。高山少年にとってのヒーローは仮面ライダーであり、ウルトラセブンであり、マジンガーZ。馬場と猪木の存在もアニメの『タイガーマスク』で知ったクチだ。

　特撮ヒーローと同じく、プロレスラーもテレビの中の登場人物。たとえ実在しても、体の大きさは自分と比べ物にならないから別世界の生き物としか受け取れない。それであこがれの対象とはならなかったのだ。

　そんな高山とプロレスの距離を一気に縮めた一冊が『苦しみの中から立ち上がれ』——そう、帝王の心を初めて動かしたのは猪木の本だった。

友達の中でも、特にプロレス好きな子が「面白いよ。読んでみてよ」と薦めた猪木の自伝。テレビ以外から初めて得る情報だったわけだが、そこには画面を通じ伝わってくるものとまったく違う世界があった。

別世界の住人としか思えなかったプロレスラー。ところが自伝には力道山の元へ弟子入りした猪木がいかに苦労し、頑張って克服した上で強くなれたかが記されていた。

そんな姿に、喘息で苦しみ腕立て伏せの一回もできずにいる自分を合わせた。この時、植えつけられた原体験《げんたいけん》はそのまま高山の揺るぎなきプロレス観へとつながる。

普通の人間でも努力すれば、強く変わることができる。それが高山善廣にとっての〝プロレス〟となった。

この時点でプロレスラーを目指したかどうかはハッキリとわからない。ただ、病弱で何をやるにしてもそのことを理由に諦めていた自分を劇的に変えたのは、まぎれもなく猪木の存在だった。

以後は「七曲署」の刑事たちも「桜中学」のたのきんトリオも見なくなり、金曜夜8時は10チャンネルに固定。一度好きになったらのめり込む性格の高山はそれこそ目を皿にするかのごとくブラウン管へ集中するがあまり、中継が終わるまでは晩飯にも手をつけなかった。

当時はまだビデオデッキが普及しておらず、あとで見るなどできない時代。プロレスに関して今でもツルツルと記憶が蘇《よみがえ》るのは、そこまで入れ込んで頭に刻んでいたため。これは、同世代の選手やファンに共通するだろう。

今のように情報過多ではなく見られる機会が限られるから、あっという間に消費されることもない。高山は、幸せな時代にプロレスと出逢えた。

全日本中継も同じ姿勢で見ていたが、やはり猪木が躍動する新日本に傾倒。馬場は209cm、ジャンボ鶴田《つるた》はレスリングのオリンピック代表、天龍源一郎《てんりゅうげんいちろう》は角界《かくかい》出身といずれもが特別な何かを持っているのに対し、藤波辰巳《ふじなみたつみ》(現・辰爾)もタイガーマスクも飛び抜けて大きいわけではなく、アマチュア時代に何かを成し遂げたエリートとも違う。

単純な言い方をすると「弱いやつも強くなれるのが新日本」……そこに惹《ひ》かれたのだ。実際、触発されるがまま腕立て伏せを始めてみると一度もできなかった自分が5回、10回とやれるようになっていった。

身をもって体の変化を味わう中で、いつしか高山の意識の中に「プロレスラーになる」というおぼろげな夢が頭をもたげてくる。ましてや中学卒業時で190cmを超えていた。みな身長をクリアできず断念せざるを得ない中で、目指す前からそこに関しては合格だった。

その頃、高山家では牛乳の消費量が尋常ではなかった。

兄が中学生の時、身長が伸びるスピードにカルシウムの摂取量が追いつかず、関節の骨が不完全になってしまうと診断を受けたため、牛乳を水代わりに飲んでいた。高山も同じ症状になってはと思ったか、冷蔵庫の中の1ℓパックを我先《われさき》にと争った。

「牛乳を飲めば背が高くなる」というのがどこまで科学的根拠があるのかないのかは別として、実際に兄弟揃って伸びた。それほどの身長を誇るだけに、高山は中学を卒業したらプロレスラーになれると思っていた。

ところが勇《いさ》んでプロレスラーになると親に告げると「バカ言ってんじゃないよ！」のひとことで片づけられ撃沈《げきちん》。「その頃の俺は素直な子だった」と笑う高山は言われた通りだと特に歯《は》向《む》かわず受け入れ、両親に薦められた東海大相模《さがみ》を受験し合格。高校進学と前後して一家は錦糸町より神奈川県藤沢《ふじさわ》市鵠沼《くげぬま》へと引っ越した。

プロレスラーを夢見て孤独なトレーニング

高山の文化圏は東京の下町から神奈川県の茅ヶ崎《ちがさき》・湘南《しょうなん》といった海沿いに移る。ただ、そういった環境を満喫するタイプではなく、プロレスラーになることを諦めていなかったため授業が終わると寄り道もせず家に戻り、自己流のトレーニングに明け暮れる日々を続けた。

現在はほとんど見られなくなった列車内で新聞を広げる光景こそが、高校時代の高山にとっての情報ツール。ホームへ降りる際、おっちゃんが網棚《あみだな》にそれを置いていく。

シートに座りながら〝当たり〟をつけた善廣青年はスッとその前に移動すると新聞を手にし、何食わぬ顔でそこへ腰を下《お》ろす。ただし、獲物は決まって『東京スポーツ』のみ。

プロレスが掲載される新聞と言えば東スポ。夕刊紙だが午後にはキオスクに置かれ、下校する頃にちょうど読み捨てられたものへとありつけた。

もちろん毎日、東スポが網棚にあるわけではなかったから、そういう場合は自分で購入。とにかくプロレス情報を頭の中に叩き込んでから、家に着くと膨らむ妄想をやる気に変えてヒンズースクワット、腹筋、プッシュアップ、さらにはのちのエベレスト・ジャーマン・スープレックスへとつながるブリッジと励《はげ》むのだ。

部活にも入らず、たった一人でプロレスラーを夢見てトレーニングを続ける毎日が高山には楽しかった。高校1年夏、当時の新日本の入門テストメニューであるスクワット500回をクリア。

原辰徳《はらたつのり》・巨人軍前監督やロサンゼルスオリンピック（1984年）柔道金メダリストの山下泰裕《やましたやすひろ》など多くの著名なスポーツ選手を輩出するにとどまらず、体育会系外の吹奏楽部や美術部も全国大会やコンクールで優秀な成績を収める東海大相模は、みななんらかのクラブに入部していた。周りを見渡すと〝帰宅部〟は高山ぐらい。

そこに負い目を感じたり、あるいは長いものに巻かれたりしたわけでもなく、何か特定のスポーツに打ち込むのはプロレスラーを目指すにあたりプラスと考えるようになった。喘息に苦しむ頃は本格的に運動をやるなど思いも寄らなかったが、自主練習を続けたことで体力的な自信が知らぬうちについていた。

他の生徒たちから4ヵ月ほど遅れて、高山は部活選びに動く。当然ながら、プロレスだったら格闘技系となるところだが、東海大相模にあったのは柔道部のみ。

前述通り、オリンピック出場選手が何人もOBに顔を揃える同部は中学時代から名をあげ、全国よりスカウトを受けて集まってきたようなツワモノの集団だ。とてもではないが、亜流《ありゅう》のトレーニングレベルでついていける世界とは違う。

高山自身も、それはわかっていた。ではほかにどこがいいかと考えたところ、プロレス漫画として愛読する『1・2の三四郎』が導いてくれた。

昭和のプロレスを生で見た世代の間で、この作品は絶大なる支持を誇る。主人公の東三四郎《あずまさんしろう》(DDTプロレスリング・高木《たかぎ》三四郎のリングネームの由来)が柔道をやる前に活躍したのがラグビー部だった。

ラグビー↓柔道↓プロレスというモデルケースを頭の中でラーニングした高山は、迷うことなく夏休みが始まろうとするタイミングでラガーマンになった。とはいえ、あくまでも目的はレスラーだけに、その道を究《きわ》める意識はなかった。「体が鍛えられるから」と練習は真面目にやり、部活を終えたあとも家でのトレーニングは続けられた。

大日本プロレスの関本大介《せきもとだいすけ》も、高知・明徳義塾《めいとくぎじゅく》高校時代は野球部に属しながら、球拾いにいったままトレーニング室へ直行し、バーベルを挙げまくったという逸話が残っている。何度もナインを甲子園に導いた名将・馬淵史郎《まぶちしろう》監督も「おまえはなんのためにそんな練習をやってんだ？　レギュラーになる道を自分で外れてどうすんだよ」と呆れた。

高山はラグビーの練習も真面目にやった。ポジションはロック。スクラムを組んだ際、フロントロー（最前）の後方から押し込む役割ゆえパワーを求められ、その一方ではラインアウト（ボールがフィールドの外に出たあと試合を再開させるためのセットプレー）の際にジャンプし、ボールをキャッチする役割も担う。

まさに、高山のためにあるようなポジション。ガッチリした体格を誇るレギュラー陣の中でも、その身長は頭ひとつ……いや、ふたつは飛び出ていた。

遅れての入部ながら、体格を武器に高山は主戦力となり活躍。ただ、背は高いものの体重が70kg台だったため、体と体がぶつかり合うラグビーだと当たり負けする。

運動部に入ったメリットとして、関本と同じく体育館のトレーニングルームにあった器具を使えたのはよかったが、体の厚みでは上級生に歯が立たず。結果、打撲《だぼく》や捻挫《ねんざ》といったケガのデパートとなってしまった。

中でもタックルで吹っ飛ばされて脱臼《だっきゅう》した右肩が癖《くせ》となり、手術を受けることに。それによって、プロレスラーになりたい志《こころざし》へブレーキがかかる。

高校のラグビーで手術を受けるほど肩を壊すような自分が、もっと厳しいと思われるプロレスの世界でやっていくなんて……そうした不安が、若者の自信をそぎ取っていった。加えて、付属校は推薦で進学できる環境にあり、両親に「大学にいけるのだからいきなさい」と言われたのもあった。

そうした流れに抗うことなく、言われた通りに大学への進学を選んだ段階で、以前と比べるとプロレスラーになりたいという欲は下がっていた。それでも諦めたわけではなかったのでトレーニングは続けた。自宅用のバーベルも、築地の鮮魚店でアルバイトし購入。

この頃は、プロレスラーになる夢を持続させるためのトレーニングだった。ラグビーで負った右肩のケガによって自信を喪失し、諦めようと思えば諦めたはず。そうなりたくないから、これさえ続けていればとの思いで自分を支えた。

ヘルシー&アメリカン髙山

子どもの頃から文化系だった高山は、大学では文学部文明学科を専攻。とはいうものの、担任から「この成績では体育学部とのどちらかにしか入れない」と言われ、お洒落とはほど遠い生活が嫌だから選んだだけで、その道の就職を考えたわけではなかった。

「相模でラグビーをやっていた１９０㎝あるやつが入ってくるらしいぞ」

１９８５年、聖学院《せいがくいん》高校からスポーツ推薦で東海大へ進んだ金子健《かねこたけし》（現システム・ハウジング株式会社勤務／一級建築施工管理技士）は、入学式前よりアメリカンフットボール部の練習へ参加。２ヵ月ほど経った頃、そんな話を聞かされる。

付属校からの進学組は、だいたい5月に合流する。１９０㎝と聞いて「もしかすると、あいつかな……」と、思い当たる人間の巨体がぼんやりと頭へ浮かんできた。

神奈川県平塚市に位置する東海大湘南キャンパスは、正門をくぐると中央通りがまっすぐ伸びており、噴水に突き当たったところでＹ字に分かれ、先は坂になっている。学生たちは「山の上・山の下」と呼んだが、そこを境に上は文学部や政治経済学部、下は体育学部があり文化が違った。

ザックリ言うと山の上はファッションもお洒落で、下はジャージーの割合が多い。高山は文学部だから、本人が望んだ〝オシャレゾーン〟の生徒となる。

「バレー部とか柔道部とか、大きい人間はけっこういたんで、キャンパスの中で突出したわけではないんですけど、僕も同じ学部なので見かけるのは山の上の学食。その中だとひと際目立つ。付属校の連中は連中で溜まっていて、東海大相模から来た連中もそうだった。その中に高山ともう一人、デカいのがいて目を引く存在でした」(金子)

案のじょう、アメフト部に入ってきたのは山の上の学食にいたあの男。同じプロレス好きとあって、すぐに二人は仲よくなる。金子の記憶によると、高山が高校時代に全日本プロレスからスカウトを受けた話をコーチより聞いている。

そのコーチが百田光雄《ももたみつお》と知り合いだったため、高山のことが伝わったらしい。ただ、耳のことがあり団体側に「やるなら覆面《ふくめん》を被ったらどうか」と打診され、高山としては本意ではなかったため流れたのだという。

「それでも、プロレスラーになりたいとは言っていました。ただ、あまりお喋りはしない寡黙《かもく》なタイプだったと思います。プロレスラーになってから見た時は、あんなアクティブな感じになって不思議な感覚でした。本人は『スイッチが入る』っていう言い方をしていましたけど。

体が大きい分、首脳陣に期待されていました。そのスカウトのことを話してくれたコーチも、けっこう厳しく指導していたから気に入られたんだと思います。ウチはポジションごとに分かれてトレーニングするんで、一緒に練習するタイミングはなかったんですけど、高山はディフェンスラインでゴツゴツ体をぶつけていました」

第1章　帝王紀元前

ラグビーのフォワードに当たるディフェンスラインは、最前線で相手をブロックするポジション。プロレスに置き換えると〝受け〟の強さが求められる。試合になると金子は、その後方から髙山の頼もしい背中を見ていた。

東海大アメフト部では、4年生とレギュラーは合宿所に入るルールがあった。最初は自宅通いの髙山も、2年へ進級する前に実家を離れる。

「合宿所の玄関を入ってすぐが1号室、2号室なんですけど髙山さんの部屋は2号室で、そのドアを開けっ放しにして黙々とチューブを使ってトレーニングしているんですよ。エアコンもなかったので暑くて開けていたんだと思うんですけど『コー！　コーッ！』という息遣《いきづか》いが聞こえてきた」

そう語るのは1年後輩としてアメフト部に入った今田健一朗《いまだけんいちろう》（現・株式会社マーケッティングインターナショナル代表取締役）。髙山と「ノーフィアー」の6文字をつないだ人物でもあるが、それに関しては後述する。

駒場学園《こまばがくえん》出身で金子同様、スポーツ推薦により東海大へ入学した今田は、髙山と同じポジションだったためほぼ毎日一緒に練習した。高校時代から続けてきた自負があり「デカい先輩だけど、俺だって負けてねえ！」という気持ちでやっていた。

ただ、縦社会特有の先輩風を吹かせるようなタイプではなく、やさしかった印象しか残っていない。「アメリカのレスラーって、スタン・ハンセンみたいなフットボール出身が多いだろ。それでここに入ったんだよ」と今田は高山から明かされたこともあった。

部員たちの間では「ヘルシー&アメリカン高山」と呼ばれていた。まだ一般には浸透していないプロテインを一人飲むなど、体作りひとつをとっても外国かぶれしている面が印象強かったからだ。

学内のテニスコートへ入る際はシューズを替えなければならなかったが、32㎝のサイズがないので高山だけは土足が許された。下駄箱に靴が入りきらず、無理やり曲げて押し込んでもなおはみ出ていたなど、そうした大学時代の伝説を今田はいくつも目撃している。

「トレーニング中の姿がカッコいいというか、すげえなあ!と思いました。アメフトの練習が終わって、ウエイトトレーニングの時間は別に一人でやるんだから、ストイックですよね。練習が終われば遊びにいきたくなるものだけど、やっていました。遊びの中で『プロレスやりてえなー』『またまたー』とか、そういうノリでしたよ」

ラグビー同様、プロレスラーへ到達するためのアメフト部における肉体強化だったが、2年の夏に転機が訪れる。部内で集団脱走事件が起きたのだ。

「いろいろあったんですけど、一番はキャプテンを投票で決めると言っていながら、選ばれた人がならずに既定路線でこの人だろうなっていう先輩がなった。それなら最初から投票なんてせず、その人にすればよかったじゃないかと反発したんです。

それで、みんなでやめようと話したんですけど、彼（高山）は肩のケガで入院していてあの場にはいなかった。でも電話で『平塚へ5時に集まる』とは伝えて。あまり表に出すタイプではないけど、同じ反発心は薄々《うすうす》あったでしょうから。要は仲間の誰かの家に集まったら先輩が張っていて戻されちゃうので、先にやめた平塚の先輩のところへ集まろうとなったんです」（金子）

しかしながら、高山は病院にいたためそこに合流できず。金子たちもその作戦を読まれ、集合した部屋で見つかってしまった。

この時は「改めて機会を持つからちゃんと話し合おう」と言って先輩たちは帰っていったが後日、合宿所で監督と4年生に「自分たちはやめます」と金子は告げた。数日経って、退院した高山にウエイトトレーニング室の前で「あれ、どうなったの？」と聞かれた今田が「実は、みんな逃げちゃって……自分も来てみたら誰もいませんでした」と答えるや「マジ⁉　じゃあ俺もやめるわ」とあっさり。

高山は自分の体力についてかなりの自信があった。仲間たちの集団脱走に追随《ついずい》するつもりはなかったが、ふとアメフトが好きでやっているわけではないことに気づいた。

大学の運動部の中でも自分より重いバーベルを挙げられる者は皆無。フィールド内のプレーだと先輩たちにはついていけずとも、それはアメフトの技術的な話でありプロレスラーになる上でさほど重要ではない。だとしたら、このまま続けるよりも夢をかなえるべく足を踏み出した方がいい。

金子の代が大量退部したあとも、三人はよくつるんだという。一番大変だったのは、一人残った今田だ。

部活がなくなり暇をもて余す金子がアパートまで夜な夜な遊びに来たり、呼び出しをかけられたりする。車を飛ばして湘南までいき、秦野《はだの》のミスタードーナツに朝までいたあと、今田だけ夜が明けると練習に向かった。

「江口寿史《えぐちひさし》の漫画で『パパリンコ物語』っていうのがあって、ミスドで300円だったかな、買うとスクラッチカードが一枚ついてきて、10点貯まるとそのグラスが1個もらえる。それを集めるから食いにいくぞ！って。

5ナンバー・ツードアの5人乗りワンダーシビックで迎えに来るんですけど、髙山さんは体が大きくて後ろは無理なので、助手席に座ってシートを一番後ろにまで倒す。そうすると後ろに3人乗りなんで、僕が髙山さんのヒザの上に座ったこともありました」

部活に追われながらも、今田は二人にかわいがられて大学生らしい青春の過ごし方を味わえた。2年になると合宿所に入ったため時間を自由に使えなくなった分、1年時の楽しい思い出である。またこの頃、東海大学園祭に藤波辰巳が講演で呼ばれ、一緒ではなかったが髙山も見ていたはずと金子が証言する。

退部した金子は学校へ通い続け、今田はアメフトに打ち込む中、髙山は20歳を迎えた5ヵ月後にいよいよプロレスの門を叩く。1987年2月20日、前年より業務提携を結んで新日本に上がっているUWF（ユニバーサル・レスリング・フェデレーション）が世田谷区大蔵《せたがやくおおくら》の道場にて「新人採用テスト」を実施した。

第1次UWFに合格も1ヵ月で挫折

1987年という年は、プロレス界でもまさに「いろいろな出来事が起こった」激動の一年。新日本では大阪城ホールと両国国技館で〝暴動騒ぎ〟があり、それと前後して長州力《ちょうしゅうりき》らジャパンプロレス勢が全日本からUターン。

その長州の呼びかけにより世代闘争がスタートしたものの数ヵ月でとん挫《ざ》。一方で猪木はマサ斎藤《さいとう》との巌流島《がんりゅうじま》決戦で話題をかっさらい、11月には前田日明《まえだあきら》が長州の顔面を蹴撃。これが翌年の第2次UWF旗揚げへとつながっていく。

一方、全日本も天龍と阿修羅《あしゅら》・原《はら》による天龍革命がスタートし、馬場vsラジャ・ライオンの2m対決が話題に。「世界最強タッグ決定リーグ戦」ではスタン・ハンセンとブルーザー・ブロディの国内初対戦が実現した。

高山が高校3年の時に旗揚げした(第1次)UWFに惹かれたのは、アマチュアで大きな実績がなくとも強くなった初代タイガーマスクこと佐山聡《さやまさとる》、前田、髙田延彦《たかだのぶひこ》、山崎一夫《やまざきかずお》という〝実践者〟たちが揃って新日本から移っていたのが大きかった。ましてやその強さを叩き込んだ藤《ふじ》原《わら》喜明《よしあき》もいる。

高山は実家の近くに新日本が来ると見にいった。そこで目に焼きついたのは試合前のリング上で、藤原がヤングライオン時代の髙田や山崎をスパーリングでクシャクシャにする風景だった。

普通なら「あんな目に遭わされるなんて無理」となるところだが、高山はむしろ「俺もあれをやられたら強くなれるんだ!」と思った。UWFに対するあこがれが膨らむ中、退部した直後の『週刊プロレス』ニュースコーナーの片隅に新弟子募集の記事が載っていた。

経営難により自力で興行をおこなうことができなくなったUWFが新日本のリングへUターンしていても、高山には関係ない。230人の応募者の中から書類選考を通過し、直前で恐れをなさなかった8人が体力テストを受けるべく道場へ集結。この時の試験官は前田一人だった。

ちなみに高山が提出した願書には身長192㎝、体重93kg、スポーツ歴はラグビー、剣道とあり、アメフトは入れていない。正午過ぎに柔軟体操後、まずはヒンズースクワット1000

回。100回を過ぎたところで早くも1人脱落する。

続いて50mダッシュ。また1人がスクワットをやった場所から動けずにいる。6人に減った受験生は道場近くにある坂道脇の100m階段登り。もちろんこれも全力疾走だ。

道場内へ戻ると股割り、腹筋100回。腕立て伏せは「無制限」だったが100回もしないうちに次々と潰れ、数分で終了。最後はブリッジ3分→タイヤを使ったブリッジ状態の柔軟→ブリッジ3分。これらのメニューを、受験生の中で一番大きな体をガクガクと震わせながら歯を食いしばり、最後までやった。試験終了から5分後、前田が口頭で合格者4人の名を告げる。その中に高山の名はあった。

試験官は前田のみながら、他の選手もテストの様子を眺めていた。ひときわ大きな受験生を見てオッとなったのが、宮戸優光《みやとゆうこう》だった。

史実的にはデビュー前にやめた高山と江の島の海岸で再会し「もう一度やってみないか」と宮戸が誘い、UWF（ユニオン・オブ・プロフェッショナル・レスリング・フォース）インターナショナルに再入門したことになっているが、実はこのテスト以前に会っていたという。いや、それどころか……。

「僕がスーパータイガージムで内弟子として佐山聡先生の家に住み込みをしていた頃です。フジテレビの『オールナイトフジ』っていう番組があったじゃないですか。その中に〝出前野球拳〟というコーナーがあって、背が高くてゴッツい体をした一般人が出ているんですよ。学生ということなのに、不気味なぐらいインパクトがあった。

数ヵ月後、ジムに『ここへ入ったらプロレスラーになれますか？』って訪ねてきたのが、その男だったんです。そこで『可能性はあるけど、ここはプロレス団体じゃないからね』と答えたら帰っていきました。そのまま入ってはこなかったけど、有名人でもなくたまたまテレビに映った素人が記憶に残っていて、すぐに思い出したって凄いですよね」

ワイプで映るとんねるずの石橋貴明《いしばしたかあき》も、思わず「すげえ体しているな！」と拾ったほどだから、視聴者の一人だった宮戸の記憶に刻み込まれたのもわかる。そして驚くべきことに数年後、野球拳でどんどん脱いでいた大男が入門希望者として再び自身の前に現れたのだ。

高山がオールナイトフジに出たのは高校時と推測される。ラグビー部内のノリで出てみようとなったのか、そのあたりは定かでないが宮戸は帝王のテレビ初登場（おそらく）を見ていたことになる。

「その姿を見た時点で、これは合格するなと思いました。身長は突出していたし、体重も100kgぐらいあっても体が絞られていて。それで、入ってきてから『野球拳に出たやつ、実は見たんだよ』って明かしたら高山もビックリしながら、あれを見られたかーっていう顔をしているんです。あまり知られたくなかったのかって思いましたね」

プレス用撮影では、髙山は前田のすぐ右隣に立った。おそらく、マスコミ側がその大きさを際立たせるため長身同士で並べたのだろう。

「あの前田とほぼ同じ身長の新人」とあれば人目を引く。ただし、このテストは新弟子を採用するものではない。

あくまでそれになるためのトレーニングを認められた「練習生」としての採用。半年後に再び新弟子テストが待っていた。

とはいえ髙山にとって大きかったのは、ずっと独学でやってきた練習がテストで通用したという事実。間違いではないことが証明されたのだ。

入門テストを受けることは両親に黙っていたが、合格とあれば切り出すしかない。中学、高校と卒業する際に言った夢を、息子は諦めていなかった。

プロレスラーになると告げられた時、二人は何を思ったか。小さい頃、喘息で苦しむ姿を誰よりも間近から見てきた身であれば、それをまったく感じさせぬほどの逞《たくま》しい体となったのは喜ぶべき変化だったはずだ。

「本音を言ったら反対だが、一度やってみろ。ただし、合格したといってもおまえは続かないだろう。頑張って続けたとしても、ケガで続けられなくなることもあり得る。その時のために大学はやめず、休学扱いにしておけ」

善四郎は、3度目にしてNOを突きつけなかった。兄・善将は「ウチの家系は祖父も本格的な音楽の道を選ばず、父も進学校なのに大学へいかず母方の実家の薬屋を継いだ。でも、本当は絵が好きで美術の方に進学したかったはずなんです。高山家は一歩踏み出せない家系……だから弟がUWFを受けた時も私は反対しませんでしたし、弟だけでも踏み出さなければダメだと思って父はやれと言ったんだと思います」と分析する。

こうして高山は在学したまま、プロレス団体へ入門。ちなみに同じように休学届を出し、毎年4月に神奈川大学へ出向いて学費を払い続け、8年間も学籍を残したのが蝶野正洋《ちょうのまさひろ》だ。

入門初日、道場へ着いて最初に顔を合わせたのは一人練習の準備をしていた中野龍雄《なかのたつお》（現・巽耀《たつあき》）。UWF戦士の中でも屈指の〝黙して語らず〟タイプであり、否応《いやおう》なく威圧感が伝わってくる。

初めて教わった雑用は、中野の指導による掃除の雑巾がけ。高校・大学を通じて体育会系ならではの縦社会を経験したため、先輩たちに対し恐怖心はそれほど覚えなかった。

そして練習の方もあれほどプロレスラーになるためのトレーニングを研究してきたわけだから、まったく勝手が違っていたというわけでもない。言うまでもなく、とんでもなくハードルの高い内容ではあるが、キツくとも想定の範ちゅうだったので続けられた。

基礎体力運動をやれば全身が筋肉痛になり、スパーリングでは〝ラッパ〟（グラウンドで上になった先輩が腹で口と鼻をふさぐため呼吸ができなくなり、それでも息をせんとしてラッパを吹いたような音がすることから称される）で毎日ヒイヒイ言わされた。でも、その痛みと苦しさが「俺は強くなっている」という実感につながった。

「ある日、僕と安生《あんじょう》（洋二《ようじ》）さんが練習に遅刻したんです。合同練習が休みだったので、いつもより1時間ぐらい遅れていったら、髙田さんが練習に来られていた。『おまえら、何たるんでんだ！』って怒られて、屈伸運動1000回と腕立てを何百回もやらされたあとにリングへ上げられ、二人でフラフラになるまで相撲をとらされたあと、髙田さんは『おい、おまえも上がれ』って髙山を呼ぶんです。

　本当にクタクタの状態から髙山と何番もとらされるんですけど、ラグビーをやっていたし体も大きいんで当たりが強くてね。ようやく髙田さんから『よし』と、開放されたと思ったら……髙山、なんて言ったと思います？『もう一丁、お願いします！』ですよ。俺たちはおまえのアピールのためにやってんじゃねえんだぞ！って。それでまたしばらく相撲が続いて……あとで安生さんと『あの野郎、何考えてんですかね（怒）』って話したのを憶えています」

　今でこそ笑いながら語る宮戸だが、それこそ「空気読めよ！」といったところだっただろう。ただ、あこがれの髙田から名前さえも憶えられていない自分が指名を受けたとあれば、髙山が必要以上に張り切るのもわかる気がする。

もともと宮戸には前述したいきさつがあったのに加え、この件によって安生の中にも練習生・髙山善廣の存在がインプットされた。そして、その後も前田、髙田、山崎といった先輩たちが道場にいるとスパーリングで「もう一丁お願いします！」と食らいついてきた。

ちゃんこを食べる時も前田に「もっと食え」と言われるとお腹がいっぱいでどんなに苦しくても喜びの方が上回り、口の中へ入れていく。すると宮戸や安生に「ほら、新弟子がこんなに食ってんだぞ」と、とばっちりが回ってくる。

髙山自身はそれが申し訳なく感じたそうだが、前田たちから相手にしてもらえるのは嬉しい。けっしてエリート扱いや特別視されていたわけではなかったが、宮戸に言わせると「とんでもないのが入ってきた」となる。

「当時のUWFは新日本プロレスに上がっていましたよね。髙山も練習生としてつく時があって会場での練習中、僕らには声をかけてくれないような有名な大先輩方が、おっ⁉という目線をしているんですよ。そういうのは僕らにもわかりますから、脅威ですよね。やっぱりこれだけ体があると、新日本の人たちもそういう見方をするんだなって思いました」

のちに新日本のリングでも暴れ回り、IWGPヘビー級王座を獲得する髙山は、第1次UWF練習生の時点で接点があったことになる。そんな脅威の新入りが、こつ然と姿を消した。

新入りが逃げるのは日常茶飯事だったが、トレーニングも雑用も辛そうではないばかりか、あれほどの体格に恵まれ〝いい筋〟をしているのにいなくなるとは、宮戸も思わなかったという。高校時代に手術を受けた右肩が痛み出したのは入門して1ヵ月ほどが経った頃。スパーリングでは何度も関節を極められる。そのダメージが蓄積し、再び悲鳴をあげた。

もっとも、痛いのは体全体なのだから最初は気にしていなかった。だが、ベンチプレスでバーベルを挙げた時、肩の痛みで落としてしまった。それが自分のノドを直撃したことで、急に恐怖心が芽生えた。

どんな痛くても、入門したばかりの新人が「練習を休ませてください」などとは言えまいと高山は思った。そこで無理をし、さらにスパーリングで負荷がかかる。

痛みも我慢の限界を超えていた。こうなると、後ろ向きの思考しか浮かんでこない。揉まれ、鍛えられて強くなっているという自信も急速に「やっぱり古傷があるような体じゃ無理なのか」と、諦めの気持ちで塗り潰されていった。

この時、テストに合格した4人のうち残ったのは高山を含め2人。先輩たちが新日本の巡業へ出て不在のタイミングで唯一の同期にやめると告げ、寮を出たのだった。

「右肩を痛めていたとは聞いていなかったですけど、傷があったんで手術を受けたことがあるのかなと、なんとなく気づいていました。でも、それでもやめるとは思っていなくて。安生さんと『もったいないね』『でも正直、ホッとしたよ』って話した憶えがあります。

うーん……あの時の高山は肩が云々よりも、僕らもヤバいのが入ってきたなと思ってある意味、無言の根競《こんくら》べのようなものでした。そこで僕らみたいな自分よりも小さい人間にもかなわない中で、精神的に弱った部分があったんじゃないですかね」（宮戸）

運命を変えた宮戸との再会と長井満也《ながいみつや》の言葉

ＵＷＦの寮を飛び出た高山は大学の友人の下宿へ転がり込んだ。反対を押し切った手前、今さらどのツラ下げて実家に帰ってきたかとなる。

大学は春休み中だったため、高山は抜け殻のように一日を過ごした。その間、金子にも今田にも合わなかった。

「人づてにＵＷＦを受けたのは聞いていましたけど、やめたあとはまったく会わなくなりましたね。大学内で見かけはしても、向こうはライフガードのアルバイトを始めたから行動範囲がまったく違ったんで。4年生の時は、ほとんど学校に来ていないと思いますよ」（金子）

関係が濃かった分、金子や今田にも合わせる顔がないと思ったか。ＵＷＦをやめたことも耳には入ってきたものの、高山からの連絡はなかったという。

寮を出て1週間ほど経って、ようやく高山は自宅に連絡を入れ、戻る。当然のごとく父には厳しい言葉を浴びせられた。プロレスラーになりたい思い一本で生きてきた人間が、それを喪失したとあれば何も残っていなくて当然だ。

気持ちのゲージがゼロになった髙山はしばらくなんのやり甲斐も持てぬまま、ただ一日一日を消費していた。一度、ＵＷＦのフロントで再旗揚げ後に社長となる神真慈《じんしんじ》（当時。のちに新二と改名）から戻らないかと声をかけられたが、その時は完全に自信を失っており断っている。あれほど熱心だったテレビ中継も東京スポーツ紙も、『週刊プロレス』と『週刊ゴング』などの専門誌にもいっさい目をくれなくなった。何よりも好きなものを、気持ちが拒絶するようになっていた。

夏が近づいてきた頃、髙山はようやく夢中になれるものを見つける。以前、雑誌『Ｔａｒｚａｎ』で見たオーストラリアのライフセーバーがカッコよく映り、心のどこかにあこがれの念があった。

そんな中、新聞の折り込み広告に江の島海岸でのライフガードのアルバイト募集が入っていた。最初はバイト感覚でしかなかったが教わるうち面白くなり、本格的に資格を取ってみたくなった。

赤十字の講習を受け、溺れた人を助ける「水上安全法」を学ぶと、海水浴の季節が終わったあともそれを生かすべく市営の温水プールで監視員の仕事を続けた。さらにケガ人の対処法である「緊急法」に人工呼吸と心臓マッサージを施す「蘇生法」も身についた。

このへんは、のめり込んだものに対してとことん追求する性格が功を奏した。生きる糧を失った髙山にとって、ライフガードが自分とイコールで結ばれるまでになる。

余談だが、UWFインターナショナルでデビューした1年後、ライフガードのライセンスを持つことからNHK教育テレビ(現・Eテレ)の大学生向け番組『ファイト!』に出演。人工呼吸や溺れる人を救出する模範を見せ、飯島愛、ルー大柴、ちはると共演している。

翌年の夏も髙山は江の島海岸に戻り、ギラつく太陽の下でパトロールに汗を流していた。そこで宮戸と、運命的な再会を果たす。

「あの時は、夏が始まったばかりのまだシーズン前だったか、人が溢れ返るほどではないけどけっこう浜辺にいるなという感じでした。僕は今の妻と遊びに来ていて、浜に出る前の段になった道を散歩していたんです。そこから海の方へ目をやったら、波打ち際でごっつい男が俺を見ろ!と言わんばかりに悠然《ゆうぜん》と歩いていました。距離的にはだいぶ遠いのに、発見できる大きさで。

それで、よーく目を凝らしたらウチをやめたあの新弟子にそっくりだなと。でも、同じようなやつは二人いないだろうと思って『タカヤマーッ!』って声をあげたら、ピタッて止まってビックリして大きな体を揺らしているんです。ものすごい勢いで走ってきて『お久しぶりです！』って。もちろんいなくなってから会うのは初めてだし、連絡も取っていなかったのでお互いビックリですよ」

ある日、姿を消して1年ほど会わずじまいだった高山を宮戸が憶えていなければこの再会は訪れていない。何より、人が群がる中で遠巻きに見てもわかる体の大きさがあったからこそ。

宮戸によると、江の島海岸は夏の間によく来ていたのではなく、年に一度足を運ぶかどうか。高山がライフガードを選択し、そこで働き始めたのが結果的にのちのプロレスへ戻るきっかけとなるとは。

１９８８年5月12日に第２次ＵＷＦがスターティングオーバーし、宮戸も参加。その年の夏だから、８月13日の有明コロシアムにおけるビッグマッチ前のことと思われる。

ひとしきり驚き合ったあと、高山は「あの時はすいませんでした」と頭を下げた。ケツを割った自分に対し、宮戸は寛大だった。

「今度、時間があったら飯食いにいこうよ」と電話番号を渡されたため翌日には連絡し、１週間後にその場を持つとそこへ安生も座っていた。高山としては、キツく当たられても仕方のないことをやったにもかかわらずフランクに接してくれる二人の先輩の深い懐《ふところ》が心から嬉しかった。

一度は途絶えた自分とプロレスが、宮戸を接点につながった。会えば当然、当時一大ブームと化したUWFの話題になる。

その一員である宮戸の話を聞くうちに見たくなり、何度もチケットを頼んだ。あの熱狂的空間に髙山善廣の姿はあったのだ。

「会って話をしたり、よくUWFの会場へ来たりしているのを見て未練が残っているんだろうなと思ったんです。それで『おまえはこっち側の人間だろ？　おまえみたいなゴツいやつに素人として会場でウロウロされると、こっちも迷惑なんだよ』とか冗談っぽく言いながら誘いましたね」

そんな宮戸の言葉はありがたくも、一度自分から離れた世界だけに戻る気にはまったくなれずにいた。１年留年しながら大学を卒業したあともこれといった目標をつかめずアルバイト生活を続けたが、周りの「ちゃんと就職しなさい」の声に押される形でフジサンケイグループの会社を受ける。

ライフガードを本業としなかったのは、正社員扱いで雇うところがほとんどなく、仕事も夏季限定のため。特に入って何をやりたいわけではなく「誰もが知る企業であれば有名だから大丈夫」というのがその会社を選んだ理由だった。

そこは新部門を起ち上げたばかりで、体育会のいわゆる兵隊を集めていた。入社試験はなく面接のみ。大学でアメリカンフットボールをやり、ライフガードも経験している髙山がうってつけの人材と受け取られたのも当然だ。24歳にして営業開発部へ配属された。

いざ社会人となったものの、営業成績はいっこうに上がらない。にもかかわらず上司は「まあ、頑張りなさい」という感じでやさしく接してくる。それが逆に、自己嫌悪を誘発させた。

何よりも苦痛だったのが、通勤時のラッシュ。そんなのはサラリーマンなら当たり前と思われるだろうが、高山の場合は藤沢から東京まで東海道線で50分、あの大きな体で立ちっ放しになるのだ。

長身ゆえ、車内刷り広告が顔へペタペタと当たる。それでも身動きがとれない。

「俺はいったい、何をやってんだ？　こんな毎日が一生繰り返されるのかよ」

毎朝、同じことを思い続けた。サラリーマンになってからも、夏の間の土日はライフガードのアルバイトを続けた。その時間が唯一の息抜きの場。シーズンオフの間も休みの日は温水プール時代の仲間に会って仕事のストレスを発散させ、週が明けると地獄の5日間が待っている。

そんな閉塞的《へいそくてき》な生活を続けるある日。営業で飯田橋周辺を歩いていたところ、空き時間ができたため何気なく書店に入りプロレス雑誌を立ち読みしようと思うと、隣に見覚えのある人物が並んだ。長井満也だ。

高山がやめたあと、第2次UWFに入門した長井は練習中に首の骨折という大ケガを負い、手術後も治療を受けていた。近隣の東京警察病院へ通院した帰り、書店に寄ったのだ。

あまりの偶然に髙山は息を飲んだ。その時、まさに見ていた記事が「ＵＷＦインターナショナル始動！」だったからだ。

ＵＷＦ解散後、長井は前田が設立したリングスでデビューするのだが、当時はＵインターに合流していた。首のケガを知る髙山は「大丈夫なんですか？」と尋ねた。そこで帰ってきた言葉が、血液のように全身を循環する。

「プロレスラーになるのが夢なんです。好きだから頑張りますよ」

にこやかな顔をして、なんて凄いことを言うんだと衝撃を受けた。反射的に自分の境遇と並べた髙山は、後ろめたさが頭をもたげてきた。

「俺は好きにもかかわらず頑張りきれなかったのに、長井さんは肩よりも大変な首をケガしても頑張っている。夢を諦めずに――」

長井のひとことが、ずっと頭にこびりついて離れずにいた。その直後、久々に宮戸から連絡が来る。

大学を卒業し、会社員としてまったく違う道を歩み出したあとも宮戸は何かと気をかけ続けた。ほかにもデビューせずやめた人間は何人もいた中、なぜ髙山だけ根気よく誘ったのかと聞くと……。

「やっぱりあれだけの体と体力を持つ人間が突然消えて、そのあと偶然にも再会した中で引っかかるものが僕の中にもあったんでしょうね」

今のようにメールやLINEの文字情報のみでやりとりする時代ではない。連絡ひとつとるにも時間と労力を要する。宮戸は記憶していなかったが、高山によると「フロントでもいいからウチに入れよ」とも言われたという。

一度中に入った人間の方が、ゼロから学ぶ社員よりもプロレスに対し勘が働くという判断だったのだろう。それでも高山は首を縦に振ろうとしない。

UWFをやめてふさぎ込み、何もやる気が起こらなかった頃に母の助言で再開した自己流トレーニングは続けていた。長井と会ったあと、宮戸に「新しい団体を起ち上げたから、一緒にやらないか」と言われて体が反応したのか、無意識のうちにそのペースも上がっていった。

宮戸は、高山の心がプロレスへ向いていると思った。ただ「今度の入門テスト、受けてみないか」とチャンスを提示しても、決断できぬ何かがあるようだった。

葛藤を断ち切らせるべく「これがラストチャンスだからな！」と最後通牒《つうちょう》を出すと、ようやく高山は「受けます」と回答。ライフガードのアルバイトを終えたあと、1991年9月のことだ。

無事にテストは合格したものの、それをもって再びプロレスに懸けると思えたわけでもなかった。依然として高山の中には迷いがこびりついていた。

「会社員なんで、今はやめられないんです」と言い訳をして合宿所に入らぬ日々をしばらく続けたが、それも限界だ。そこで宮戸に相談する。

「やっぱり……(入門を)やめようかと思うんです」

「じゃあなんでテストを受けたんだよ！　本当にいいのか？　もう一度よく考えろ」

その言葉は、自分でもよくわかっていることだった。それを他人に言われて、何が正しいかの確証がほしかったのかもしれない。翌日、高山は電話で「もう一度、お世話になります」と告げた。

サラリーマン時代、高山は同僚や上司にプロレス団体へ入門した事実を言わずにいた。いや、言えなかった。

プロレスラーになるため退社すると告げた時は驚かれたが、拍子抜けするほどあと腐れなく送り出された。これは、自分が戦力になっていないことだと受け取った。

安定した収入や人生を捨ててまでの決断なのだ、もうあと戻りはできなかった。ただ、最後に最大の難関が待っていた。

自身の気持ちもそうだが、再チャレンジするにあたり大きな壁となったのは言うまでもなく家族。何しろ一度諦めた人間に諸手をあげて「もう一度やってみるのは賛成だ」などと言うはずがない。

両親はおろか、兄にも「一度やってダメだったんだ。今度もダメだろう」と言われた。前回の怒りと反対というリアクションが、今回は「頼むからプロレスだけはやめてくれ」に変わった。

そんな両親の願いを覆すものは何ひとつ持ち合わせていない。高山とすれば、選択肢は強行突破の一点のみ。兄・善将が11月のある日の朝起きると、部屋に弟はいなかった。「ああ、プロレスに戻ったんだな」と悟った。

プロレス団体を夜逃げする話はよく聞くが、高山は逆に家を夜逃げして合宿所へ入った。この時点で25歳。第1次UWFに合格してから5年もの時間を費やしていた。

第2章
UWFインターナショナル

社会人経験者の練習生

藤沢の自宅から夜通しバイクで走り、ＵＷＦインターナショナルの合宿所へ潜り込んだ高山。道場は１ヵ月ほど汗を流したあの場所のままだが、当然ながら環境はガラリと変わった。

１９９１年１月に第２次ＵＷＦはリングス、プロフェッショナルレスリング藤原組、そしてＵインターと３派に分裂。第１次ＵＷＦで何度も声をかけてくれた前田日明は見慣れた空間にいなかった。

宮戸優光、安生洋二、中野龍雄とは以前と変わらぬ距離感だったが、その上に当たる高田延彦と山崎一夫は自分の存在自体を認めていない態度。一度逃げた人間なのだから、それで当然だと高山は思った。

第２次ＵＷＦでデビューし、Ｕインターへ参加した田村潔司《たむらきよし》、垣原賢人《かきはらまさひと》、そして生え抜きとして先に入門を果たした金原弘光《かねはらひろみつ》はいずれも年下の先輩。プロレス界では年齢に関係なく一日でも先に入った方が絶対的な格上となる。

垣原は５歳も年下で当時未成年だが、先輩は先輩。最初は戸惑ったものの、とにかく言われたことは何も考えず「はい」と答えるようにして雑用をこなし、練習についていった。

すぐ上の先輩となる金原は、１９８８年に山本小鉄《やまもとこてつ》が設立した「新日本プロレス学校」出身。

これは新人として入門するのではなく、一般人もそれを目指して道場で指導を受けられるという趣旨だった。

２年ほどの間に天山広吉《てんざんひろよし》、西村修《にしむらおさむ》、三澤威《みさわたけし》、ザ・グレート・サスケ、浅子覚《あさこさとる》、池田大輔《いけだだいすけ》、臼田勝美《うすだかつみ》など多くの人材を輩出。第２次ＵＷＦ旗揚げ５戦目（１９８８年11月25日、名古屋市露橋《つゆはし》スポーツセンター）を生観戦し、髙田が前田から初勝利をあげたシーンを目の当たりにした金原はプロレスラーを夢見たが、身長が規定に足りないこともあり新日本を２度落ちた。

分裂したあと直感でＵインターを受けてみようと思い立ち、できたばかりの事務所へ履歴書を持参する。金原が合格した第１回入門テストは、旗揚げ戦（１９９１年５月10日、後楽園ホール）の２ヵ月前に実施された。まだ道場がなかったため（ＵＷＦ時代のものが借りられるまで時間がかかった）、多摩川河川敷《かせんじき》でメニューをこなせた４人が残る。

だが旗揚げ前には２人消え、金原ともう一人の練習生、田村、垣原、その時点では所属だった長井満也が神奈川県綾瀬《あやせ》市の仮合宿所に住む。道場が決まった頃には唯一の同期もやめ、第１回入門テストの１ヵ月後にデビュー戦の相手となる前田雅和《まえだまさかず》が入ってくる。そこから髙山が入門するまでの半年で、30人ほどが来てはいなくなってを繰り返した。

「髙山くんもそうだったんですけど、みんな合宿所に入る時は自分の寝る布団を持ち込んでです。でもやめる時は置いていくので布団だけがたまっていく。もう、布団屋ができるぐらい溜まりましたよ。

そんな感じだから高山くんが入るまでは、ほとんど僕と前田の2人だけで雑用もちゃんこ作りも回していました。でも3人になって本当によかった。まあ、それ以前にファーストインパクトが凄かったですけど」(金原)

第1次UWFにいた人間が新弟子として入ってくると聞いて金原は、いったいどんな男なのだろうと身構えた。確かに、その巨体には圧倒されたが高山は自分より年上にもかかわらずみんなに頭を下げて一生懸命やっている。

この世界はそういうものだとわかっていても、20代前半では年上が年下に威張るのが当たり前と思うだろう。それで率直に感心させられた。

Uインターの食事は、鍋のほかにおかずを2品ほどつけるのが習慣。金原と前田はただソーセージをボイルしたものや、買ってきた魚を焼くだけの〝料理〟だったのに対し、高山は教えたわけでもないのに手のこんだものを作って出した。

「あー、やっぱり社会人の経験がある人は違うな」と、金原は思った。おかげで先輩は喜ぶし、自分たちの食生活も充実。中でもナスのおひたしとナス焼きがうまかった。

洗濯物ひとつにしても男は雑になってしまうものだが、高山は一枚一枚をていねいにおりたたんでいた。それはのちに、後輩が入ってくると教えとなり叩き込まれる。

「本人はそういうつもりじゃないんだろうけど、あの大きさと風貌で『おまえ、ちゃんとやらなきゃダメだよ』って怒るのを見ると怖いですよ。自分の方が先輩でよかったって、今でもつくづく思いますもん。高山くんはそういう時、理詰めで言うんです。だから後輩はぐうの音も出なくなる。怒鳴られるよりも論理的に言われる方が精神的に来たでしょうね」

1ヵ月間とはいえ、プロレス団体の練習生を経験しているのだ。何をやるにしても勘がよかったのは容易に想像つく。金原も高山に対し後輩という感覚はほぼなく、叱った記憶も皆無だ。Uインターで旗揚げ戦からレフェリーを務めた和田良覚《わだりょうがく》も、社会人経験者である。国士舘大学卒業後、スポーツジムのインストラクターとして5年間働いたが、そこで出逢った高田の誘いでプロレス界に足を踏み入れた。

高山が入門テストを受けた時も現場にいて、あまりのデカさに「世の中にはこんな人間がいるんだ！」と衝撃を受けた。その和田が、大人の部分に目を見張らされた。

「後輩の新弟子が入ってくると『おまえがちゃんとしないと、高田さんの顔を潰すことになるんだぞ』という言い方で教育するんです。それって、言われた方には一番響く言葉でしょう。だから高山くんが入ってきて金原は助かっただろうし、すぐ上の彼だけじゃなく僕も含めて周りの人間はみんな助かったんだと思います」

レフェリーとして入団しながら、和田は新弟子と同じ扱いで練習させられ、ちゃんこ作りなどの雑用も手伝った。スパーリングでは、ほとんど実験台になった。ジムのインストラクターとして鍛えていたから、パワフルな相手に関節技を極めるためのシミュレーションには最適とみなされた。

プロレスラーを目指しているのであれば厳しくても頑張ろうとなるが、和田は違うのだ。一般社会常識の中で生きてきた人間にとっては理不尽極まりない価値観の世界であり、肉体的にも精神的にも参ってしまった。

「要は選手の気持ちをわかった上でレフェリングするということです。経験すれば関節技を極められた時の痛みもわかって、ストップをかけるタイミングが見極められるようになるし、自分でやられて逃げようと試みると、裁いた時に選手の動きが読めて適切なポジションに移動できる。それを身につけられたから、今もレフェリーとしてやっていけているんです。Uインターにいられたことは僕にとっての誇りだし、感謝していますよ。

でも、本当にキツかった。入ってまず思ったのは『しまった!』でしたから。ノイローゼになるぐらい辛かった時に助けてもらえたのが、髙山くんと桜庭《さくらば》(和志《かずし》)でした。僕も新弟子と同じような扱いなので理不尽なことも味わいましたけど、悩みを話せるのがその二人だったんです。髙山くんが一緒じゃなかったら、確実に夜逃げしていました」

レフェリーなのに夜逃げというのもなかなかな話だが、選手とともに練習を積んだ経験はレフェリングだけでなくトレーナーとしても生かされている。いかつい体をしながら「僕は根性なしのヘタレでビビリを絵に描いた男なんです」とまったく説得力のないことを口にする和田も、プロレスラーになるための通過儀礼によってメンタルが鍛えられた。

安生に教わるうち「俺もアンちゃんの半分でいいから強くなりたい」と思うようになった。仮に道場破りが来たら、選手が相手にするなどおこがましい。自分がやってやる！と、いつの間にかUインターの看板を背負う意識が芽生えていた。

心が折れそうになると「せっかくここまでやってきたんだから、続けましょうよ」と励まされた。髙山は聞くだけでなく、その上で結論を導いてくれるのだ。そこで「俺は髙田さんと約束してここに来たんじゃないか。それを裏切るなんてできるか！」と思い直し、次の日も道場へ向かえた。

「Uインターの道場長はアンちゃんだったからタムちゃん（田村）も金原もみんなが教えてもらっていたんですけど、髙山くんもやっぱり出戻りとはいえバッキバキにやられるんです。でもひとたび覚えると手脚が長いんで、ナチュラルな強さによって対応できるようになっていく。（道場近くにある）砧《きぬた》の公園まで5㎞走ったあとのスパーリングですからね。そういうのを一緒にやりながら、すげえなあ！って思っていました」

先輩たちが帰ったあとのちゃんこの時間が、唯一の平和な空間だったと和田は笑う。その中で、髙山とは新人とレフェリーの関係というより、友達同士になった。

夏には海へと繰り出し、ライフセーバー仕込みの泳ぎを見た。髙山の実家へいくと両親を紹介された。

「お父さんがまた、葉巻を吸ってサングラスかけて、アロハシャツを着て恰幅《かっぷく》がいいんですよ。日本の一般的なお父さんのファッションじゃなくて、いかにも湘南ボーイといった感じだった。そういう洒落たところを髙山くんは受け継いでいるんでしょうね。お母さんもお兄ちゃんも背が高かった」

デニーズへ二人でいくと和田は何時間も愚痴を聞いてもらった。やたらゴツい男と、2m近いイガ栗頭《ぐりあたま》の男がお茶1杯で放課後の女子高生みたいに粘った。

これが道場でも合宿所でも一緒だと、24時間行動をともにするようなものとなる。金原は休みの日も連れだってどこかへいくこともなかったが、髙田が若い連中と飲み歩く場でサラリーマン経験者としての髙山の立ち回りに目を見張らされた。

「飲み方が豪快なので、場が盛り上がる。それでいて気配りもちゃんとできるのはさすがだなって思いました。カラオケで、肩を組んで一緒に歌ったなあ」

こういう話を聞くと、一度やめて戻るまでの5年間はけっしてムダではなかったことがわかる。練習にしてもその間、何もしていなければついていくのもシンドかったが、母の助言が功を奏した。

挫折へとつながった右肩の痛みを感じることはあった。だが続けるうちに、関節技をかけられるたびどこも同じく悲鳴をあげるようになった。

5年前は、最初に痛めたのが右肩だったため致命傷と思ってしまった。でも、再び全身がバラバラになる感覚を味わい「プロレスの練習なら、これが当たり前なんだ」と気づいた。

「高山を見ていて、迷い続けた5年分を取り戻すというか、それを埋めるような心情もあった気がしました。自分の本心に背いて逃げてしまった5年間が、彼を人間として大きくしたんだと思います。伸び盛りの5年を失ったのは肉体的、技術的には大きかっただろうけど、心の中の葛藤と向き合い、社会でいろいろな経験を積んだのはマイナスじゃなかったと思いますよ」

宮戸がそう語る通り20代前半の5年間、あのまま鍛錬を続けたらその後は違ったプロレスラー人生を送っていただろう。ただ、それはあくまで空想の範ちゅうに過ぎない。

重要なのは人生におけるマイナスを、高山はプラスに転化できたこと。それはプロレスのジャンル性に通ずる部分でもある。

練習生と先輩の関係になってからも、距離感は変わらなかったというのが宮戸の弁。〝プロレス浪人〟の頃と同じく食事へ誘った。

「高山と桜庭はよく声をかけました。それがほかの若い選手には贔屓《ひいき》しているように映ったかもしれないけど、下の人間が入ってきたら彼らは任せられたんですよ。社会人や大学の部活を経験した人間だと組織として安心感があった。だから違う距離感になったんでしょうね」

出戻り直後は冷たい態度だった髙田がある日、宮戸にポツリと言った。「あいつ、戻してよかったな」――。

西の聖地でデビュー戦の「タカヤマ」コール

髙山が入門した約1ヵ月後の1991年12月22日、両国国技館における団体初のビッグマッチで金原は前田雅和と同時デビュー戦をおこなった（15分時間切れ引き分け）。同大会は髙田と元プロボクシングWBC世界ヘビー級王者のトレバー・バービックによる異種格闘技戦が話題を呼び、会場は1万1000人の大観衆で膨れ上がった。

オープニングマッチに向かわなければならなかった金原は花道奥で出番を待つ間、ガッチガチに緊張していた。その傍《かたわ》らについていたのが、坊主頭の髙山だった。

客席から何度も見た光景も、初のセコンドとして一緒に入場するとまるで違った場所に感じられた。雰囲気に飲み込まれるとは、こういうものなのか。

メインの異種格闘技戦は、髙田のローキック連打にバービックが逃走し試合放棄。歓声と怒号が入り混じった空間に興奮しつつも、新弟子は新弟子としての仕事をしなければならない。デビュー時のプロフィールにある195㎝の身長は、セコンドとしているだけで目についた。リングス、藤原組と3派に分裂したUWF系の中で、前田日明を越えて一番背が高いとあれば マスコミの注目も集まる。

「あの新人、デビューが楽しみだな」

そんな声が記者席で聞かれるのも、一度や二度ではなかった。前田を別とするとU系の選手たちは、怪獣のように大きいわけではない（同年藤原組に入門した柳澤龍志《やなぎさわりゅうし》が190㎝で続く）。だからこそ高山の長身はデビュー前の段階で異質に映った。

練習生の頃、のちに大きく関わる男との出逢いがあった。鈴木みのるとの初対面は、道場近くの鮮魚店だった。

「藤原組ができたあと足立区の道場からの帰り道、UWF時代によく買い出しへいった魚屋さんがあって。そこのおじさんに、挨拶しようと久しぶりに寄ったらあいつがいた。『UWFインターナショナルに入りました高山です！』ってお辞儀してきて、それでこっちも『うおっ、デカいね！』って返したのが最初の会話」

高山がたまたま買い出しにいったら、鈴木がいた。この時点では、唯一無二の濃密な関係を築くことになるとはお互い想像していなかったに違いない。何しろ次の接点となる、2002

年3月30日の総合格闘技イベント「DEEP2001」愛知県体育館大会の打ち上げの席まで、10年も空くのだ。

Uインターの合宿所で年を越した高山は、1992年になってもデビューを夢見て日々過酷なトレーニングを積み、雑用をこなし続けた。自宅でバーベルを挙げるだけだったので最初のうちは硬かった体も柔軟になっていく。これはケガを避けるために必須だ。

春の訪れとともに、高山の日常へ変化が生じる。高田は5・8横浜アリーナのゲーリー・オブライト戦に向けて河口湖畔で合宿。そのトレーニングパートナーに指名された。壮大な富士山をバックに、湖の浜辺でミットを持ちキックを受けるデビュー前の姿が専門誌に載った。もっとも、それより嬉しかったのが高田の視界に入ったことだったのは、言うまでもない。

オブライト戦が終わっても、高田は高山を練習相手として帯同《たいどう》させた。付き人は金原が務めていたが、自然と交替に。

至近距離から高田を感じられるのはデビューを目指す身として貴重な経験だが、同時により過酷な日々となる。それとは別に、道場での合同練習もあるのだ。

高田の練習時間は決まっておらず「今から来い」と連絡があれば、朝だろうが深夜だろうが駆けつけなければならなかった。早朝に合宿所を出て道場へいき、準備をしてトレーニングが始まる。

その後、休む間もなく合同練習に参加。夕方まで続けると、夜には他のトレーニングジムで髙田のサポートが待ち受ける。

つまり、一日中なんらかの形で練習していることになる。これで強くならぬはずがない。

横浜アリーナ大会を最後に、金原の同期・前田雅和が退団したため新人は2人になってしまった。この状況は桜庭が入門してくる7月まで2ヵ月ほど続いた。

「Uインターは合同練習以外に、中野さんの練習相手という役割があったんです。中野さんには哲学があって、同じ団体の人間であっても闘う相手に練習を見られたくないと。それで夜に道場へやってくるから誰か一人は残る必要がある。最初は僕と髙山くんでやったんですけど、そのうち中野さんが『おまえはダメだ』って言って僕、クビになりました。

それで髙山くんだけが練習相手をするんですけど、雑用は全部僕がやらなければいけなくなるわけです。夜中に寝ていても、中野さんが来たら起きなきゃいけないから、大変だったと思います。かといって雑用の方がいいかと考えると……うーん、どっちもどっちと言いますか、微妙ですね」(金原)

そうした寝る時間もなさそうな状況の中、髙山はデビュー戦の日を告げられる。当初は5月の横浜アリーナと言われていたが流れ、結果的に次回大会の6・28博多スターレーンで、前田と入れ替わるように金原の対戦相手となった。

金原の記憶によると、当初はその前田が髙山のデビュー戦の相手だったらしい。普段、道場でスパーリングする姿を見ているので、どの程度の実力なのかはわかる。体が大きい分、技術的には雑。とはいえ、フィジカルな強さを備えているため油断ができぬどころか、どうやっていなすかを考えた。

「先にデビューしたといっても、半年の違いですから余裕なんてあるはずがなかった。いざやってみたら、あの体でよく動く。苦戦したなという印象です」

もっとも、髙山の方も金原のレスリング技術にはかなわないと、身をもってわかっていた。それもあり、とにかく掌底《しょうてい》とヒザ蹴りでいく作戦だった。

まだ格闘探偵団バトラーツが設立前のためそういう名称では呼ばれなかったが、髙山善廣のデビュー戦はまさにバチバチファイトとなった。UWF時代から〝西の聖地〟と称された博多スターレーンは天井が低く、歓声と声援、そして熱が跳ね返り異様なまでの熱狂空間と化す。

黒のショートタイツにレガース。そしてこの日、初めて履くレスリング(アマレス)シューズ。それまでは、自分に合うレスリングシューズがなかったため通常の運動靴で練習していた。スニーカーで試合に臨むしかないかと思ったところ、デビュー戦が近づくとオブライトが髙田戦で勝った時のものを譲ってくれたのだ。

ビートルズの『ヘルタースケルター』を入場テーマ曲に、新人らしく花道を走り登場した高山だったが一瞬、大きな体が人垣《ひとがき》に消えた。スターレーンのフロアは段になっており、そこへ鉄製のスロープがかかっている。

足元が暗いのに加え緊張もあったのだろう、転びそうになってしまったのだ。それでも転倒は回避し、小学生の頃から夢として見続けてきたプロレスのリングへ足を踏み入れた。

入門時よりも若干髪が伸びた頭は、低い天井に届きそう。キャンバスへ立っただけでどよめきを発生させた新人など、そうはいまい。体重は108kgに増えていた。苦楽をともにしてきた金原の手を両手で握ると、高山はゴングが鳴るや積極的に前へ出て掌底を放つ。

そして首を捕まえるとヒザ蹴りを放っていった。とにかくアグレッシブな長身の男に、第1試合とは思えぬ沸きっぷり。だが、高山が見る者の気持ちを引きつけたのは、むしろ攻められるシーンだった。

打撃で来るのを予想していたであろう、冷静な対処を見せた金原はグラウンドに持ち込むとほんろう。関節技を極められるたび、高山がクシャクシャの凄い顔へと変わるため観客は感情移入したのだ。

他の新人でもロープへ逃げたり痛みに耐えたりする時は凄まじい表情となるが、高山の場合は次元が違った。もちろん、見られることやどう表情で伝えるかなどを考える余裕も発想さえもなかったが、今思うとそれも〝持って生まれたもの〟と言える。

ただのたうち回るだけでなくアンクルホールドを狙い、ヘッドロックでエスケープポイントを1つ奪った。だが3度ロープへ逃げた挙げ句、最後は7分58秒、金原のヒールホールドにギブアップした。

その直後、西の聖地は大「タカヤマ」コールに包まれた。試合中ではなく、勝敗が決したあとも観客がそう叫びたい衝動に駆られたのだ。

耳をつんざくような大音量で、3500人のオーディエンスが自分の名前を連呼している——喘息に苦しみ、これといったスポーツの実績も残さず、一度は道場から逃げた自分が夢をかなえた。その現実を、スターレーンの情景の中で噛み締めた。

「自分の体格を生かして、掌底とヒザ蹴りで潰しにかかろうと思いました。あこがれの髙田さんみたいになりたいですし、ゲーリー・オブライトみたいに体格を生かして、投げてKOできる選手になりたいです」

ヒールホールドを極められた右足を引きずりながら控室へ戻ってきた髙山は、周りを囲むマスコミにそうコメントした。まず何よりも恩を受けた二人の名をあげるあたりは〝らしい〟が、自分の体を生かせたら髙田の技術とオブライトの豪快さがミックスされたスタイルに行き着く予感は、あったのかもしれない。

「デビュー戦ですでに僕は疲労困憊《ひろうこんぱい》でしたけど、その後も必ずガッチガチの試合になってお互い、どこかしらケガしていましたよね。それで、どの会場でも『タカヤマ』コールが起こったじゃないですか。あれが悔しかったんですよね。でも、人気があるのはわかるんです。高山くんはガムシャラさが伝わるタイプだから」

新人ながらどこかいぶし銀の堅実さをまとう金原に対し、高山は大きいだけに何をやっても映《は》える。デビュー戦後は7・12静岡産業館(現・ツインメッセ静岡)、8・14札幌中島《なかじま》体育センター別館、8・28後楽園ホールと金原が4連勝。その後9・21大阪府立体育会館(現・エディオンアリーナ大阪)より「ジュニアリーグ戦」が始まり、外国人選手のトム・バートン(Uインター旗揚げ戦メインで高田の相手を務める)、マーク・シルバーとともに二人もエントリーされた。

この場合のジュニアとは体重による階級ではなく、団体内でのキャリアが短い4選手による総当たり戦という位置づけ。その開幕戦、高山はバートンを相手にデビュー5戦目で初勝利をあげた。

下馬評《げばひょう》では「新人が外国人に勝てるはずはない」と思われていただけに、ジャーマン・スープレックスで叩きつけダウンを奪ったあと、左ハイキックと掌底で倒したバートンの顔面へローキックをブチ込んで場外へ叩き落とし、そのままTKOに追い込むと後楽園は驚きに包まれた。ただフロック的な感はなく、打撃はおろかグラウンドでもキャリア3ヵ月の方が圧倒。

ちなみに、髙山の代名詞であるジャーマン・スープレックスを初めて出したのは、デビュー3戦目の8・14札幌。8・28後楽園に続き3度目の披露となったこの日はブリッジも美しく、すでに得意技としていた。

勢いに乗った髙山は、あの髙田vs北尾光司戦がおこなわれた10・23日本武道館にてシルバーをわずか71秒で撃破。開始早々右ミドルキックをキャッチされ、後方に倒れるやその顔が明らかに変わった。

直後に髙山が逆片エビ固めで絞ると、ロープエスケープしたもののシルバーは立つことができず、ダウンが入る。なんとかファイティングポーズをとったが、掌底に10カウントを喫した。

勝負が決したあともシルバーは逆片エビ固めで絞られた左脚のヒザを押さえて動けず。掌底が決め手でなかったのは明らかだった。診断の結果、関節挫傷《ざしょう》……ジン帯が伸びきっていた。

この時点でシルバーは、垣原と30分ドローになるなどの実績から優勝候補筆頭。それを〝潰して〟しまったとあれば、とてもデビュー4ヵ月の新人の勝ち方ではない。

圧倒的な勝利に、1階スタンド席の一角が特に沸き返った。そこには、サラリーマン時代の仲間たちによる大応援団が陣取っていた。以後、金原が言った「タカヤマ」コールの発信源として武道館大会お馴染みの光景となる。

「Ｕインター時代、選手で一番チケットを売ったのが高山だったんですよ、百枚単位で。それまで築いてきた人間関係が、そういうところに出る。そこはほかの選手とちょっと違うところでした。普通、デビュー数戦の新人のためにあれほどの応援団が来ることはないでしょう」（宮戸）

また、自分の勝利以上に嬉しかったのが、メインで髙田が見せた衝撃のＫＯシーン。崩れ落ちた北尾がロープに上体をかけたまま10カウントを聞いた直後、他の先輩たちとともにリング内へ駆け込んだ。

１９９㎝の北尾を攻略するべく、髙田はもっとも身長が近い高山を相手に特訓を続けた。深夜、エアロビクスのスタジオを借りキックのコンビネーションを反復。

仮想・北尾の顔面にグローブを構えさせ、そこへハイキックを入れる。その練習の成果が、これ以上ない形で表れたＫＯ劇と言えた。

グローブでガードしても、髙田のキックは高山の頭を何十回、何百回と捕える。脳が揺れる感覚だった。

それほどの体験をしたのだ、髙田の激勝が自分のことのように嬉しかったのもわかる。もしもＵインターに１９５㎝の男がいなかったら、あの歴史に残るＫＯ劇は生まれていただろうか。

「あれも高山にとっては大きかった。仮想って、ただ身長が同じぐらいだからといってできるものとは違う。あのキャリアでちゃんとこなせたのが、あいつの凄いところなんです。
高田さんのプロレス以外の仕事にもついていって、そういうところでも気が回っていた。何より、大きい人間を連れていけば高田さんの存在も大きく見える。そこまで計算して高山を付き人にしたんでしょうね」(宮戸)
「高山くんは、先を読めるところがあるから高田さんも一目置いていたんだと思います。普通の若手は、言われたことしかやらない。でも、こういう時はこうだろうと考えて動けるから、練習の時もそうだったはずです。たとえば、いいタイミングでタオルを出されて高田さんが助かるような場面はいくらでもあったでしょう」(和田)
トレーニングパートナーだけではなかった。付き人として高田の至近距離にいることで、高山はスターのなんたるかをつぶさに観察できた。
人前での立ち振る舞い方を学んだし、集まってくる人たちはその筋のスペシャリストばかり。そこから育み、現在まで続く人脈もある。高田につくだけで、自分も華やかな世界に足を踏み入れたと思えた。
12月20日、年内最後の両国国技館にて2戦全勝の高山と1勝1分の金原は最終公式戦で激突。勝った方が優勝というシチュエーションだ。
5度目の対戦で初めて高山は優位に試合を進めた。飛びヒザ蹴りからのラッシュでダウンさせると、エスケーププポイントとスープレックスポイントも奪っていく。

Uインターではダウン3、エスケープ&スープレックス1のロストポイントとなり、15ポイントを失うとTKO負けになる。またたく間に金原が残り4ポイントまで追い込まれた。

だが、ニールキックを食らいダウンを喫すると高山の動きが目に見えて鈍くなった。15分1本勝負の残り3分の時点でフラフラとなり、最後は胴絞《どうじ》めスリーパーに逆転負け。試合タイム13分5秒は、シングルバウトで最長だった。

つまり、試合時間が伸びた場合のスタミナがまだついていなかった。バートン戦、シルバー戦は勢いよく攻めてそのまま押し切れたが相手が金原だと、自分がガス欠となる。

これはラグビーやアメフトのような団体競技、ましてやプレーする時間があらかじめ決まっているスポーツでは経験できぬもの。優勝を逃し、金原超えを果たせぬままデビュー年を終えた高山だが、こうしてプロレスの闘い方を頭と体に刻んでいったのだ。

奈津子《なつこ》夫人と出逢った大阪の夜

1993年に入ると、それまでの勢いがウソのように高山は勝てなくなった。新年一発目の2・14日本武道館大会では、ジュニアリーグ戦で完勝したバートンと20分ドロー。その後、マーク・フレミング、バッドニュース・アレンに2度、ジーン・ライディックと計4戦負けが続く。

新日本でも活躍したアレンが相手では負けも致し方ないといったところだが、フレミングとライディックには勝利が期待されたはず。だが、それに応えられなかった。

実はこの頃、髙山はデビューこそ果たせたもののプロレスラーとしてちゃんと強くなれている自信を持てず、悩む日々にあった。道場でスパーリングをやれば相変わらず先輩たちによって、クシャクシャにされ続ける。

そうした中に、中央大学レスリング部主将の肩書を引っ提げて入門してきたのが桜庭だ。関節技こそまだ身についていなかったが、グラウンドの技術に関してはゼロから始めた髙山には自分よりも上だと映った。

実力がアップした感触をようやくつかめたのは、1993年に山本健一《やまもとけんいち》(現・喧一)が入ってきた以降。後輩ができて、先輩たちにさんざんやられたことを実践し、細かなところまで確認しつつ練習を進められるようになる。

それまではなかなか自信を持てずにいたが、9・5後楽園でついに金原から初勝利を奪った。8・13日本武道館よりスタートした「第2回ジュニアリーグ戦」でライディックに敗れ黒星スタートとなった髙山は、この日も左足首の関節に蹴りが入り動けなくなる苦闘。

自分の方が上回っているはずの打撃でも劣勢の展開が続くも、腰を痛めている金原への逆片エビ固めで活路を見いだし、ギブアップさせた。シングル6戦目にしての勝利は、喜べる試合内容ではなかった。

その後もリーグ戦で4連勝を続けたものの、勝ち点でライディックに及ばず優勝を許した。これといった実績を残せぬまま1994年に入ると中野、宮戸、佐野直喜《さのなおき》といった先輩、主力外国人のビリー・スコットやダン・スバーンとのシングルバウトが組まれた。

白星こそつかめなかったが、それは新人からポジションが上がったことを意味する。4・3大阪城ホールでおこなわれた宮戸との唯一のシングルバウトは、査定試合の意味が内包されていた。

「デビュー当初から高山は確かにアグレッシブでしたけど、それだけじゃダメなんですね。どんな相手と対戦してもプロとして見せられるものにできるかどうかは、センスが必要になってくる。そこで僕とか安生さんが対戦してみて見極めるというか。これならほかの選手と当ててもいけるなとなったら、もっと上の方で組むようにしていました」(宮戸)

言われてみれば、田村も安生とのダブルバウトやシングルバウトで成長ぶりを見せつけることによって、ポジションを上げていった。髙山は宮戸に敗れたものの、その後のカードを見ると〝合格〟だったのだろう。

対戦相手が増えた分、この年の金原とのシングルバウトは10・8日本武道館の1度のみ。20分フルタイムに終わった一戦は、自身が五本の指に入る思い出の試合に選ぶほど、強く刻み込まれている。

それまでも常に激しくぶつかり合ってきた二人だが、この試合は髙山が前歯を折り、金原はアゴがずれた。2年後、全日本プロレスへ乗り込むさいにはそのビデオを見て「これほどバチバチやり合ったんだから、誰とやっても怖くない」と自分を勇気づけた。

結果的に、金原とは通算1勝7敗1分の戦績を残した。最後のシングルバウトはキングダムで、1997年の8・22新潟市体育館における8人参加のワンナイト・トーナメント準決勝だった。

髙山が全日本への参戦を始めたのがこの年の3月。王道マットへ上がるようになっても、金原は壁であり続けたのだ。

「勝った試合より、負けたその一戦の方がよく憶えています。一度、ヒザ蹴りがすごく効いた時もあったし、毎回紙一重で勝った印象です。負けた試合ってジュニアリーグ戦ですよね。いつもより注目が集まる中での負けですよ？　大黒星《だいくろぼし》ですよ。普段はずっと勝っているのに、そういう時に限って負けるのはよくないですよね。

でも、髙山くんとの試合が役に立ったと思えるのが、あのあと新日本の選手とやった時に自分より大きくてもビビらなかった。リングスへ移籍したあとも、デカい外国人ばかりでしたからね。高山くんとやり合うことで大きい人に対しての闘い方を学んで、対策ができました。むしろ大きい方がやりやすくなったぐらいです。若いうちにそれを経験できてよかったですよ」

金原と20分間殴り合い、蹴り合い、投げ合い、関節を極め合った約1ヵ月後の10月14日、Uインターはこの年2度目となる大阪城ホール大会を開催。高山はスパーンと第3試合で対戦し5分5秒、リバース・バイパーホールドで敗れた（第1試合では山本が桜庭相手にデビュー）。

スーパー・ベイダーとリングネームを変えてUインターに参戦していたビッグバン・ベイダーや、オブライトと比べると中堅外国人的ポジションだったスパーンだが、2ヵ月後の12月16日（現地時間）、UFC（アルティメット・ファイティング・チャンピオンシップ）第4回大会に初参戦しオクタゴンの中でスープレックスを繰り出し決勝戦へ進出。ホイス・グレイシーに敗れるも一夜にして総合格闘技界のスターの仲間入りを果たした。

高山はスパーンからダウン2、エスケープ2を奪っており、残りロストポイントでは上回った。その夜、市内の寿司店「鮨石衛門」で大会の打ち上げがおこなわれ、参加者のうちの一人がのちに妻となる奈津子だった。

「私はお寿司をつまんでいたんですけど、なんかつまんないから帰ろうかなーと思ったら……」

打ち上げも中盤にさしかかり、少々退屈し始めた奈津子が席を立とうとした時、店内で一番の背丈になる男が数名と入店してきた。高山だった。

高田とともに別のところで食事を済ませて合流したのだ。先輩たちに促された高山は、場を盛り上げるため金原と踊り始めた。それを眺めるうち、自分も楽しくなってきて奈津子は店に留まった。

巨体で踊りまくったその男が、たまたま空いていた自分のすぐ近くに座る。「出身地はどこ？」から会話は始まった。

「神奈川県」

「僕も湘南。江の島の方」

「私も真鶴《まなづる》だから同じ湘南ね」

「真鶴って、湘南じゃないでしょ」

ファーストコンタクトで、出身地が同じ神奈川のため話が弾んだ。本来ならば高山は、常に高田のそばへついて世話をしなければいけない立場なのだが、この時は寿司店へ来る前にジャックダニエルを1本空けいい調子になっていて、プロレスにおける勝利への近道のごとく奈津子へ一点集中攻撃を仕掛けた。

要は浮かれていたのだろう。高田に呼ばれるたび酒を一気飲みし、役目を務めるとすぐさま奈津子のところへ戻る。これを何度も繰り返した。

「僕はいつもと同じくフザケて茶々を入れたんですけど、髙山くんが『和田さん、やめてよ！今回はマジなんだから』って真剣な顔をしているんですよ」（和田）

「気が合った？　それまで私は自分よりも大きな男の人を見たことがなくて、珍しかったというのがあったんです。私よりも大きくなかったらその日限りで終わったかもしれませんね」（奈津子）

のちにプロレス界の帝王の妻となる奈津子は、成城《せいじょう》大に入学するも自宅より遠いのが嫌で「大阪の大学にいけば家から通わなくて済む」と思い、仮面浪人で翌年に大阪外国語大（現在は大阪大と統合）を受験し国立の難関校へ合格。本当は英語を学びたかったのだが、センター試験の点数が足りずロシア語専攻へ。

本人は「ロシア人のモデルに話しかけてビックリされるぐらいしか役に立たなかったです」と笑うが、イメージ的にはハードルが高いとしか思えない。再入学した時は外交官になってキャリア官僚を目指すぐらいの勢いでいたのが、在学中にモデルの仕事を始めると想定以上に売れてしまった。

「ロシア語学科っていろいろな語科の中でも特に厳しくて、単位を取るのが本当に難しいんです。それなのに、モデルの仕事が忙しくなってからほとんど大学に通えず、成績もいいとはいえない状況でした」

職業柄、サッカー選手やラガーマンが集まる場にいったこともあったが、酒の飲み方に関してはプロレスラーが突出していた。「女の子とばかり喋ってないで、こっちに来て飲め！」と高田に言われた高山は、四合瓶をピロピロ飲みしてはゆーとぴあのゴムパッチンばりの勢いで戻ってくる。それを奈津子は引くどころか、むしろ感心した。

その夜は送ってもらうべく、自分を誘ったカメラマンが帰るタイミングで店を出た。このさい、お互いの連絡先を交換し合った。

東京へ戻った高山からは、毎日電話がかかってくるようになる。当時はＵインターの合宿所住まい。公衆電話が置いてあり、10円玉と１００円玉が光の速さで吸い込まれていく。

若手だった高山の給料は5万円程度。そのほとんどが電話代で消えた。ケータイもメールもなかった時代は、今より遠距離恋愛のハードルが高かった。

「知り合った3ヵ月後、私は阪神・淡路大震災を経験しているんです。当時は新大阪に１ＬＤＫのマンションを借りて一人暮らしをしていて、最初は本当にポルターガイストかと思ったんですけど……初めて死ぬと思いました。あの日は仕事で神戸へいくことになっていたので、とりあえず落ち着いてから新大阪駅に向かったんですけど、普段なら5分ぐらいで着くのにあちこちの壁が崩れ、割れたガラスが道に落ちているので歩けなくて。

でもなんとかして新大阪に着くと、駅内が水浸しで。これは電車も動かないなと思って家に引き返しました。それで友達に連絡したり電話が来たりだったんですけど、市内は通じても大阪の外は通じなくて。その前の日に髙山は明治大学のラグビー部の方々と飲んでいたみたいで、一日中潰れていて地震があったことを知ったのが遅かったそうなんです。地震の次の日だと思います、連絡が来たのは」

震災の前夜が、Uインター日本武道館大会だった。後日、髙山は大阪まで会いに来た。奈津子自身も実家を遠く離れた一人暮らしだけに、心細かったはず。大きな背中が頼もしく見え、精神的にも支えられただろう。

結果的に奈津子は大阪外大に8年間籍を置くも中退を選んだ。東京に出てモデルをやる希望もそうだが、交際相手の近くにいたいとの思いが強くなるのは自然だった。

3ヵ月前にスタートさせた遠距離恋愛の彼女が、大きな地震に被災するという受難の幕開けを迎えた1995年、髙山はデビュー以来の快進撃を見せる。1・16武道館でバートン、2・18東京ベイNKホールでジェームス・ストーン（のちにWWEでヌンジオとして活躍）に連勝。4・20名古屋レインボーホールのダブルバウトでは田村にしとめられたが、5・17大阪府立体育会館でダブルバウトながら金原からヒザ十字固めでギブアップを奪う。

そして髙田の「近い将来、引退します」宣言や田村とオブライトの不穏試合で荒れた6・18

両国国技館では、山崎と初シングルバウト。そこで大金星をあげる（ジャーマン・スープレックス→飛びヒザ蹴りでレフェリーストップによるTKO勝ち）。

あと1度のダウンで残りポイント0になるところまで追い込まれながらの逆転劇。デビューより数えて30戦目で〝前高山《まえたかやま》〟の一角を崩すことに成功した。

「上の人とやりたいとずっと言っていたけど、少し変わりますかね。もう髙田さん、オブライトの時代じゃない。ウチもこれで違う方向へいってくれたらいいと思います」

坊主頭から髪を伸ばした髙山は、若手に収まらぬ雰囲気をまとっていた。殊勲《しゅくん》をあげた後輩を、田村と垣原が握手で迎える。

その時点では、メインで髙田が引退宣言をするとは誰も思っていなかったが、次世代の息吹を感じさせる勝利だった。若手というカテゴリーから格を上げると、7月にはオーストリア・グラーツに遠征。8日（現地時間）、オットー・ワンツの団体・CWAのリングでトニー・セント・クレアーと対戦し、ヒザ蹴りが急所へ入ったため反則負けとなった。

海外に関しては4ヵ月前の3月に、Uインターのイスラエル遠征ですでに経験している。「BUSHIDO」の番組名で放送されており、その人気ぶりが買われ招へいされたのだ。

「初めていく国だから、選手ってお膳立てされなかったらなかなか動かないものですよね。でも僕と髙山くんはテルアビブの街を探索しようぜって、ホテルから地図をもらって二人で出歩いたんです。僕らが歩くと風貌が一般的な日本人と違うから道を2回聞かれて。現地の人と思われたんですかね。泳ぐ時期はまだなのに、日本から海パンを持ってきていたんで地中海で泳ぎました。

あのあと、グアムにいった時も髙山くんとは平気で街に繰り出しましたね。そこに山崎さんも加わるんです。山崎さんも大人だし、髙山くんも大人だから関係性がすごく楽。あの二人と行動するのは、僕にとってオアシスでした」(和田)

人生において、地中海で泳いだというのも貴重な経験だ。グラーツから帰国後、髙山は7・22博多スターレーンにて中野をフロント・ネックロックで破る。

この大会と7・13静岡産業館は髙田が参議院議員選挙へ出馬したため欠場。また、山崎は両国大会後に退団を表明したため〝上二人〟が不在の興行となった。

いずれもメインは田村が務め、ジョー・マレンコ、垣原を連破。髙田の引退発言と相まって、近い将来のUインターに訪れるであろう風景を先取りしたかのような極めて純化された空間が現出した。

けれども――そうはならなかった。8・18東京ベイNKホールで田村が髙田に「僕と真剣勝負をしてください！」と布告、直後に新日本との全面対抗戦へなだれ込んでいく(髙山はこの日、佐野にKO負け)。

田村と垣原を中心に新世代で動かしていくUWFインターナショナルの世界は、幻と終わった。その中で、髙山は迷うことなく対抗戦を選ぶ。

新日本プロレスとの対抗戦

「僕らはUを守るんじゃなくて、Uで新日本を攻めるんです。だから以前、Uが新日本に来た時のような感覚で向こうの人が構えていたら、とんでもないことになりますよ。UWFへのこだわり？　僕はこだわっていません。UWFにこだわるというよりも、自分が入門したこの団体にこだわっています。名前はどうでもいいです。

方向は同じ方を向いている。その幅が広いか狭いかで、僕らと田村さんの違いはそこだと思うんですよ。僕らが東京ドームに出て凄い試合をすれば、ファンも『こいつらの試合を見てみたい』と思うでしょう。まだそういう段階に、僕らの名前が到達していないんですよ。10・9は営業です。商品を売り込むPRですね」

日本プロレス史に残り、今なお語り継がれる〝ジュッテンキュウ〟を前にした9月17〜21日、Uインター勢はサイパンで合宿。対抗戦に背を向けた田村との違い、さらには自身が新日本と絡むことを選択した理由を、髙山は明確に語った。

第1次UWFより見続けてきたファンが特にそうだったが、その三文字への思い入れが強い人間ほど対抗戦を拒絶した。他団体とは違うスタイルを貫く美学に惹かれ、支持を続けてきたからだ。

また新日本のリングに上がったら、最終的には価値観が形骸化されることも第1次UWFで経験した。同じこだわりを持っていたのが田村であり、宮戸だった。

ただ、プレイヤーとしては東京ドームのようなまぶしすぎる檜《ひのき》舞台に上がりたいと思って当然。ましてや〝最強〟を掲げてきた団体なのだ、他流試合だからと拒絶するのは筋が通らない。

前年、Uインターは「プロレスリング・ワールドトーナメント」を開催したが、他団体の協力を得られず不発に終わる。12月7日には安生がヒクソン・グレイシーの道場破りにいったものの、返り討ちに遭い〝最強〟の二文字が根底から揺らいだ。それらのダメージが会社経営にも響き、団体維持のためには新日本との対抗戦という賭けに出るしかなかった。

現在の感覚であれば「業界最大手の団体と絡むなんてチャンス以外の何ものでもないだろう」と、選手もファンも賛同して当然。ただ、UWFは既成のプロレスに対するアンチテーゼとしての価値観こそが存在理由であり、また熱狂的なフォロワーを生み出してきた史実があった。

高山は比較的スムーズに気持ちをシフトチェンジできたが、垣原のように「本音を言えば最初はやりたくなかった。答えが出るまですごく時間がかかって僕なりに悩んだ。(ドームに)出ないのもUを守るためだけど、出てUWFの凄さ、素晴らしさを伝えるのも守ることだと思って決めました」と、葛藤を抱く選手もいた。それぞれが、それぞれのこだわりと向き合った末に選んだ道だった。

今回、宮戸に取材したさい聞きたかったのが「あのままUインターが独自路線を続けたら、将来的に髙山善廣エース体制を考えたか」。もちろん、1995年夏の時点での〝ポスト髙田〟は田村であり垣原だったが、そのさらに先の風景をどう描いていたのか。

「あの頃はまだ、そこはなかったですね。やっぱり田村、垣原がまず(次の世代という考えがあったので。ただ、ベイダーみたいな大型選手とぶつかり合ったら面白かっただろうから、そういうカードができるようになった時にテクニシャンタイプの田村、垣原と大型の髙山がどう闘うかは見たかったですよね。

今、思い起こすとビル・ロビンソン先生が来日した時、Uインターの道場でコーチしていただきましたよね。向こう(テネシー州ナッシュビル)に戻ったあとも選手を派遣して見てもらったんです。それは田村、垣原、髙山だけだった。やっぱりこの3人に期待したんでしょうね」

髙山自身、根っからのプロレスファンだけにロビンソンを手放したくないとの思いもあったのだろう。事実、日本でコーチを受けると理屈に合った技術は実戦で役に立った。

上達している実感が得られると成長は早くなり「強くなった」との確証にもつながる。アメリカのロビンソン道場への短期留学では、Uインターのレギュラー外国人・スコットと毎日汗を流した。参戦希望選手のテストを兼ねてスパーリングすると、レスリング出身者とやっても極めまくった。

グラップリングだけでなく、打撃のコーチにはムエタイの実力者であるボーウィー・チョーワイクンがいた。パンチやキックを専門的にやってこなかったので、彼らに基本を学びフォームから何からよくないところが修正される。プロレスラーとして「いざとなったら」対応できる技術を身につけた。新日本に対する自信には、根拠があったのだ。

また、対抗戦を機に高山は発言に関しても若手のそれを脱却し、意図的にビッグマウスのイメージを構築していく。ドームの対戦相手・飯塚高史については、このようなコメントで一刀両断。

「僕のセンスでは許されない格好ですね、ビラビラしたのをつけて。サンボ留学の経験者？そんなの、今じゃ格通(『格闘技通信』誌)の読者だってやってていますよ。サンボの体験留学の時だけ練習したって、意味があるのかと。あと長州力にひとこと。興行的にはあなたを喜ばしてあげるけど、勝負ではあなたが泣きを見ます」

後年は〝怨念坊主〟と化し、2019年2月21日に引退するまで狂人ぶりを貫いた飯塚だが、当時は野上彰《のがみあきら》とのアイドル的なユニット「J．J．JACKS」として活動しており、そのコス

▲ビル・ロビンソンの指導はUWFスネークピットでも受けた。後方に写っているのがプロデビュー前の鈴木秀樹

チュームを揶揄したのだ。さらに、この段階で長州にも目を向けている。

月曜の平日開催にもかかわらず、6万7000人の大観衆が詰めかけ、客席も真っ二つに分かれた東京ドーム決戦。高山は新日本の連勝(○石澤常光《いしざわときみつ》&永田裕志《ながたゆうじ》vs金原&桜庭●。○大谷《おおたに》晋二郎《しんじろう》vs山本●)を受けて第3試合に登場。ノッシノッシと歩を進め、トップロープを大またぎすると一瞬だけブーイングがどよめきに変わった。

その後の高山にとって、見せ場のひとつとなる入場シーンは、これが最初。ただ意識してやったのではなくUインターのリングと比べるとトップロープが低かったから、セカンドとの間をくぐりづらいと判断し、とっさにまたいだ。

それが、自分の巨大さを体現する上でハマったのだ。対戦相手の飯塚は業界キャリアが6年近く上。6万人を超える観衆の前に立つのも初めてでありながら、まるで格下感がなかった。

「新日本とやるとなった時に、高山くんと『どう思います?』という感じで話したんです。僕はあまり乗り気じゃなくて、会社がそういう状況ならまあいいかぐらいの気持ちだったんですけど、彼はその時点で『これは大きなチャンスですよ!』ってノリノリで。そこで僕もそうなのか、じゃあ頑張らなきゃなってなりました。

当日は、やっぱり新日本が何をやってくるかわからない緊張感で控室もピリピリしていました。新日本のファンが多い分、僕らはブーイングを浴びるわけですけど、逆にそれが気持ちよ

▲キャリアでは髙山を上回る飯塚を破り、その存在感をプロレスファンに誇示した

かった」

そう振り返る金原は、プロレスのショートタイツではなくキックのトランクスに裸足で新日本のリングへ上がり、イキイキとしていた。そして高山も……。

開始のゴング前から右腕を天に向けて掲げながらニラみつけると、Uインターで見せるスタイルの合間にコーナー串刺しドロップキックのような従来のプロレス技もはさむ。終盤、裏投げを食らいフォールに来られたが、カウント2で肩を上げた。

UWFにはないスリーカウントフォールだが、高山の体はちゃんと反応。Uのお株を奪うチキンウイング・フェースロックを極められたが、これを脱するとクルック・ヘッドシザース↓腕ひしぎ十字固めと移行し、飯塚をタップさせた。

キャリア3年ほどにもかかわらず、高山の勝利を金星と受け取る空気はほぼ皆無。むしろ、歴史上初めて新日本を破ったUインター戦士にふさわしい存在感だった。

「前の2試合はお客の反応が新日本に傾いたんで、それならこいつらをビックリさせて言葉も出ないようにしてやると思いました。初め、掌底からヒザのいいのが入ったのにレフェリーがダウンを取らないんで、レフェリーも敵かと。

サンボだっていうんでもっと流れるような動きをするのかと思ったら、そうじゃなかった。強かったですよ。ただ、僕の方が全然強いです。新日本道場の先生らしいじゃないですか。それより俺は強いんだということですね」

飯塚が道場でコーチも務めている情報を入手していた髙山。まさに勝ったらなんでも言えるとばかりに、コメントルームでドヤ顔を見せた。

Uインターに入門するまでが紀元前ならば、この一戦は「帝王の夜明け」と位置づけられる。UWF系ではないリングでの立ち振る舞い、スタイルのさじ加減、見られることへの意識の原点が、髙山にとってのジュッテンキュウになるのだろう。

Uインター初勝利のあと、佐野が獣神《じゅうしん》サンダー・ライガーに勝ちタイスコアへ持ち込んだが、安生は長州に惨敗し「俺をキレさせたら大したもんですよ」の名言を引き出す。垣原が佐々木健介に逆転勝利のあと、中野は橋本真也《はしもとしんや》に斬って獲られ、Uインターの勝ち越しはなくなった。

とはいえ、やはりメインで勝った方が対抗戦も制したとなる。IWGPヘビー級選手権が懸けられた武藤敬司《むとうけいじ》と高田の大将戦はUWFスタイルからかけ離れたまさかの足4の字固めで明暗を分けた。

「一度凱旋した時に(1986年)、UWFが新日本に戻ってきて肌を合わせた時はやりづらかったけど、そのあとアメリカにいってリック・フレアーと闘ったのがあって、足4の字っていう発想が出てきたんだと思う」

後年、武藤は世紀の一戦についてそう語っていた。キックとサブミッション対策ばかりが考えられる中、アメリカンプロレスという真逆の方法論で捕獲したのだから、このセンスには誰もが唸るしかない。腕十字やスープレックスなどUWFでも通用する技でやられるより、高田が足の4の字で敗れた分、U信者のショックも大きかった。

UWFとしては歴史的敗北を喫した10・9東京ドームだが、その枠を超えて評価を高めたのが垣原と高山だった。余韻が覚めやらぬ2日後のUインター大阪府立体育会館大会は、武藤戦で右脚を痛めたとの理由で高田が欠場。さらに対抗戦へ背を向けた田村の名も対戦カードになかった。

前日深夜に本人へ試合がないことを告げられ、田村は来場せず。高田は内《ない》側《そく》側《そく》副《ふく》ジン帯断裂と診断された右脚を引きずりながら、リングに上がり欠場の挨拶をおこなった。

松葉杖姿で現れた高田に浴びせられたのは罵声とブーイング。その中には「田村を出せ！」という声も混ざっていた。

「うるさいなおまえら‼　オラッ！」

挨拶の言葉を止めた高田が、怒声をあげる。すぐさま「……すいませんでした。とにかく垣原や高山や、金原、若手選手に頑張ってもらっています。そして、一日でも早くケガが治るよう治療に専念します」と続け、リングを降りた。

そこで起こったのは「タムラ」コール。新日本に敗れたことで、Uインターファンの心の拠りどころになっているのは明らかだった。

東京ドームのあとも新日本との対抗戦は継続され、この日のメインでは安生&垣原が長州&永田と対戦。ダブルバウトではあるが「UWF特別ルール」と称しフリーノックダウン、フリーロープエスケープでおこなわれた。

Uインターの大会でありながら、長州は安生の背後を押さえ、永田にミサイルキックを打たせた。コーナー最上段からの攻撃は反則であるはずだが、それで試合が終わることはなかった。最後は垣原が永田をスリーパーホールドで落とし、ドームに続いて連勝。「俺がUを守ります！」と宣言する。ただ、UWFの価値観が徐々に崩されていったのも事実で、それがボディーブローのごとくUインターの求心力を鈍らせた。

中野vs健介や金原&桜庭vs石澤&安田忠夫《やすだただお》といった対抗戦が組まれた中、高山は唯一の同門対決を山本とおこない成長ぶりを真っ向から受け止めた上で、大きな体でのしかかりアームロックを極めてギブアップさせた。田村不在の中、Uインターファンにとっては溜飲《りゅういん》の下がるような一戦となったはずだ。

高山にとって、新日本との初遭遇が東京ドームの飯塚戦であることは広く知られているが、では2戦目の相手は誰だったか？　その後の関係性を思えば、そこでの出逢いも因縁を感じる男だ。

10月28日、Uインターは国立代々木競技場第一体育館にプロレス団体として初進出。翌日の新日本マリンメッセ福岡と並び、ここでも対抗戦がメインとなる中で組まれたのが、髙山と健介のシングルマッチだ。

ドームで垣原相手に「ポカやりすぎた」健介だが、Uインター10・11大阪では中野に勝利。両者が同級生という事実は、まだそれほどクローズアップされていなかった。

ジャーマン・スープレックスでぶん投げられ、ヒザ蹴りではカウント10寸前まで追い込まれるなど、新日本ファン的には「健介、予想以上の苦戦」に映った。試合中、ロープに走ったが髙山は当たり前のような顔でかわした。イデオロギーの違いが表れた一シーンだ。

それでも健介は力技で逆襲すると、今度はロープに走ってのラリアットを成功させ、ストラングルホールドγ《ガンマ》で捕獲。髙山は鼻血がにじんでいた。両者の初邂逅《かいこう》は7分48秒で終わった。

翌日、福岡のタッグマッチでは武藤と初対戦。対抗戦3戦目で新日本の頂点に立つ男と向き合う。

オレンジ色のタイツで両手を広げ歓声に応える武藤の華は、U系の世界観とは一線を画すもの。場外へ落とされそうになるとロープをつかんで拒絶するなど、自分たちの流儀を貫こうとした髙山だが、存在感の差は明らかだった。

「佐々木選手の方が（武藤より）正々堂々としていて、本当の王者という気がした」

垣原が永田を逆片エビ固めで下したあと、そうコメントした髙山。これは自分が武藤の視界に入っていない現実を感知した上での言葉と思われる。

髙田以外に興味がなかった武藤からすれば、垣原たちは他団体の若手に過ぎず。格を見せつけられることで、髙山は勝負論と別次元のプロレスの奥深さを知るのだった。

なお、のちにIWGPヘビー級王座を懸けて闘う永田とも、ここで初遭遇。Uインター11・25両国国技館では蝶野《ちょうの》正洋《まさひろ》&天山広吉と対戦。〝200%男〟として覚醒しつつあった安生ワールドに包まれる中、髙山は蝶野のバタフライロックに敗れる。問題は、試合後のバックステージだ。

ゴールデンカップスで初のタイトル獲得

「おまえ、あれほどキ○○マ守れって言っただろ！　俺がファウルカップ渡したんだから、ちゃんとして来いよ」

「UWFなんだよ、ここは！　安生さん、あんまりメチャメチャやっているとUWFが泣きますよ！」

「俺が何をしたっていうんだ？　金カップ、つけてこいって言っただけじゃねえか」

「安生さん、ちょっと変ですよ！　おかしすぎます！　キ◯◯マ蹴って勝てるやつがなんだっていうんだ！（怒）」

蝶野をジャーマン・スープレックスで投げたあと、２発目を狙ったところ後ろ足で急所を蹴られた髙山は、ファウルカップをつけていなかったことが敗因だと指摘されるや反発し、その場を去った。このあと安生は「どうも俺のつけたチーム名が気に入らないみたいだな。『ゴールデンカップス』という名前でいこうと思ったんだけど、イチから考え直さなくちゃ」とボヤいた。

ＵＷＦと真逆の方向性であるゴールデンカップスのネーミングが、初めて飛び出した瞬間だった。山本も安生に「おまえはどう思う？」と振られ「自分は反対です」と、先輩にＮＯを突きつけている。

にもかかわらず、年が明けた１９９６年の新日本１・４東京ドームでＷＡＲ《ダブリュエーアール》の冬木弘道《ふゆきこうどう》と対戦した安生がガムテープで口封じされた揚げ句、地団駄《じだんだ》ラリアットで息の根を止められたあともいたぶられると山本が、さらには髙山が救出。邪道《じゃどう》＆外道《げどう》ともども蹴散らすや、負けたのに東京ドームの中心で高々と手をあげ勝ち誇った。

「髙山、ありがとう！　助けに来てくれて。結果は負けとして残るかもしれないけど（かもしれないではなく、確実に残る）、新しい仲間ができたからな。一緒に頑張ろうな！」

負けてもウキウキな安生が右手を差し出すと、髙山は無言で握手。この時は、これといったコメントは出さずで、おそらくまだそのノリについていき切れなかったのだと思われる。

もともとゴールデンカップスのネーミングは、二人の会話の中で出てきたものだった。前年の10・28代々木で蝶野との一騎打ちに臨む安生が「相手は急所蹴りをしてくるからファールカップをつけていく」と言い出した。

雑談の中では「金カップ」と言っていたため、髙山が「それじゃゴールデンカップじゃないですか」と突っ込んだ。まさかこれがユニット名になるとは、言い出しっぺも思わなかったらしい。

とはいえ、ゴールデンカップスを始動させたことで新たな道が拓けた。2月にはＩＷＧＰタッグ次期挑戦者決定リーグ戦に安生とエントリーされ、天山&ヒロ斉藤《さいとう》、冬木&外道、西村修&小島聡《こじまさとし》を連破し優勝。

2・25両国国技館で橋本&平田淳嗣《ひらたじゅんじ》に挑戦した一戦は髙山が破壊王に屈したものの、入場時に〝２００％〟と入ったストロング・マシンのマスクを二人で被り登場。ＩＷＧＰタイトルマッチでこんなチャラけた行為をする者はいなかったが、意外にも新日本ファンへ受け入れられてしまう。

それは、１９５㎝の巨大マスクマンという見た目のインパクトが無条件に刺さったと思われる。開始直前にマスクを脱いだものの、安生は額にも200％とペイントを施す念の入れよう。ニールキック、DDT、三角絞《さんかくじ》めと橋本のフルコースを浴びた髙山と分断され救出できずに終わったが「生まれて初めてベルトというものに挑戦して、僕の征《ゆ》く道はこれだと。豚も肥えたら猛獣になる」と、安生はよくわからぬ言葉を残した。

対抗戦の渦に飲み込まれたUインターは新年に入り2ヵ月間、興行を開催していない。3月1日に日本武道館で〝年頭一発目〟の大会をおこなったが、ここでも髙山は安生とのコンビで山崎&飯塚と対戦。かつての先輩を安生がグランドクロス200（当時は変形足4の字固め）でギブアップさせる。

新日本3・26東京体育館ではタッグトーナメント1回戦で健介（パートナーは武藤）のストラングルホールドγに返り討ちを食らい、その後は石川孝志《いしかわたかし》率いる東京プロレス参戦を経てWARに乗り込み、5・26横浜文化体育館でゴールデンカップスとして冬木軍からWAR認定世界6人タッグ王座を奪取。これがプロ入り初のベルト戴冠となる。

2週間後のUインター札幌中島体育センターで奪回され、一度も防衛できぬままに終わったが、WARでの実績を作った髙山は自団体のリングへ天龍源一郎を引っ張り出すことに成功。6・26名古屋レインボーホールで阿修羅・原との龍原砲と対戦する（200％マシーンが敗北＝正体は言わずもがな）。

Uインター7・28神戸ファッションマートアトリウムプラザでは「ゴールデンカップス主役興行」を開催。大会前のスペシャルイベントでは『ゴールデン・ダスト』(CD『OH TACO』に収録)を三人で熱唱。「あこがれのクラッシュギャルズに近づけた」とニンマリした。

この年のゴールデンカップスはCDタイトル通り引っ張りダコとなった。タワーレコードやサンシャインシティにおける販促《はんそく》イベントがおこなわれ、200%PHSや200%コロンも商品化。プロレスバラエティー番組『リングの魂』(テレビ朝日)に出演し、お茶の間人気も沸騰した。

山本によると、ゴールデンカップス以前の高山は口下手だと映っていた。それを安生がリードし、才能を開花させたと見る。

「俺はのんびりタイプだからヤケクソ的な部分を見せた方がいい味を出せた。ずっと、UWFはこういうものだと教育されてきて、殺伐とした雰囲気のスタイルがストレスになったのかもしれない。自分を売り出すならいい加減な部分を出した方がいい。新日本との対抗戦も殺伐としていたけど、長州さんのラリアットを食らってすべてが吹っ切れた。

高山には『もっとゆっくり動け』というアドバイスはしました。あんな大きいのに、ほかのU系の選手と同じ動きをするとドタバタしているように見えちゃう。リーチがあるんだから、パンチなんて出さず手を伸ばすだけでいい。それにヒザを合わせていくだけで十分だよって」

▲ゴールデンカップスの一員としてプロ入り初のタイトル戴冠

のちに「ハッスル」で重宝される安生の卓越した指導者ぶりは、この頃すでに発揮されていた。他団体のリングに上がっても髙山がスムーズに対応できた裏には、そのアドバイスがあったのだ。

もっとも、芸能活動的なものに関して髙山自身は、ネタを強要されるやり方が嫌だった。ゴールデンカップスは自分たちの自由にやるからいいのであって、お笑いも他者にやれと言われるのは話が違うと思った。

そうした葛藤を抱きつつも、試合に関しては真面目にやることで気持ちに折り合いをつけた。安生は安生のノリでやっても、髙山は自分のスタイルを貫く。

その上で、もはやUWFの枠や価値観にとらわれぬ活動を続けていった。この時の幅を広げる作業によって培った姿勢や発想は、のちにプロレス界の帝王を名乗りどんな闘いも自分で考えて答えを導き出し、作品として成立させる懐の深さを育んだ。

「実は僕も安生さんに誘われたんですけど、動けなかったですね。あれによって他団体に出るようになったり、露出も増えていったりしたわけですけど、僕とすればもう別モノという感覚でした。

あそこでUインターも格闘技路線と従来のプロレス路線に分かれましたけど、安生さんによって彼のキャラクターが引き出されたのはありましたよね。やっぱり新日本の中でも髙山くんは評判がよかっただけに、あれでよかったんだと思います。僕は評判悪かったですけど、ハハハ」

高山以上に格闘技色の強いスタイルで新日本勢と対戦した金原は、自分がそのように評価されるのも当然だと思っていた。ただ、ゴールデンカップスの成功は同僚として、喜ぶべきものだった。

先輩後輩の距離感から、キャリアを重ねるうちに親しい関係になっていった二人は、よく車の話題をした。新日本との対抗戦に打って出るのと前後し、高山は28歳でシボレー・マリブを購入。

アメリカでは中型車にカテゴライズされるが、車体は5mもある。高山が買ったのは1970年製、この時点で25年の年季モノだ。子どもの頃、アメリカの刑事ドラマで街中に大きな車が走っているのを見て好きになった。

「もともと僕はそれほど車に興味なかったんですけど、シボレーのコルベットだけはすごくあこがれがあって。高山くんが先に同じシボレーのマリブを買って『そんな古くて壊れないの？』って聞くと『大丈夫です！』って言うから、僕も買う決心をつけられたんです。一緒に走っていたら、前を走るマリブのガソリンがドボドボドボって流れ出ていることがあって。『おい、漏れてるよ！』って教えたら、慌ててタンクのフタを締めていました。

あと六本木でアクセルのワイヤーが切れて、踏めずに動かなくなったんです。でも針金を取り出して『これで切れたところを結べば大丈夫ですよ』って。本当に動くようになりましたからね」

古いものは修理しながら乗るのが当たり前。針金を常備していれば便利だと教わった金原は、今でも見舞いにいったさい自分のコルベットの写真を見せて「こんなふうにしたんだ」と話すと、高山は喜ぶのだそうだ。

購入した時は車内にクーラーがついておらず夏は窓を全開にし、着替えのTシャツとバスタオル持参の上で運転していた。それも自分の手でカスタマイズし、乗り続けた。

一度惚れたものとはとことん付き合う。マニアックな人種としての高山が垣間見られる。

上半期はほとんど他団体での活躍が目立った高山の1996年。夏になり、Uインターは8月17日&9月11日と2ヵ月で2度の神宮球場進出を発表した。

プロレスラー人生を変えた川田利明《かわだとしあき》戦

神宮といえば1993年12月5日、真冬の屋外ながら髙田vsベイダー戦で4万6187人の大観衆を集めた、まさにUインターの黄金期を象徴するスタジアム。2度目の8・17は真夏の日中開催で、なんと1ヵ月も経たない9・11に髙田と天龍の初一騎打ちが組まれていた。

当然、話題性は9月の方に集中した。結果、2度目は1万5000人の動員に留まった。その中で髙田はゴールデンカップスの総帥・安生を左ハイキックでTKOに追い込み、天龍も参戦し佐野（直喜から友飛《ゆうひ》に改名）をパワーボム葬。両者の意識は25日後にあった。

髙山はアルティメット特別ルール（顔面への拳による攻撃とヒジは禁止、ロープエスケープなし）でUFCの怪人・キモと対戦。UWFとMMAは別とするなら、このスタイルでの試合は初めて。やはり勝手が違ったか、開始後十数秒でタックルから上になられると左目の横に頭突きを入れられ流血へと追い込まれる。

さらに掌底を浴びるとバックに回られスリーパー。わずか76秒で、髙山は四つん這い状態のままタップしボウ然。さすがに試合後はノーコメントだった。

UWFで培ってきたものを発揮できぬままの敗退は痛かった。通常のプロレスに足を踏み入れたのであれば、よけいに〝こっち側〟でも実績をあげたかったはずだ。

「プロレスも総合格闘技も、俺の中では一緒のもの」が髙山の考え。ルールやスタイルが違うだけで闘いには変わりない。勝てなかったのであれば、よい結果を生み出すまでとことんやる点においては同じなのだ。

それだけに、この時の宿題がのちのPRIDE参戦という決断に結びついたところは少なからずあっただろう。そんな髙山に、想定外のビッグナイトが訪れる。

その神宮大会の2日前、日刊スポーツ紙に「馬場開国宣言」の見出しが躍った。全日本は長きにわたり鎖国政策を敷いてきた。1990年に坂口征二《さかぐちせいじ》が新日本の社長へ就任した〝ご祝儀《しゅうぎ》〟で選手を貸し出したがその後、三沢光晴《みさわみつはる》、川田利明、田上明《たうえあきら》、小橋健太（当時）の四天王時代に突入すると、再び他団体との交流は途絶えた。

神宮と同日の後楽園ホールで取材に応じたジャイアント馬場は「あの記事は何気なく話したのが出ちゃったんだよ。俺がシャカリキになってやるとかやらんとか、そうは言っとらん。開国？　ウチはそんな頑《かたく》なに門を閉ざしているわけじゃない」。記事には「髙田だったらやってもいい」とあったが「今まで裁判沙汰になったところと仲直りするのは理屈に合わん。一番問題ないのがあそこ（Uインター）という、それだけです」と説明した。

9・11神宮の髙山の相手は「X」だったが、当初はベイダーが予定されていた。ところがWCWのPPV《ペイパービュー》ショーへの出場が入り、断念。そうした中で全日本の開国宣言が飛び込んできた。Uインターサイドは直接、馬場にコンタクトをとりスタン・ハンセンのレンタルをリクエスト。だが、これも帰国のスケジュールと合わず白紙へ。結果的に白羽の矢を立てられたのが川田だった。

9月1日深夜に馬場からUインターへの出場を通達された川田は、翌2日の秩父市民体育館で緊急会見。「ビックリも何も、返事するのに時間はかからなかった。髙山は見たことがあまりないので印象も特別には……。他団体のリングに出るのが俺の望みではないけど、刺激にならないって言ったらウソになる。他団体のリングに上がっても、俺は全日本のプロレスをやる」とコメント。ファンが見てもこの人選は最適と言えた。

川田は元Uインターのオブライトが移籍してきた時、真っ先に相手を務めた。奇しくも1ヵ月前の7・24日本武道館における3度目の一騎打ちでは、UWFスタイル寄りの闘いを繰り広げたばかり。鎖国を貫く全日本の中で対抗戦の必要性を訴えてきた男だった。

「全日本の中でいい試合をいくら続けても、見る方はマンネリ化していくだろうし、ひとつずつでも何かが変わっていかないと、お客さんも刺激がなくなって見にいく気も起きなくなってくる。ただ、それを馬場さんに直接言ったことはなかった。そこは使われる身だから、その中で精一杯やるだけを考えた。

今になって思うのは、馬場さんに使われていた頃が一番幸せだったよね。まあ、いつもこの話になるとそこに自分が上がりたかったと思う人たちがいるけど、向こうが要求してきたのも馬場さんが出そうとしたのもハンセン。でも、ハンセンが出たくないってアメリカに帰っちゃって。それで『しょうがないから川田、いってきてくれ』って……そういう感じでしたよ」

26年前について聞くと、まず川田はこの一戦が自ら望んだものではなかったと強調。実現するまでの経緯と、自分の求める開国がタイミング的に合っただけというとらえ方だ。そして対戦相手以上に、他団体のリングへ乗り込む現実が重要だった。

「高山戦のあと？　全然考えていない。これでまったくあとがないかもしれないし、もっと上にいけるかもしれない。でも俺は負けちゃったらおしまいだから。正直言って、得体の知れないものは怖いよ。ナメてかかったら、潰されちゃうかもしれないもん」

これはUインター参戦が決まったあとの全日本9・5日本武道館でのコメント。ここで言う「上」とは、秩父で「高田選手とは一番上の選手、いずれ機会があるならやってみたいと思うよ」と発言していたので、それを指したものと思われる。

四天王プロレスは日々の闘いの中でお互いを高め、ある種の信頼関係のもとクオリティーを上げていった。一方、他団体の選手とはやる時点で心が通じ合っていない。

「川田選手はまだUWFをちゃんとわかっていない。ゲーリー（オブライト）は強いけれど、あれをUWFだと思ったらとんでもないことになりますよ」

決戦前、髙山はそのようなメッセージを送っている。そこへ漂う緊張感こそが、川田の言う刺激だった。

髙田vs天龍（髙田の勝利でこの年のプロレス大賞年間最高試合賞に選ばれる）、佐野vs橋本（新日本時代の先輩後輩対決）、垣原vs健介東京ドームの再戦、初代タイガーマスクvsザ・コブラと、他団体勢も多数出場した神宮球場大会「SUDDEN DEATH～旗揚げ5周年記念特別興行ファイナル」は、UWFの枠を大きく超えたビッグイベントとして4万1087人を動員。そのうち、土壇場で高山vs川田が決定するや2万枚ものチケットが動いた。

川田が掲載されたUWFのパンフレットということで、用意した5000部が一夜にして完売。これは団体創設以来初めてだった。

第5試合の垣原vs健介戦が終わるや、神宮の杜に響き渡る「カワダ、カワダ！」の歓声。3塁側ベンチ横にその姿が現れると、それは大コールへと変わった。

セコンドには本田多聞《ほんだたもん》、井上雅央《いのうえまさお》と志賀賢太郎《しがけんたろう》。そしてスーツ姿の渕正信《ふちまさのぶ》がニラミを効かせる。〝UWF〟の三文字が刻まれたコーナーポストの前に立ち、ガウンを脱いだ川田の表情は、いつもと比べると強張っているように見えた。

1塁側ベンチからの入場を待つ間、川田は軽く屈伸したあとペットボトルの水を一口。これは、全日本で見られぬシーンだ。

一方の高山は相手が元・三冠ヘビー級王者であってもふてぶてしくリングイン。両者が向かい合うと、高山の長身が改めて際立つ。ホームリングでありながら、川田に対する歓迎ムードの方が上回る雰囲気。それを意に介すことなくそびえ立つ。

先に仕掛けたのは川田。開始早々、コーナーに追い詰めるとクリーンに分かれると思わせておいてフロントキックを髙山の顔面に放った。

通常のプロレスルールではあるが、普段のUインターでは反則となる。にもかかわらず、その出方に対しブーイングは起こらない。戦前の予告通り、全日本の闘いを貫くという意思が表現された。

ただ、その〝いつも通りの闘い方〟にはUWFスタイルとの共通部分が多いのも事実。ローキックや逆片エビ固め、さらにはタックルからバックマウントの状態で首筋にエルボーを落とすなど、おのずと〝波長〟が合っていった。

髙山もスリーパーでスタミナを奪うとニーリフトで悶絶させ、ジャンピング・ニーアタックを披露。さらにジャーマン・スープレックスで持っていったが、川田は四天王プロレスでもっとエグい投げを食らってきた男だ。

直後に立ち上がりダッシュすると顔面に強烈なキック。この打たれ強さと肉体の耐久力こそが、全日本のプロレスの真骨頂だった。

まだ見ぬプロレスの奥深さを体感したからか、髙山はデビューした頃にしか使っていなかったビッグブーツ(フロントキック)まで繰り出す。つまり、何も武器を持たず気持ちだけで向かっていった当時の動きが誘発されたのだ。

それを受け切るとバックドロップで巨体を投げ捨て、キックをキャッチしてのラリアットで動きを止めた川田。本来ならば、得意技のパワーボムへいくところだろう。だが、浴びせたのはジャンピング・ハイキック4連発。3発目まではカウント2で肩を上げた髙山だが、最後は体固め……片エビ固めでないところに余力ゼロまで持っていかれた現実があった。

試合タイムは8分29秒。にもかかわらず短く終わったという感はなかった。むしろ、10分弱の中に両者のアイデンティティーが凝縮された、極上の509秒間。

川田は〝らしさ〟を貫き、そして髙山も〝らしさ〟を発揮した。これが、答えだった。

試合後は川田の方から右手を差し出し握手。髙山が「もう一回」とアピールすると、ハグを交わした。

「呼吸、乱れていないでしょ？」

これが控室へ戻ってきての第一声。無尽蔵《むじんぞう》のスタミナの中で闘い続けてきた川田はまず、それがUWFとの差だと言わんばかりに言葉とした。

「こういう機会を与えてくれた馬場さんに感謝したい。（髙山は）いい選手だと思うよ。力を持っていると思うけど、いらないところで力が入るんだよね。これだけ呼吸が乱れていないっていうのは、やっぱりペース配分。こっちは余裕があったから、ペース配分ができたんだろうけど。

なんか不思議だよね、ヨソのリングに上がって。（UWFスタイルについては）蹴りはビシビシ

▲川田との邂逅がのちのプロレスラー人生を大きく変えていくこととなる

シッと決まるね。ヤバいと思う瞬間はなかったけど、最後に顔面蹴りを返されたのが悔しかった。彼も名前を売るのにいいチャンスだったんじゃないの？」

コメントの内容も、今見返すと的確に全日本とＵＷＦの違いを言葉にしている。技を受けてもなお動けるスタミナと耐久力。それに対し高山が経験してきたのは相手の打撃をディフェンスし、一秒でも早くしとめるのが基本だ。

新日本との絡みの中で前者を経験していた高山だが、川田ほど打撃で来る相手はいなかった。そこで感じたものはなんだったのか。

「タフですよ、全日本というか川田選手個人が。（ＵＷＦが全日本に負けたと思うかと振られ）僕個人が川田選手に負けただけで、僕がＵＷＦのエキスパートかといったらそうじゃないでしょ。これでも、今まではより細かいことにこだわらずやったつもりなんですけど、まだそういう部分じゃ内にこもっているなと……川田選手の方が器は大きい、そう感じた。

川田選手という人がいて、高山という一人の選手がいて、どっちが強いか、どっちが自分のやってきたことが実になっていて、相手に対して出せるかっていう比べっこなんですね。チャンスをもらえるなら全日本のどの会場にでもいって……今はもう、川田選手しか目にない。もう一回ぶつかりたい。それでギブアップを獲りたいです」

戦前はスタイルの違いがテーマとされ、高山自身も「ＵＷＦをわからせる」と予告したが、肌を合わせてみてそういうことではないんだと実感した。プロレスラーとして、心の底から勝ちたいと思える相手とようやく巡り合えた。

もっとも、口ではＵＷＦの三文字を出したが、これは王道プロレスとの差別化をアピールするための意図的なものだった。Ｕインター代表、あるいはゴールデンカップスの人間ではなく、あくまでも個人の闘いとの認識。

安生にはセコンドにつかなくていいですと言っていた。山本は、それでもリングサイドにいてくれたが。

「ヒザ蹴りで倒れてもすぐに立ち上がってきた。あれは凄いですよ！　普通なら、しばらく痛がりますよ。肉体が強いのか精神力が強いのかはわからないけど、たぶん精神力が強いんだろうなと思います。ゲーリーのスープレックスを食らっても立ち上がってくるのはビデオで何度も見てわかったんですけど、試合の途中で忘れてしまった。

あんなに無我夢中で闘ったのはデビュー当時以来。とにかく『もうあっちにいってくれ！』って蹴りまくっていた。最近では天龍さんとグーで殴り合った時ぐらいかな。結局、どこの団体にいっても凄い人は凄いんです。僕は全日本がどうこうじゃなく、川田選手が凄いと思った。さすがはデンジャラスＫだと思いました」

試合から時間を置き、改めて振り返ったさいも高山は個人としての闘いであったことに言及。

その上で、やはり川田のタフネスぶりがもっとも印象に残ったようだった。結果的に、神宮の夜における邂逅がプロレスラー人生を大きく変えていく。

「あの頃はまだ、高山も背は高いけど細かった。ただ、細くても当たった時のゴツゴツ感はあったよね。それまで突出したものは発揮できていなかったっていう話を、あとになって高田さんや安生に聞いて、人間って……特にプロレスラーは何かをきっかけに成長していくんだなって思うところはある。そこは俺との試合がどうとかじゃなく、彼自身の変化が大きかったんじゃないかな」(川田)

川田戦後、高山は9・30岩手県営体育館で先輩の垣原から初勝利をあげたあと、11月より開催された「高田延彦対戦者決定リーグ戦」では金原に敗れるも桜庭、山本に勝ち優勝(同じ2勝の金原を通算ロストポイント数で上回る)。2日後の後楽園に駒を進める。

「高田延彦とやるチャンスは、もう一生ないかもしれない。高田延彦の首を持っていけば、向こう(全日本)も文句言えないでしょう」

12・25博多スターレーンにて優勝を決めた時点で高山はこのように語っている。こうして、年内最終戦で両者のシングルバウトはおこなわれることになったのだが——。

当日の18時にUインターは所属全選手及び和田レフェリー出席のもと後楽園ホール展示場で記者会見を開き、高田が「解散」を発表した。ノンスポンサーでテレビ中継がつかないまま5

年8ヵ月間走り続けてきた会社経営だったが、限界が訪れたのだ。

Uインターとしての最終試合。ギリギリのところで、自身に多大なる影響を与えた髙田との一騎打ちを実現させた。そして、本人の予感通り最初で最後の闘いとなった。

川田戦を経験した髙山は、師を相手にしても物怖《ものお》じするところがなく攻め込んでいった。だが、それを止めたのが髙田の鋭いロー。道場や合宿で、数え切れぬほどミットに受けたキックを体に刻んだ。

最後は3年前の神宮球場でベイダーの右腕を担架送り（本当に腕だけ乗せて退場）にした腕ひしぎ十字固めで髙田がギブアップ勝ち。敗れた髙山は、道場の練習を終えた時のように座礼《ざれい》した。

「昔の怖くて強い髙田延彦を、俺がずっと横についていた頃を思い出しますよね。5年前、入門して稽古をつけてもらって、何もできなかった髙田延彦からダウンやエスケープを獲った（1つずつ）っていうのは、5年間でよく俺もここまで来たよなっていう部分もあります。ただ、この先を考えたら結果に納得はしていません。来年、もっとデカい髙山善廣をお見せできると思うんで、よろしくお願いします」

髙田を物差しとして自身の成長ぶりを実感した髙山は、号泣する垣原とは対照的に感傷へ浸る様子もなかった。全日本というNEXTへ気持ちが向いていたためにほかならない。

2日前の博多大会で「僕は川田選手のリングに上がることを希望します。あのあとは全日本の記事ばっか追っていて。小橋選手が三冠獲って、MVP獲ったりとかね。同い年なんですよ。万人に評価される選手は素晴らしいと思うし、それを自分で確かめてみたい」と発言。王道マットへ上がる前から、のちの好敵手たり得る存在も視界に入っていたとあり興味深い。

新日本との対抗戦を選択したあと、1年2ヵ月で歴史の幕を閉じることになったUインターに対し、高山個人は川田戦を経て業界的ポジションを上げ、さらなる飛躍を期待させた。再入門から5年……第1次UWFをドロップアウトしてプロレスに戻るまでに要した時間と同じだった。

第3章 全日本プロレス

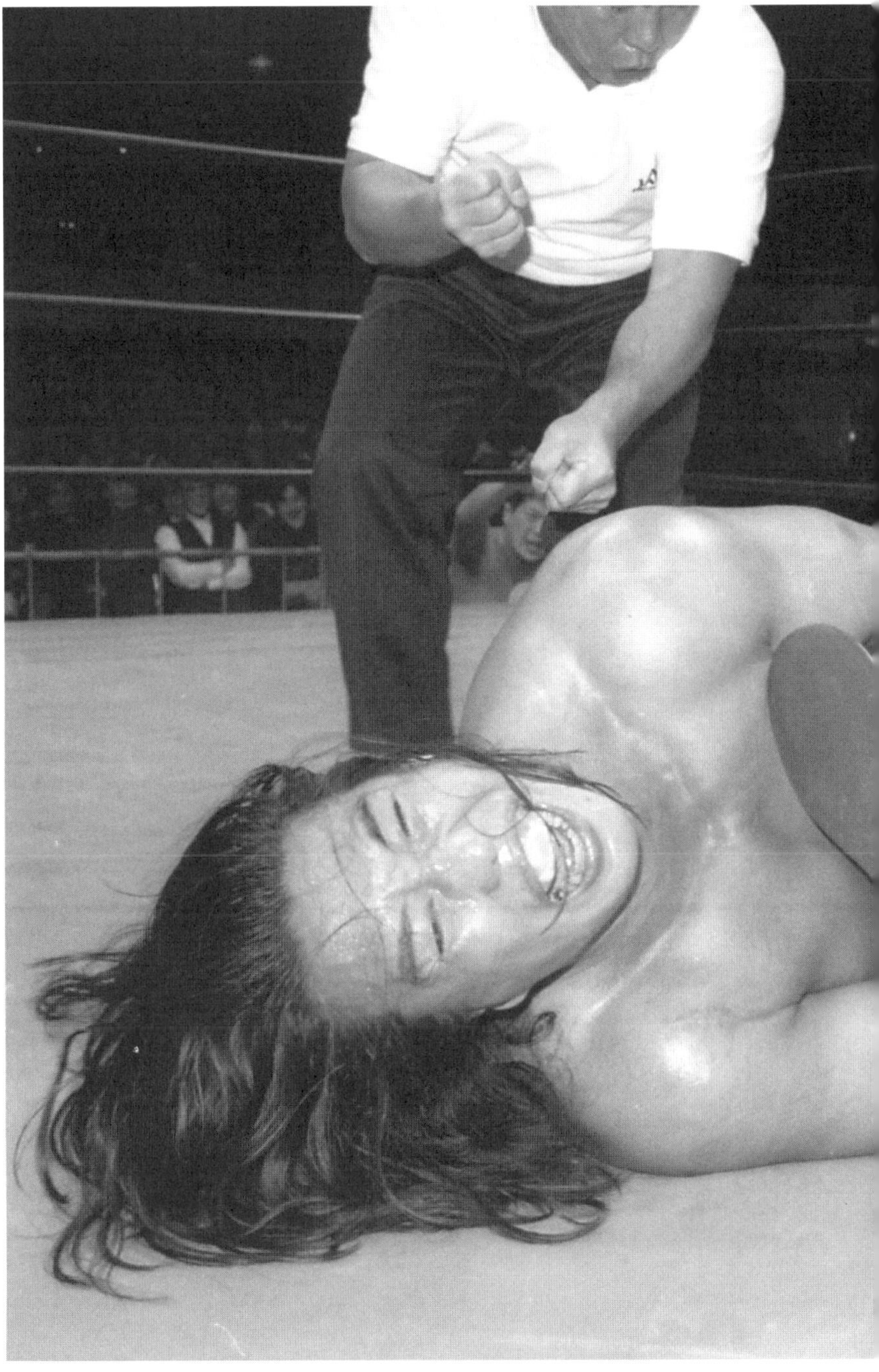

〝溺死《できし》〟から始まった王道での闘い

1997年は全日本プロレスにとって創立25周年の記念イヤー。それまでの鎖国政策から、前年の川田利明のUWFインターナショナル参戦を契機に〝開国〟のムードが漂う中、新年を迎えた。

新春シリーズの開幕戦では、1年前の新日本プロレス1・4東京ドームで佐々木健介との引退試合が組まれながら、現役続行を宣言していた馳浩が全日本所属となりリスタート。また、最終戦の1・26後楽園では藤原喜明が川田とタッグマッチで初遭遇する。

藤原は先の「'96世界最強タッグ決定リーグ戦」でドン荒川とともに王道マットへ登場しており、6人タッグマッチでジャイアント馬場と肌を合わせている(11・28札幌中島体育センター)。それに続き、四天王の一角との顔合わせが実現したわけだが……この日、第3試合に出場のゲーリー・オブライトが闘い終えると「話がある」と報道陣を呼び寄せ、赤い吊りパンのコスチューム姿のまま、5階のホールから1階まで移動。

昼間とはいえ1月だけに外は肌寒い。だが構わずオブライトは駐車場を抜け、その前に停めてあった一台の車の前へと立った。

ドアが開くと、車からヌゥッと大男が出てきた。年末のUインター解散興行以後、約1ヵ月間水面下に潜っていた高山に手を差し伸べたのは、かつては若手と外国人エースという関係性だったオブライトだ。

「俺とタカヤマのコンビで、世界タッグのベルトに挑戦する。俺がミスター・ババに話をつける」

ひとしきり報道陣に写真を撮らせると、オブライトはきびすを返して後楽園ホールの中へ戻り、王座挑戦を直訴。もっとも、こういう場合の馬場は〝不意打ち〟を嫌う。

握手にこそ応じたものの「これで承諾したわけじゃない」とマスコミに釘を刺す。その上で、ちゃんとオブライトの〝根回し〟があったことを明かした。

「松本（17日）か浜松（18日）で、オブライトから『タカヤマと2、3日前に食事をした。パートナーにして、試合をやりたい』と聞かされた。ふんふんって聞いていたけど、今やっと正式にそんな話を聞いた。（高山が）川田とやりたいと言ったのはわかっているけど、勝手にやられたらたまらない。差し障りがあるのかないのか、調べて返事しないといけないので、今はなんとも言えません。

（Uインターとの契約上）問題がなければ、来たい者は来なさいという主義をとっている。ただ何か条件があって、引き換えにとかなんとかだったら、ウチはそんなことはいたしません」

Uインターで旋風を巻き起こしたあと、1995年10月より全日本へ移籍し1年以上レギュ

▲神宮での川田戦を経て、高山が次に選んだのは“王道”のマットだった（『週刊プロレス』1997年2月11日号で初の表紙に）

ラー参戦を続けてきただけに、オブライトは王道のしきたりを理解していた。会場内へ土足で入るのではなく、高山を駐車場に留めての接触は、馬場が筋を重んじる人物であることを踏まえて練った作戦だろう。

川田を追う高山にとって、先にオブライトが全日本へ定着していたのはラッキーだった。その背中に託し、車へ乗り込むと「ゲーリーに組んでやろうと言われた。(世界タッグは)やらせてくれるならチャンス」と言い残し、エンジンをかけた。

4日後の1月30日、六本木の全日本事務所社長室にジャケットを着た高山の姿があった。そこで馬場の口から「3月1日の日本武道館大会で、オブライトと彼が組んで、川田&田上組と試合をやることになりました」と正式に発表。この時点では、世界タッグ戦に関しては後日発表とされていたが、相手が王者チームとあり、タイトルマッチになるのは既成事実と見られた。

駆が第1試合からのスタートに対し、同じくまだ全日本で実績がないにもかかわらず、高山はタイトル挑戦と破格の扱い。それは、所属と団体外選手の違い……つまりは「おもてなしはしますよ」という馬場の姿勢の表れだった。

「高山のことはまったく知らない。ただ、川田との試合が評判よかったのは聞いている」としながら、並んで写真に収まった馬場の笑顔からは期待感がにじみ出ていた。全日本の中でも196㎝の身長は魅力的なはずだ。

もっとも、高山自身はこのカードに対し「破格」とは思っていなかった。何もデビュー戦でタイトルマッチをやるわけではない。キャリアで言うならすでに世界タッグ戴冠を経験し、四天王に食い込もうとする存在となっていた秋山準《あきやまじゅん》とほぼ同じであり、神宮球場でUWF以外のプロレスを経験した。ダブルバウトではなくタッグマッチとしても、新日本などでやっている。

「対川田&田上戦用の秘策はあるのかとよく聞かれるんですけど、向こうにない闘い方じゃないですか、UWFっていうのは。それがもう、向こうに対しての秘策だと思うんです。前(の川田戦)はウチの一大イベントとして高田vs天龍戦をすごく意識したんです。でも今度はいくだけですからその分、試合に集中できて自分を取り戻せる」

3月1日までは、活動休止後もまだ使えたUインターの道場で練習漬けの日々を送りつつ、そう語っていた高山。だが、現実はかくも厳しかった。

いくら恩義を感じても、オブライトとはこれが初タッグ結成。チームの経験値は王者組が遙かに上だ。加えて、全日本の日本武道館は、Uインターのそれとは明らかに違う磁場がある。

「この日本武道館の熱気で(高山は)先に興奮していたと思う。スタートの地点で緊張してりゃあ、先にスタミナがなくなりますよ。これは仕方がないことだね」

馬場が語った通り、先発で川田と再会し右ハイキックでダウンを奪うスタートを切った高山だったが、5分過ぎあたりから目に見えてペースダウン。自慢のジャーマン・スープレックスを田上に出されてしまう。

全日本とUインターの違いがスタミナにあるのは、神宮でも川田が指摘していた。本来であれば高山をリードする立場のオブライトも、12月に負った左足親指の骨折が完治しておらず腫らしてのファイトとなり、思った通りに試合を運ぶことができなかった。

川田のジャンピング・ハイキック、バックドロップ、スリーパーで動きを止められた高山は、ストレッチプラムで意識が薄れていった。レフェリーストップによるTKO負け。

瞳孔《どうこう》が開いたかのような表情で大の字となる扉写真の週刊プロレスの試合リポートには、デカデカと「高山、溺死‼」と見出しが打たれた。後年、記事を担当した佐藤正行記者（のちの編集長）に「あんな写真を使って、ヒドいタイトルをつけて……元ライフガードなのに、溺れるはないでしょ！」とネタのように突っ込んでいたが、当時は心底悔しかっただろう。

ただ、バックステージコメントで自身が「普通、スリーパーをやられると苦しいよりもまず先に目の前が真っ暗になる状況があるんですけど（川田のは）苦しい苦しい、溺れる……そんな感じでした」と語っている。全日本という深い海の底へ沈み、もがき苦しんだのは事実。いずれにせよ、そのショットはインパクト大だった。

「向こうの技をガンガン食らいながらこっちも手応えあったんで、足元にも及ばなかったとは思っていない。もう一回練習して、もう一回挑戦させてほしい。シングルでももちろん、ゲー

▲完全なスタミナ切れにより、全日本プロレスという深海に沈んだ高山

リーの足が治って万全の体調でまた、タイトルにも挑戦したいです」

武道館の魔境《まきょう》に落ちた髙山だったが、それによって全日本ファンの間で評判がガタ落ちになるということはなかった。むしろ、これほどの体格を持った新顔が半ば固定化した主力勢の中に入ってきたら、もっと新風景が見られるといった期待はより膨らんだはずである。

ただしそこから半年、全日本マットにおいては髙山の潜伏期間に入る。アクションを起こさぬことによって、見る側の飢餓感を煽る形となった。

というのも、髙山以外にFMWのハヤブサや格闘探偵団バトラーツの池田大輔、さらにはみちのくプロレスの新崎人生と、他団体からの参戦を希望する選手の〝査定〟が続いていた関係もあったからだ。その間は、Uインターの受け皿として設立されたキングダム所属となって活動する。

年末の解散から３ヵ月後の３月30日、東麻布へ設立した事務所にて設立会見をおこなったキングダムは、５月４日に国立代々木競技場第二体育館での旗揚げ戦を発表。また、Uインター時代よりも格闘技色を強める方向性として、オープンフィンガーグローブの着用やマウントパンチの導入といった独自ルールの施行を宣言した。

UWFからさらにアルティメットスタイルへシフトすることで、他団体との差別化を図るのが狙いだったわけだが、アメリカでUFCが生まれて３年以上が経過し、総合格闘技の影響が確実にプロレス界へ及んでいる流れを象徴した選択でもあった。その旗揚げ戦、髙山はセミファイナル(メインは安生洋二vs垣原賢人)でカリブ・マンディエゴなる未知の男と対戦。カリブ海の孤島・カリパス島出身とされるその男は少年時代、狩りや木の実を採る原始的な生活をしていたキックボクサーという触れ込み。196㎝、110kgと、髙山とそん色のない体格を誇った。

とはいえ全日本の武道館の大海を知った髙山からすれば、打撃に関しても恐れるに足らず。脚をつかむと強引にヒザ十字固めへ持っていきギブアップを奪った。

続く6月20日の第2戦(代々木第二)も、垣原からピロー・アームロックで勝利。マウントになり、先輩に対しパンチを振り下ろすなどこのルールならではの闘いの中で「外を意識した」フロント・スープレックスも繰り出す。

やはり、キングダムという新たな場に立ちつつも髙山の頭の中には、常に全日本と川田の存在があった。開幕前に発表された「'97サマーアクション・シリーズ」の主要カードにその名はなかったが、中盤戦に差しかかったタイミングで待望の再登場が発表された。

7・20大和《やまと》、7・21川越《かわごえ》、7・25武道館。終盤3大会への追加参戦となる。順番的には最終戦のカードが先に発表された。川田&本田多聞vs髙山&ザ・ラクロス(ジム・スティール、ウルフ・ホークフィールド)。

当然、3度目の顔合わせとなる川田の反応が注目されたわけだが、ここで高山に対し「キングダムからもう一人、パートナーを連れてこいよ」とボールを投げる。確かにラクロスとは、これといった接点がない。

「高山だってラクロスとのタッグじゃ納得できないだろ。今からでも遅くない。自分の力を出せる選手を連れてこい」

明言こそ避けたが、ここで言う「キングダムからもう一人」は垣原のことと思われる。3・1武道館を観戦した上で「川田選手とやってみたい」と意思表示をしていた。ただ、これに高山はNOを突きつける。

「僕の目的は川田さんに勝つことです。でも、2連敗してまたやらせてくれと言っても『またかよ』という感じになるじゃないですか。それなら、向こうのリングで川田戦の前に用意されたものをこなせば、もう一回と言えますよね。ラクロスと組むのは嫌じゃないけど、パートナーは関係ないしキングダムからも連れていかない。これは僕自身の問題だから。

今回の闘いは新日本とやっていた団体同士の対抗戦とは意味が違うんです。そして僕が全日本に上がることについては、ウチのほかの選手とは意気込みが違う。僕はこの闘いを大事にしていますから。懸けているんですよ。正直言うと、ほかの選手に川田選手を横取りされたくない」

おそらくキングダムコンビで全日本に乗り込めば、もっと大きな話題になっていただろう。川田もそれを見込んで発言したはずだ(垣原登場はこの7ヵ月後に実現するが)。

それでも髙山は自身が全日本に上がる理由に対し、忠実だった。飾り気のない言葉を伝え聞いた川田も「ほかの選手に横取りされたくない？　そういう言葉を聞きたかったんだよ」と理解を示した。

「彼の実力は認めている。慣れれば絶対に全日本でやっていけると思うし、ライバルになってほしいよね。相手あってのプロレスだから。でも、仮にライバルになっても、ライバルになったとは言わないよ」

2度の対戦で、川田はライバルになり得る存在と髙山のことを認識していた。大和と川越は6人タッグで激突し、そして7・25武道館を迎える。

大和の時点で髙山はレガースをリングシューズに変えた。「UWFの歴史を解き放つため、キングダムを引きずらず新たな気持ちでやっていこう」との思いからの行動だ。

そして武道館ではビッグブーツやジャンピング・ニーアタック、河津落としといった〝全日本殺法〟を繰り出した。レスリング五輪代表の実績を誇る本田との顔合わせも見応えがあり、得意とするジャーマン・スープレックスで逆に持っていかれるシーンも大観衆を沸かせた。

結果はラクロスが川田のストレッチプラムでしとめられたものの、4ヵ月前の溺れ沈んだ髙山の姿はなかった。3・1武道館の時と比べて受けきれる肉体作りで体重を増やしたにもかかわらず、余力を残しているように映った。

「全日本のペースに慣れてないとか、スタミナがねえとか、さんざん言われたところをまず克服する。今シリーズの課題は、自分なりにこなしたと思う。勝ち負けではなく、試合で何ができたかがテーマだった。キングダムと全日本の両立は確かに難しい。でも、僕は両方に重きを置いています。どっちも好きなんです。ほかの人は、こんなことやっていないですから」

全日本とキングダムの闘いを両立

1997年の髙山は、一年を通じ全日本とキングダムにしか出場していない。前年まではある意味、多団体男となって試合数も多かったが、この年は22戦と減少した。

だが、ノホホンとしていたわけではなかった。グローブを着けての顔面へのパンチをディフェンスしなければ勝てないキングダムと、相手の技を受けてなお動き、攻め返す全日本という真逆のスタイルを同時進行させたこの年は、いたずらに多くの試合をするよりも髙山にとっては濃密だったはずだ。

7・25武道館の4日後、今度はキングダムの旗揚げ第3戦（代々木第二）で同じく全日本参戦経験を持つ佐野友飛と対戦。シューズをレガースに戻し臨んだものの、腕ひしぎ十字固めで一本を獲られる。今後に向けての確かな手応えをつかんだ直後に、両立の難しさを痛感した。

その後、馬場に「勉強させてください」と直訴し、臨んだ8月の「'97サマーアクション・シリーズⅡ」も、髙山は3大会のみの出場。8・23後楽園では、運命の人・小橋健太と6人タッグマッチで初遭遇を果たす。

小橋が逆水平チョップや回転ケサ斬りを放てば、髙山もニーリフト、ビッグブーツで対抗。終盤には腕十字のカットで小橋が顔面にストンピングを放つと、髙山がムクッと起き上がり怒りの形相でニラミつける場面も。試合後は、以下のようにお互いの印象を語っている。

「川田さんを追いかけたいということで全日本に上がっているけど、今日やって違った気持ちを髙山選手が持ったら面白くなってくるんじゃないかな。これからもっともっと手強い相手になる」(小橋)

「全日本のトップ、四天王としてどういう選手なのか確かめたかった。やっぱりガッツのある人で嬉しかった。向こうが本気になってくれて、最後に全日本を飲み込んでしまえばいい。川田選手とはまた違ったファイタータイプですね」(髙山)

数年後、鉄人vs帝王の闘いにまで昇華する二人ならではのプロレスは、初対戦の時点で種が蒔《ま》かれていた。2015年3月1日に新宿のアントニオ猪木酒場で開催された両者のトークショーの中、初めて会った時の記憶を以下のように引っ張り出してきている。

髙山　僕が全日本へ参戦する時に、たぶん控室の廊下とかですれ違ったんじゃないかな。そういう時は、はじめましての挨拶ぐらいはしたと思います。

小橋　日本人でこんなデカい人っていないから、ウチにずっと上がることになればどんどん当たっていく可能性があるんで、試合は注目していましたね。

髙山　最初は川田さんしか見ていなかったんだけど、そのあと小橋さんに挨拶したらすごいキチンとしていて、体育の先生みたいだった。「髙山選手、よろしく！」って。素晴らしい人なんだろうなって、思っていました(棒読みふうに)。

小橋　今、持ち上げられたのか落とされたのか……最初は川田さんの方に向いていたから、意識的にはそこまで自分の方も向いていなかったのかもしれない。そのあとだよね、問題は。試合するようになってから「あ、こいつは……」って。

第2章で触れた通り、髙山はUインターが活動休止を迎える時点で小橋のことを意識していた。初めて顔を合わせた時の二人の様子が目に浮かぶようである。

1987年6月、全日本入門の小橋は、12・16後楽園ホールにおけるバトルロイヤルでプレデビュー戦を経験したあと、翌年2月26日に滋賀・栗東町《りっとうちょう》民体育館で大熊元司《おおくまもとし》を相手に正式デビューを果たす。その約3ヵ月後に第2次UWFが旗揚げされた。

同じ日本にある団体が、社会現象とまで称されるほどの一大ブームになったとあれば、デビューして間もない小橋も意識はする。全日本のスタイルとは違うが、こういう闘いも面白いと思い、あまり公にはしなかったものの映像を見て秘かに研究したという。

UWFは従来のプロレスとの差別化を図り、独自性を出すために格闘技色の強いキックとスープレックス、サブミッションを三種の神器とした。実際、それによって熱狂的な支持を誇ったが、同じプレイヤーに言わせると「俺たちとどこが違う?」となる。

特に派生する形となった新日本の選手の中には「あんなもの」と否定的な姿勢を示す者が多く、馬場は「シューティング(佐山が提唱していたスタイル)を超えたものがプロレス」と明言。

そうした中で、全日本系でありながら小橋はUWFに着目した。こうした嗅覚が、のちの成功へつながったと言える。

老舗系の団体で前田の名を出すのは天龍源一郎など限られていた。

同時に、プロレスラーとして頂点へ立つには何よりも全日本でトップを獲らなければとの思いを強くし、練習の虫となっていった。直接的な接点こそなかったものの、UWFと同じ時代にいたことが小橋の向上心に油を注いだ部分はあっただろう。

そんなUWF系から高山が全日本へ飛び込んできたわけだが、当初は自分と本格的に対戦するシチュエーションは想定していなかったと、小橋は振り返る。そこはあくまで、川田戦を求めているという認識だった。

「神宮球場で川田さんと高山選手がやった時は、それまで川田さんが外の選手とやってみたいという気持ちを表していたので、それが実現してよかったなと思ったぐらいでした。そこで、自分が出たかったとは思わなかったですね。あくまで川田さんの話ですから。そのあと、高山選手が乗り込んでくるわけだけど、それもやはり川田さんとやる目的だったので、最初のうちは強く意識することもなかったです。

ただ、他団体にまで来るほどの気持ちは感じ取りました。世界タッグ挑戦後はシリーズに参戦することも決まっていなかったし、武道館で終わるかもしれない。だから初めての対戦で高山善廣というプロレスラーを意識したわけだけど、あの頃は本当にガムシャラで、とにかく今までと違うリングに慣れようと一生懸命だった印象が残っています」

小橋との初遭遇から3日後の8・26札幌中島体育センターでは、6人タッグマッチでのちにノーフィアーを結成する大森隆男《おおもりたかお》と対戦。ここでも高山は他の選手を差し置いて二人でガンガンやり合った。

川田しか見ていない高山の視線をこちらへ向けさせるべく、初遭遇で大森が出したのはドラゴンスクリュー。この技はUインター勢にとって〝ジュッテンキュウ〟が蘇るトラウマのようなものである。

大森は口にこそ出さぬものの、他団体選手への開放を歓迎。髙山がシリーズに参戦する時点で、この時を今や遅しと待っていたと想像できる。

「川田さんが神宮球場に出るとなった時は内心、ワクワクしました。自分にもそういうチャンスが巡ってくれれば……とも思ったんですけど、一方ではそう簡単に全日本のリングでロープをまたがせるかという意地もあって。

だから、髙山選手が世界タッグにいきなり挑戦した時も正直、忸怩《じくじ》たる思いになったんです。あのベルトは、すぐ手が届くようなものではない。にもかかわらず、昨日今日来て挑戦できるなんて羨ましいのと同時に、ちょっとそれは違うんじゃないの？ってなりましたね」

その思いが初激突で弾けたのだろう。髙山は最終戦の9・6日本武道館にも出場。一方の大森は、9月28日のFMW川崎球場大会に小橋が初めて他団体へ参戦するとあり（格闘技の祭典、夢の懸け橋は除く）、一人で客席から観戦した。

他団体の会場へいくことはあまりいい顔をされない時代。それでも大森は、全日本の選手が外のリングに上がってどんな雰囲気を発生させるのか体感したかった。セコンドにつかなかったのは「あまり大人数でいくと逆に足手まといになると思ったから」だ。

ノーフィアー紀元前にあった、大森の外に対する関心の強さ。他団体よりやってきた高山と合体したのは、必然だったのかもしれない。

旗揚げ25周年記念として開催される「'97ジャイアント・シリーズ」の主要カードが開幕前に発表され、最終戦の10・21日本武道館で三沢vs小橋、オブライトvsジョニー・エースと並ぶ〝三大シングルマッチ〟と銘打たれ、高山は川田との一騎打ちが組まれた。神宮球場から1年1ヵ月の時間を要したが、追い続けたものが形となるのだ。

当日を迎える前、川田は「レガースを外さずに自分のスタイルでくればいいんだ」と発言。また、キングダムルールに興味があるというコメントも新聞紙上に載った。

これが高山を刺激した。それまでは、あくまで川田に敬意を表した上で闘っていたが、違う感情が頭をもたげてくる。

全日本のスタイルにも対応できる試合を続けてきた高山は、川田の言葉通りレガースを着用。これは、UWFスタイルへギアを全開させるという意思表示にほかならない。

試合の立ち上がり、高山の目にも止まらぬ掌底が捕えるとよろめく川田。すぐさま追い撃ちのヒザ蹴りとハイキックを食らい、ダウンしたまま場外に転げ落ちた。

態勢を整えリング内に戻ったものの、タックルを切った高山はローで崩すと顔面にヒザをぶち込む。ここから川田は防戦一方となり、開始後10分の間にダウン3回、場外にも3度転落した。

ただリング内へ戻る時、追い込まれたという表情を一切見せていない。そして15分を過ぎるとそれまで髙山が9割方攻めていた……いや、攻撃を受けまくった川田が反撃に転じ、マウントからエルボーを振り下ろし、バックドロップ、ストレッチプラムへ。

そのままケサ斬り、浴びせ蹴り、延髄《えんずい》斬りと猛攻をかけ、最後はジャンピング・ハイキック2連発で髙山を沈めた。試合タイムは18分22秒、つまり15分間受けた攻撃を3分でハネ返したことになる。

UWFスタイルに対する回答という意味では、神宮球場の時よりも川田らしいやり方。Uインターやキングダムのリングでは、相手の技のディフェンスから始まる。

それに対し、全日本は真逆とも言える受けの凄みでプロレスを構築する。川田は、UWFを相手にしても受けて受けて、その上で勝つスタイルを最大限に体現してみせた。まさに〝肉を斬らしてUを断つ〟闘いだった。

この武道館大会からさかのぼること10日前、髙田延彦がヒクソン・グレイシーに敗れた。プロレス最強神話が一夜にして崩壊したと言われた一戦の直後に、川田は自分なりのアプローチ、全日本ならではのやり方でプロレスラーの強さを提示するつもりだったのだと思えた。

ただ、髙山にとっては試合前に抱いた感情が解消されるものではなかった。レガースを着用した真意も含め、バックステージコメントでその思いが明らかになる。

「(レガースをつけたのは)あんまり(川田が)うるさいんで。(僕の)しょっぱい全日本スタイルじゃ満足できないんでしょう。底力があるのは認めます。ただ、あまり自分の許容範囲以上の大きな言葉は吐かないでほしい。うるせえ、バカ野郎って。キングダムルールに興味がある？来る気がねえくせに言うな。僕はプロレスラーとして、川田さんを尊敬しています。でも、そういうことは軽はずみで言わないでほしい。

僕も初めてプロレスのシューズを履いて、お客さんを入れる前に馬場さんの指導を受けました。それは当然ですよね。馬場さんの注意もすごく参考になりますよ、このリングでは。神宮の時はUスタイルやっていません。川田さんはそう思ったかもしれないけど。今日はよりもっとキツく、キングダムスタイルでやった。まあでも、挑発してくれてありがたかったです。本当に、その気になれたから」

堰《せき》を切ったかのように、長時間に渡り思いのたけをぶちまけた。新日本との対抗戦へ臨む時以上に、棘《とげ》のある言い回しに覆われたコメントだった。

思うにこの時の憤《いきどお》りから出た言葉が、のちにノーファーを結成した時の毒舌につながっていった気がする。それまでは全日本に礼を尽くす姿勢もあって、そうしたテイストを前面に出していなかった。その上で川田に、26年前の一戦の意図を振り返ってもらった。

「ああいう受けまくる試合っていうのは、Uインターにはなかったよね。だから俺たちがやってきたことを彼にはわかってもらいたかったし、見ているお客さんにも向こうがやってこなかったプロレスをこっちは毎日の中でこなしているところを見てほしかったというのが、あの試合に臨むにあたっての思いだった。

防御もやろうと思えばできるけど、それまで受けるのを当たり前に続けてきたレスラーとしては、よけるのはどうなのかっていうのがある。もちろん諸刃《もろは》だし、ダメージを承知で……それ以前に、あの時は俺自身の体の問題があって。まあ、今ここで言うことではないから、言うべき時が来たら話すけど」

あの時、具体的に体がどのような状態だったかは明かさなかったが、川田は全日本のプロレスの神髄《しんずい》を見せつけるためにレガースをつけるよう〝誘導〟したのかもしれない。武道館のバックステージコメントで本人も語ったが、高山が馬場の指導を受けているところを遠巻きに見ていた。

「若手の中に混ざってやる姿を見て、ほかのところで頑張ってきたプライドがあれば参加できないはずなのに、何かを得ようとしてやっていたのは凄いと思った」と話した通り、川田は高山の姿勢を認めている。その上での発言だったのだが、言われた側にこの視点が伝わるとは限らない。

それが、武道館で〝いびつ〟な試合となって表れた。ただ、いびつだからこそ見る側は「おっ!?」となるし緊張感も増す。

「あの頃の、団体間のピリピリ感って今じゃないでしょ。それはもう、プロレス界の流れが変わっちゃったわけだからどうこう言っても仕方がないのかもしれないけど、当時は他団体の選手とやるとなったらリスクしかないっていうぐらいだった。誰もやろうとしなかったし、ほかの人間がやらないから自分が最初にやったことの価値があった。

あとは、それを認めてくれた馬場さんが凄いんですよ。体だけでなく、心の懐も深い馬場さんから学んだことは多かったし、あれで俺自身もどこのどういうスタイルであっても、そこに立てる(対応できる)自分ができた。あのあと、いろんな団体の選手とやるようになったけど、あそこで馬場さんがいけと言っていなかったら、俺自身がそういうふうにはならなかったかもしれない。その意味でも、やってよかったって今でも言えます」(川田)

神宮球場よりさかのぼること約2ヵ月前の1996年7月24日、日本武道館でオブライトと3度目の一騎打ちをおこなった川田は、全日本のスタイルに殉死《じゅんし》するがごとく、その殺人スープレックスと言われた投げ技を受けまくった。それもUインターから移籍してきて1年弱、慣れきってきて〝赤鬼〟と呼ばれた男の凄みが薄れつつあるタイミングだった。

オブライトも、全日本へ移籍するにあたり封印していたレガースを解禁し、U色を強調。川

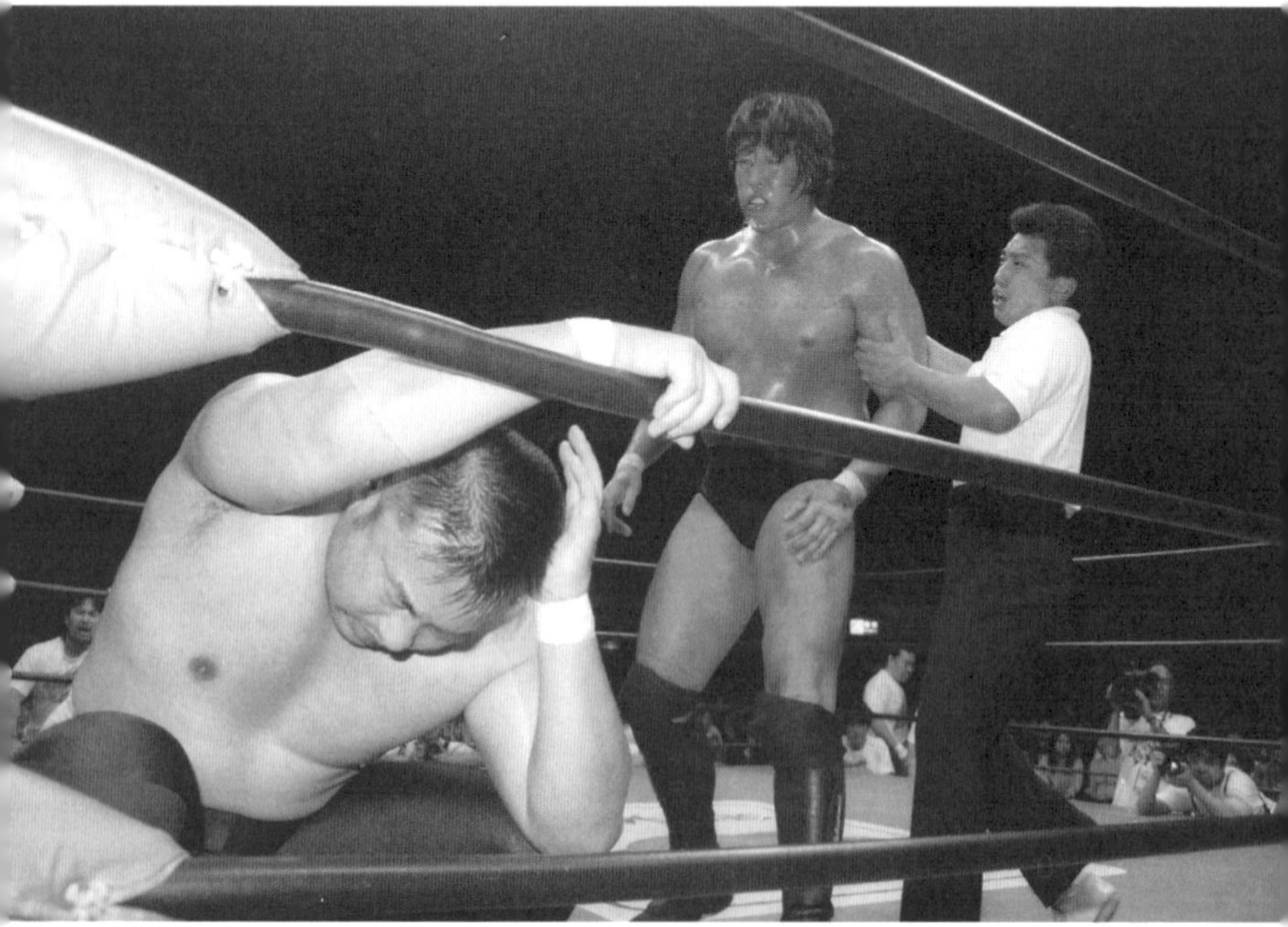

▲日本武道館における“いびつ”な川田との対戦に敗れこそしたが、意地を見せた

田を半失神状態に追い込みシングル戦績を2勝1敗とした。

川田自身が言った通り、キックやスープレックス、サブミッションといった攻撃性の高いスタイルに対して受けるという行為は諸刃の剣《つるぎ》だ。オブライト戦のように、それが敗北へとつながることがあろうとも全日本プロレスの矜持《きょうじ》を示し、またUWFスタイル全開の高山を味わいたかったのだろう。

全日本へのシリーズ参戦という新境地を拓いた高山にとっての1997年は、やはり3・1世界タッグ挑戦と、この川田との壮絶マッチがハイライトとなった。キングダムのリングでは、13試合に出場。9勝4敗の戦績を残した。

キングダムは、Uインター時代にはいかなかった新潟、別府《べっぷ》、函館《はこだて》、鹿児島にも進出。11月と12月は月に3大会を開催した。12・8鹿児島アリーナでは、旗揚げ第2戦で勝利をあげた垣原に白星を献上。年内最終戦の12・14代々木第二では佐野に勝ち、2勝1敗と勝ち越す。

U系からの脱却……大森とタッグ結成

そして、これが高山にとって最後のキングダムにおける試合となる。年が明けた1998年1月28日、年頭一発目の後楽園ホール大会を前に新聞で「キングダム分裂⁉」と報じられた。

PRIDEでヒクソンに敗れた髙田が雪辱を期すべく「髙田道場」を設立。そこに桜庭和志、佐野らが移籍し、安生洋二、金原弘光、山本健一は残留。髙山と垣原は「保留組」とされた。先にUインターからリングスへ移籍した田村潔司が「U－FILE CAMP」をスタートさせており、総合格闘技の台頭とともに選手が個人ジムを持つ流れができつつあった。のちに「パワー・オブ・ドリーム」を開いた山本もこの日の試合後に「一人ひとりがジムを持つような状況にしないと、U系って言われる団体は生き残れない」と未来を見据え発言している。

その後楽園大会ではキングダムvs柔術の6対6対抗戦が組まれ、垣原とともにカードから外れた髙山は来場しながら全試合終了後の所属選手集合シーンにも加わらず。ただ、コメントは出した。

「もともと髙田さんに頼る気持ちはなかったんでスッキリしたのは髙田さんにも選手にもよかったんじゃないかと。選手はいく先を選べるという面でいいけど、選ぶ力がないと大変になってくる。今は方向的には別の道を考えつつ髙田さん、キングダムと疎遠になる気はないし、外に目が向くのは確かだけど今までにやってきたことをゼロにしたくないので。どこにいったらどうなるとか、いろいろ考えてはいるけど……」

言葉を濁した形ながら、この時点で全日本のリングへ専念すると腹は決まっていたのだろう。キングダムがこうした事態を迎えずとも、主戦場が王道マットにシフトされるのは必然だった。

のちに高山は「一緒に練習し飯も食う相手を、グローブを着けているとはいえ殴ることに抵抗があった」と明かした。だからキングダムが事実上の崩壊を迎えた時も冷めた感じだった。籍を置いたのは、Uインター時代の仲間たちに対する思い入れに尽きた。

　高山とともに垣原が保留組となったのはこの日、コメントを出さなかったため。ただ、全日本参戦の意を示し続けていることから、近く実現するのが確実視されていた。

　結果的に、残留組とされた安生は3・20横浜文化体育館まで出場し義理を果たしたあと、フリー転身。金原と山本はリングス所属となる。そしてキングダムは、修斗《しゅうと》出身の入江秀忠《いりえひでただ》が受け継ぎ「キングダムエルガイツ」として活動を続けた。

　後楽園から5日後、高田とヒクソンのリマッチが両者出席のもと記者会見で正式に発表された。その1時間後には、高田道場の開設も明らかにされ佐野、桜庭、松井駿介《まついしゅんすけ》(現・大二郎)、豊永稔《とよながみのる》のキングダム勢も金屛風の前に並んだ。

　そして全日本は「'98エキサイト・シリーズ」の主要カードを発表。最終戦2・28日本武道館の中に「小橋&秋山vs高山&垣原」があった。

　年末の12月29日、キャピタル東急ホテルにおいて、旗揚げ25周年の集大成として5月1日に東京ドーム初進出を発表した全日本は、このシリーズを同大会への出場を懸けた「オーディションョン」と位置づけた。高山&垣原以外にもWAR、FMWを主戦場とする邪道&外道、バトラーツ・モハメドヨネ、新東京プロレス・奥村茂雄《おくむらしげお》、レッスル夢ファクトリーからは『神風《かみかぜ》』&小坪弘良《こつぼひろよし》と、それまで以上に広く門戸を開放。

ところが、これに髙山が反発。武道館の一戦は王道マット初体験者に対し秋山がレスリングの技術をいかんなく見せつける攻防や、チョップをディフェンスすることなく胸板で受けるシーンが沸かせ、最後は小橋の剛腕ラリアットが垣原を沈めたが、バックステージに戻ったところで怒りをあらわにした。

「マスコミの方々、言葉を間違わないでください。オーディションじゃねえんだ。俺らは闘いに来てんだよ！　馬場さんはプロモーターだからそういうことが言えるけどさ、あんたらがオーディション、オーディションって、なんじゃそりゃ！　新弟子テストみたいに書きやがって、本当に腹立ったよ。

(川田については)もちろん、あの借りは返したい。でも、自分でも一区切りはついたと。その川田さんを追っかける過程の中でいろんな選手と出逢って、ほかにもやり甲斐を持てる人がいるとわかったんで、プロである以上、レスラーである以上、そういう人とどんどん闘って、自分のステータスを上げていきたい」

髙山と小橋、髙山と秋山。垣原と小橋、垣原と秋山――いずれも、1年前の全日本にはなかった風景である。

全日本の主力タッグと真っ向からやり合い、小橋から「熱い気持ちさえ持っていれば、スタイルとかは関係ない。(初対戦の垣原に対し)なんか、おまえ(秋山)が入ってきた頃のことを思い出したよ」という言葉を引き出させた二人の進むべき道は、すでに定まったと言える。

高山&垣原は続く「'98チャンピオン・カーニバル」にも特別参戦し、4大会に出場。4・18武道館では小橋とトリオを結成し、スティーブ・ウイリアムス&オブライト&ウルフ・ホークフィールドと対戦した。

実はこの時点で、高山は小橋とのタッグチームを実現させていた。しかも、全日本のトップ外国人であるウイリアムスからスリーカウントを奪取。

フィニッシュはギロチンドロップの2連発。全日本に定着した頃の高山のフェバリットホールドは、ファン時代にあこがれたブルーザー・ブロディのオマージュであり、没後10年となったこの年の命日(7月16日)もピンフォールを奪い、自分なりのやり方で追悼《ついとう》している。

こうしてファンの間で評価を上げていった二人は、5・1東京ドームにも出場。あの〝ジュッテンキュウ〟から2年半、同じ巨大空間ではあるが全日本のリングとして上がることになるとは当時、想像していなかっただろう。

晴れの舞台ではあったが、一度敗れたことで発奮したウイリアムスが〝その気〟になり大暴れ。自身を全日本に導いたオブライトも、敵に回すと分厚い壁のように立ちはだかる。

最後はウィリアムスのデンジャラス・バックドロップで叩きつけられた高山が轟沈《ごうちん》したものの、気がつけば主力外国人との対戦が注目カードとしてラインナップされるまでにステータスを上げていた。そして東京ドーム以後は、レギュラー参戦へと切り替わった。

5・24後楽園では泉田純《いずみだじゅん》を相手に、全日本でシングルマッチ初勝利。7・15大阪府立体育会館ではオブライトと組んで〝溺死〟以来の世界タッグ王座に挑戦(垣原は小橋と一騎打ち)。ベルト奪取こそならなかったが、猛威を振るうヒザ蹴りで川田と田上を悶絶させ、一時戦闘不能状態へと追い込んだ。

そこから蘇生した王者組は高山の顔面と頭部にキックを浴びせまくり、ハチの巣状態とする。溺死ではなく、壮絶死だった。防衛成功にもかかわらず、川田も田上も試合後はノーコメント。ヒザ蹴りのダメージによるのは明白だった。実は試合中、ダウンする王者組にセコンド陣が「急所に入れた!」と殺気立ち、中でも大森が食ってかかるように高山とニラみ合っていた。

「チャンピオンは一人じゃ何もできねえやつがやるのか? 大森は何なんだよ! どうせキ◯◯マなんかねえくせに、痛がるんじゃねえってんだよ!」

こうして全日本マットで存在感を高めていった高山。10・29霞ヶ浦《かすみがうら》では、タッグマッチながらついに川田から初のピンフォール勝ちをゲット(オブライトのパワーボム→ギロチン葬)。本来であれば、この勢いのまま垣原とのコンビで年末の世界最強タッグ決定リーグ戦にエントリーされると誰もが思っていた。ところが、展開は思わぬ方向へと流れていく。
「'98ジャイアント・シリーズ」最終戦10・31日本武道館で、リーグ戦の出場チームが発表され、電光掲示板に浮かび上がったタッグの中に垣原の名はなかった。髙山と〝&〟で結ばれているのは、大森だった。
「可能性を広げるなら、全日本の選手と組むのもいいかもしれないと。組んでみたい気持ちは、前から多少あった。彼(大森)も上に抑えつけられて悔しかったんでしょう。UWFだと髙田さんなり安生さんなりがいて、僕もここまでムチャクチャできなかったと思う。体格も同じぐらいで可能性はあるので、垣原さんやゲーリーとでは考えられない闘い方が生まれるかもしれない」(髙山)
「今の全日本にいたって、やれることは決まっているから。本当に上を狙うんだったら、中じゃダメだなと。お互い上を獲るっていう、髙山選手と目的が一致したということです」(大森)
この日、ノンタイトル戦ながら垣原と組み世界タッグ王者組と対戦した髙山だが、田上のノド輪落としにピンフォール負け。2日前に敗れた川田の仇を討たれた。
試合後、髙山が起き上がるのを待たず垣原は先にリングを降りた。全日本参戦後、キングダムコンビとして歩んできたものの、ここからはそれぞれが自分の道を描いていくことになる。
「垣原さんとのタッグ、安心感はないです。僕とではペースが違いますから、それをフォローする器がまだ僕にはない。そういった意味で安心できない。二人の波長が合った時は楽しいけど、お客さんが僕を見て〝悪い〟と思うことを垣原さんはしない。そうなると、ブッチャーとテリー・ファンクが組んでいるようなものじゃないですか。

いろんなチームの再編成がある中で、大森選手は一人だけ浮いていた。でも、現状を突き破って上にいきたいという気持ちを持っている。共通した思いを持っていたんで、あまり話したこともないけどダメモトで組んで暴れてみたら面白いんじゃないか。僕と組むことで先輩たちの輪から離れて、覚悟を決めてキ◯◯マを蹴るぐらいの気持ちでやってくれたら、このコンビは成功すると思いますよ」

最強タッグ決定リーグ戦開幕前に受けたインタビューでそのように発言した髙山。5日後には、二人で公開練習をおこなった。

そこで大森は「五強(三沢、川田、田上、小橋、秋山)と言われる時代は終わりにしたい。仕切られちゃって、そういう世界はもう、うんざりです」と、髙山の影響を受けてか本音らしい本音をブチまけた。会話の波長と呼吸が合っており、それが印象的だった。そのノリのまま、近くにあった全日本の道場へいって練習を続けた。

「当時、髙山選手は自分たちの意思で組むって言ったと思うんですけど、僕の方のきっかけは会社からの『二人が組んだら面白いんじゃないか』という提案でした。それまで髙山選手は垣原選手やゲーリーとのユニットだったし、自分と組む発想は正直なかったんです。確か移動のバスも外国人組の方で、巡業先のコインランドリーでたまたま一緒になるとお互い気まずかった。

でも公開練習で並んで話すうちに、これは喋りやすいなって思ったんです。僕、同期って秋山さんしかいないじゃないですか。あとは先輩か後輩だから気を張らずに喋れる人っていなかったんです。高山選手は他団体から来たのでそういうしがらみがないし、同じ年デビューで世代も一緒だと共通の話題も多い。最初は地域の話題で盛り上がっていって……」

そう当時を振り返る大森はその頃、道場での練習を終えると夕方からトレーニングジムへ通っていた。それを聞いて高山が興味を示したので、器材が豊富であることやインストラクターが懇切丁寧だと教えると、翌月ぐらいに入会してきたのだという。

高山に指摘された「先輩だと遠慮してしまう」に関しては、本人はそういう自覚がなかったらしい。でも実際に組んでみると、それまでまとわりついていた硬さが感じられなくなったと周りから言われた。

開幕戦は垣原を含めたトリオで始動した大森&高山。翌11・15後楽園で初陣へ臨むもジョニー・エース&バート・ガンの前に黒星スタートしその後、ザ・ヘッドハンターズ、川田&田上、スタン・ハンセン&ベイダーと連敗が続いたが、11・27盛岡でオブライト&ジャイアント・キマラから初勝利をあげた。

「冗談抜きで、メチャクチャやった勢いで『全部勝っちゃったらいい』なんて言っていたぐらいでしたから、ここまで連敗するとは思わなかった」という二人だったが、これまでに味わったことのない充実感を得ているのはリング上の躍動感によって伝わってきた。髙山のジャンピング・ニーアタックと大森のニールキックのサンドイッチ攻撃、またネックブリーカーとバックドロップの合体技もこの公式戦の中で磨きをかけていった。

結果的に残り2つの公式戦、小橋&秋山と三沢&小川良成戦も勝てず、リーグ戦は1勝6敗=2点と8チーム中6位(ただし2点の3チームは実質上最下位)に終わった。されど、闘い終えたあとの二人から挫折感は微塵も感じられず、大森は「まるで3年ぐらい組み続けているような手応えがあった」と戦績に表れぬ感触を口にした。

「もともとお互いを知らない者同士だったからというのもあるんでしょうけど、僕らは試合前にこれをやろうと話してやるタイプじゃなくて、やっている中で競い合った結果、連係が生まれていったんです。たとえば僕が相手にエルボードロップを落とすと、髙山選手も入ってきて同じことをやる。それを見た僕がさらに続けて……といった感じで。

最強タッグが終わってからだったか、終わる直前かは記憶が定かでないんですけど、会話の中で『このまま終わらせるのはもったいないよね』となったんです。それで僕が、会社に『リーグ戦が終わったあとも高山選手と組んでやっていきたいです』と伝えました」

開幕前は「まずは優勝しか考えていない。タッグを継続するかは、リーグ戦が終わってみなければ……」と口を揃えたが、シリーズを通じて今以上のものになるとお互い確信していた。まったく違う源流とスタイルにある二人が組みながらしっくりといくのが、コンビの面白いところだ。

また、公式戦以外で高山にとってトリビア的カードが組まれている。11・30宮城県スポーツセンターの6人タッグマッチでは、生涯唯一の馬場（&本田&泉田）との対戦が実現（&大森&垣原）。

先発を買って出た高山は、大胆にも馬場を指名。ニヤッと笑った御大《おんたい》の胸板に挨拶代わりの逆水平チョップを放ち、そのパートナーにはビッグブーツ……つまりは十六文キックや河津落としも繰り出した。

これらの挑発行為に対し試合後、高山が挨拶にいくと「よかったよ」と笑顔で評価してくれた。よく知られる話だが、馬場は高山をかわいがった。オフ中、キャピタル東急ホテルへ呼び出し、食事をしながらアメリカ修行時代の話を聞かせた。

プロレスマニアの高山にとっては、おとぎ話のようにワクワクするものである。それを物語の主人公から直接聞いているのだ。

「昔なら、おまえをアメリカへいかせてやったんだけどなあ」

古きよき時代のテリトリー制は1984年、WWF（現・WWE）の全米侵攻により崩壊し、海を渡って武者修行へ出るシステムも形骸化していた。全日本の道場で練習してもいいんだぞと誘ったのも馬場である。

「もっと馬場さんの技を使ってやりたかった。今度はタッグを組んで一緒に十六文キックをやってみたいですね」

試合後、そう語った髙山だったがその夢は実現しなかった。このシリーズ最終戦に出場したのを最後に、馬場は体調を崩しそのまま入院。年が明けた1999年1月31日に、61歳で天国へと旅立った。

突然の訃報を聞き、会話の中で授かった「おまえはな、UWFから来てキックや関節技をやるけど、プロレスは何をやってもいいんだぞ」のひとことを思い起こす。それが、全日本のリングでやっていく上での指針となった。

「全部、闘いに勝つためのことじゃなくてプロフェッショナルとして何をすべきかっていう話ばかりだった。『お客さんの顔を上下左右に動かせ』とかもそうだよね。そうすればお客さんは飽きないって」

もしも馬場&髙山組が実現していたら——かつてジャンボ鶴田とそうしたように、肩を組ん

▲全日本に旋風を巻き起こした大森とのタッグ。史上初の世界タッグ＆アジアタッグ同時戴冠達成

でダブルのフロントキックを決めたのだろうか。

奈津子の進言でチーム名はノーフィアー

４ヵ月後、三沢が社長となり新体制となったタイミングで髙山は全日本へ入団。ノーフィアーとしてブイブイいわせる裏で、馬場の言葉通り道場へ通って若手指南役だった志賀賢太郎の指導のもと、新人時代の丸藤正道《まるふじなおみち》、森嶋猛《もりしまたけし》、橋誠《はしまこと》らと王道伝統の受け身を体に染み込ませた。

「馬場さんから『道場へ練習しにいっていいんだぞ』って言われて最初は拒んだんだけど、受け身がUインターで習ったのよりバリエーションが多かったからいった方がいいなと。馬場さんの前で受け身をやったら『まあまあだな』って言われた。でも、そのあと丸藤にやらせて『何が違うかわかるか?』って言われて『うまい受け身はバン!って一発の音しかない。ヘタな人はドタドタする』って。

あと、試合前の練習の時にこうやるんだとフロント・ネックロックを極められて、すげえ痛くてビックリしたのを憶えている。ジャイアント馬場ってサブミッションと無縁なイメージするけど、本当に凄かった。ビル・ロビンソンにやられた時と同じぐらいの衝撃だったからね。昔でいう懐の刀を馬場さんは持っていた」

もう一つのレアカードは、最終戦の12・5日本武道館。なんと川田&田上とのトリオが組まれた。

ただ、チームとしてはほとんど機能せず。田上に差し出された右手を拒否した髙山がひとたび捕まると二人とも救出に入らない。三沢&小川&垣原の方は正常に動き、終盤は1対3に。これでは髙山に勝ち目もなく、三沢のエルボーバットで沈められた。その姿を川田と田上はリング下から見つめるのみだった。

馬場不在の中、新年を迎えた全日本は5月2日に2度目の東京ドーム大会開催を発表。1・3後楽園では6人タッグマッチで対角線上に立った髙山と大森だが激しくやり合ったあと、試合後にはガッチリと握手を交わし改めて二人でやっていくことを強調した。

全日本における大森&髙山のチームが定着しつつあるタイミングで迎えた春の「チャンピオン・カーニバル」では、3・28愛知県体育館で直接対決の公式戦が実現。これが二人にとって最初で最後の一騎打ちとなる。

カーニバルへ初エントリーされた髙山にとって、シングルマッチの30分1本勝負で20分超えは未体験ゾーンだった(Uインター時代の20分ドローが最長)。「とにかくガンガンいって、そこで仲が悪くなったらそれでいいや」という覚悟で、アックスボンバーの相打ちシーンも現出させていった。

最後は座り込みながら顔面にパンチを見舞い合う中、30分フルタイムを迎えた。精も根も尽き果て、這いつくばりながら歩み寄った両者はどちらからともなく右手を差し出し、握手でお互いを支え合うかのように立ち上がった。

「僕は愛知県体育館に縁があるというか、秋山さんに7秒で勝ったのも（2000年3月26日＝チャンピオン・カーニバル公式戦）、プロレスソング・ノアの時に小橋さんを怒らせて血だるまにされたのも（同10月11日）同じ会場だったんです。あの日は、3月なのにとても暑かったのを憶えていますね。30分やって、控室で汗が引いたあと肌が塩っぽくなった感覚がハッキリと残っているんです。

僕も若かったですから、彼が遠慮なく蹴っ飛ばしてくるのをいくらでも受けきれる自信があった。印象に残る試合って面白いもので、その前後の移動とかも詳しく憶えているものなんですね。前夜の後楽園が終わったあと静岡まで出て1泊して名古屋に入ったのを思い出しました」

当時を振り返る大森は、本当に懐かしそうな笑みを浮かべていた。プロレスラーになって7年目にしてようやく訪れた充実の日々は、時を重ねてもかけがえのないものとして刻まれているのだろう。

一方で、髙山は新崎に勝った1勝止まり（3点）。大森にいたってはこのフルタイム戦以外は全敗（1点）と、最強タッグ決定リーグ戦同様振るわずに終わった。

さすがに大森は「涙のカーニバルと書いてください」と唇を噛み締めたが、高山の方は「結果を見るとアチャーと思うけど、やってて面白いのはけっこうあった。結果は不満だけど俺は（全日本で）新人なんだし、やらなくちゃと思ってやってきて、ちょっとはその成果が出せたかなと思う」と、あくまでも前向きなコメントを残した。これらの認識の違いは何から生じたものなのか。

カーニバル初出場の高山にとって、このシリーズは〝初一騎打ち〟の連続だった。オブライトから始まり大森、エース、小橋、秋山、新崎、ベイダー、田上、そして最終公式戦では三沢（川田は1・22大阪の三冠戦で右腕尺骨を骨折し欠場）……そんな毎日が続いたとあれば、得るものはいくらでもあっただろう。

小橋との初シングルマッチは4・2岡山武道館で実現。熱血がキャッチフレーズの相手に対し、己の熱血をぶつけるような展開となった。

シリーズ中に痛め、紫色に変色している小橋の左ふくらはぎへ容赦なくローキックを放っていく高山は、ドラゴンスクリューはおろかニークラッシャーの要領で本部席に叩きつける。そして試合終盤、勝利を確信したかのように握ったのが右手の拳だった。

「ケガにかかわらず、体があって馬力もある高山選手にああ来られたら、もうワンチャンスをモノにするしかなかった」

髙山の握り拳が小橋を触発させる形となり、起死回生のラリアット2発で逆転のピンフォール。これにはあと一歩のところで勝利を逃しながらも「頑丈すぎる！ 肉はズタズタに斬ったけれど骨までは届かなかった。あんなに凄いラリアットをあそこで打てるとは……」と、脱帽するばかりだった。

それにしても「骨までは届かなかった」との言葉を髙山に出させた小橋は、さすがだ。両者の闘いは、ここからさらに昇華していく。

4・5博多スターレーンにおける秋山戦は、エクスプロイダーで投げると見せかけてクルリと丸め込まれるという、意表を突かれる戦法でまんまとやられた。そして三沢との初シングルマッチは4・14岩手県営体育館。最終公式戦とあって、髙山はその時点で持ち得るもののすべてをぶつけていった。

ギロチンドロップ、ミサイルキック、鉄柱とサンドイッチさせてのハイキックと、全日本のリングで培ったものだけでなく、ジャーマン・スープレックスも繰り出す。劣勢の展開になってからも凌ぎまくったが、ローリング・エルボーバットで巨体を吹っ飛ばされスリーカウント。

髙山は「三沢光晴という人と闘うのは、こんなに楽しいものなのか」と思った。

川田戦とも小橋戦とも違う、プロレスをやる上での楽しさ。その後、入団を勧められて素直に「お願いします」と頭を下げたのは、この時に三沢を味わったことも影響したはずだ。

5・2東京ドーム。髙山、大森、オブライトの3人は、背中に〝NO FEAR〟と入ったTシャツを着て入場する。ハンセン(&田上&ウイリアムス)のラリアットを食らって髙山が敗れノーコメントだったものの、テレビ中継内ではそれが正式なチーム名になったとアナウンスされた。

「タッグで活動していくうちに、正式なチーム名を決めませんか?ってどちらからともなく話が出たんですよね。それでお互いがいくつか案を出して……髙山選手の方が多かったと思うんですけどその頃、彼が知り合いのアパレル関係の方からノーフィアーというブランドを日本で展開させていきたいと提供を受けていて、僕も紹介してもらっていたんです」(大森)

このアパレルブランドと結びつけたのが、東海大アメリカンフットボール部の後輩・今田健一朗。在学中の髙山が第1次UWFへ入門したのを境に会う機会がないまま卒業後、アメリカ・マイアミ大へ留学する。

コーチングを学ぶためだが、そこへ後輩として入ってきたのがザ・ロックことドウェイン・ジョンソン。髙山と同じディフェンスラインのポジションだったという。

「留学を終えて帰国してからは母校の大学でアメフト部のコーチをやっていたんですけど、冬の雪の日に都内から大学へ練習に向かったところ東名高速道路が通行止めになって、下道の渋滞を回避したら世田谷のUインター道場のところへ出ちゃった。Uターンしようと思ったら、雪が降る中で上半身裸のままスクワットをやる男がいるんですよ。それが髙山さんで、3年ぶりぐらいに会ったんです。

その後、またしばらく会う機会がなかったんですけど『Lightning』という雑誌が主催する『稲妻フェスティバル』(アメリカンカジュアルイベント)の第1回が晴海《はるみ》かどこかで開催され、仕事として携わっていたんです。ある日、会場で目の前にデカい男が歩いていて、髙山さんだった。携帯番号を交換し合って、そのうち僕の会社と付き合いのある人がノーフィアーのブランドを始めたので、勧めたら着てくれたんです」

今田とすれば、正式なコラボレーションではないが、続けていくうちにそういう話も出るかもという感じで振ったのだが、しばらくして髙山から「俺たちのチーム名、ノーフィアーにしたんで」といきなり言われた。思わず「ちょっと待ってよ!」と驚いた。

チーム名を何にするか決めかねている髙山に、ノーフィアーを推《お》したのは奈津子である。キングダムの活動停止を機に、二人は狛江《こまえ》市で同棲生活をスタートさせていたのだが、そこへいきつくまではけっして順風満帆ではなく、別れては復縁する繰り返しだったという。

「彼の方が『好きな子ができちゃった。ゴメン』って言う時もあれば、私の方もクラブへ遊びにいって迎えに来てもらったのにほかの男の人と帰っちゃったりとか。そんな感じでお互いがフラフラと遊んでいて何度も別れて、でもまたくっついてってなるから、逆に縁があるのかなと思って」

高熱が出たとあれば、別れている最中にもかかわらず「病気だから来て」と呼び出された。そこでいかぬままだったらその後はなかったわけで、なぜそこまで献身的になれたのかと聞くと「縁が腐っていたのかもしれないですね」と、奈津子はあっけらかんと笑う。

何度復縁しても、高山は「結婚しよう」とは言わなかった。「自分自身が一人前になるまでは」というこだわりによるものだとわかっていたが、奈津子も仕事を続けたかったただけに切り札を出されないのは好都合だった。今では「もっといい男が来たらいつでも乗り換えられるからって思ったのかしら」とネタをはさむが、当時は無自覚なほどそれが自然と感じた。

「そうやって、改めてなぜそこまでして続いたのかって聞かれたら、私がいいやつだったっていうことかなって思いますけど。言われてみると一度、佐野さんのハイキックをもらって頬骨を骨折して東大病院に入院するとなった時、病院のご飯だけじゃ足りないから毎日何かを作って持っていったんです。その時は自分で、私って偉いなって。高山は、私と結婚して得した男だと思います」

そう言ってまた笑う奈津子。同棲生活も、団体が潰れて収入がなくなった高山に家賃を払ってくれと言われ「頭に来て」一緒に住む形を選んだ。そんな日々を送る中で「チーム名、どうしようかな」と聞かれた。

プロレスに関することで相談されたのは、初めてだった。普段から高山が着ているTシャツの文字が目に入った奈津子は「これがいいんじゃない?」と〝NO FEAR〟のロゴを指差した。

史上初の世界&アジアタッグ〝三冠王〟に

5月7日、全日本は三沢光晴の代表取締役社長と新体制を発表。シリーズ開幕戦5・22後楽園大会試合前には、高山と垣原の入団会見がおこなわれた。

「全日本の一員としてこれから力いっぱいやりたいと思います。大森選手とのチームの確立と、武道館のメインイベンター、三冠戦に出られるよう頑張りたい」

全日本のマークが入ったTシャツ姿でそう意気込みを述べた高山は、さっそく大森とのコンビで三沢&垣原を撃破。このシリーズでは、ハヤブサ&新崎が保持するアジアタッグ王座への挑戦が決まっていた。

〝北のプロレス名画館〟の異名で親しまれた札幌中島体育センターが閉館するにあたり、全日本最後の興行となった6月4日。メインでは三沢&田上vs川田&小橋という超世代軍と聖鬼《せいき》軍がシャッフルされた四天王によるタッグマッチが組まれた(小橋が田上に勝利)。

他団体の選手であるハヤブサ&新崎が王者組となったことで、こちらも新風景が描かれたアジアタッグ戦線。何より、インディーを代表する二人のクオリティーが〝世界タッグよりも格下〟というイメージを払しょくさせ独自性を生み出していた。そのチームから、ノーフィアーは一発でベルト奪取に成功。確かに大森&高山のスケール感はアジアを超越したものだった。

そもそも、このタイトル戦が決定した時点で二人は「なんで世界タッグを狙っている俺たちがアジアに挑戦しなきゃいけないんだ！」と反発。たとえタイトル戦線の評価が上がっていたとしても、目指すものが違った。

ましてや高山は、すでに世界タッグ王座への挑戦経験がある。ただベルトを獲るのではなく、これならもう一つのタイトルに挑戦してしかるべきと力ずくで思わせるような闘いを見せてやるという気概に満ちていた。

25分を超えるその試合内容は、確かに世界タッグタイトル戦になんらヒケをとらぬものとなった。最後は大森がアックスボンバーで新崎をしとめ、チャンピオン・カーニバル公式戦で敗れた借りを返すとともに日本最古のベルトを手にした。

大森　こんなの第一段階にすぎないよ。次は川田&田上だ。今日の試合、よく見たか！　川田&田上、武道館で当てろ、全日本プロレス！

髙山　取締役チーム（川田と田上は新体制で取締役に就任）にヒラの意地を見せてやる。
大森　俺らが取締役になってやるぞ、髙山と二人で〝チーム取締役〟に。俺は会社がアジアタッグやれと言ったからカードの通りやった。今度は俺らの言うことを聞け。
髙山　ヨソに持っていかれた恥ずかしいベルトを俺らは獲り返してやったんだよ。これは全日本のベルトじゃない、俺と大森の私有物。世界制覇のチケット。（防衛戦として）川田＆田上組、受ける？
大森　それもいいッスね！　武道館で俺らのアジアに挑戦しろって。アジアの重みを思い知らせてやる。俺は秋山さんと組んで、アジアの重みを一番わかっているんだ。髙山さんがゴールデンカップスを捨てたように、俺も大森＆秋山を捨ててたんだ。
髙山　こっちが低くて、比べるのが恥ずかしいよ。（アジアタッグのベルトは）腰が冷えるといけないから、写真撮った時にアクセサリーがあった方がいい。俺らは世界タッグ、これはあくまでもノーフィアーの歴史のピンナップを撮るためのコスチュームだ。第66代で、永久欠番で終わり！

　徐々にグルーヴ感が増してきた二人のやりとりが、最初に〝作品〟になったと思えたのがこの時だった。髙山はわかるとして、大森が言葉の方でこうして弾けたのは大きかった。

一方、小橋&秋山が保持していた世界タッグ王座が、6・9仙台でエース&バート・ガン（マイク・バートン）に移動。ノーフィアーは6・11日本武道館でノンタイトル戦ながら川田&田上と対戦する。

新たに開発した合体技・ビッグハイヤーデモリッションで（二人がかりのパワーボム）で川田を戦闘不能に追い込むと、孤立する田上にアックボンバー↓ギロチンドロップとサク裂させスリーカウント奪取。これまで何度となく辛酸《しんさん》を嘗《な》めさせられてきたチームを、どこをどう切っても完勝としか言いようのない内容でノーコメントにまで追い込んだ。

「今日はアジア初防衛だ！　誰か俺らに勝てるのか⁉」（大森）

「挑戦者、健闘するも空しく敗北だな。次のシリーズは世界だ、世界！」（高山）

大森が勝手に初防衛を果たしたとうそぶくと、高山は2年3ヵ月前に溺死させせられた相手を「健闘」と上から目線。こうなると、二人の口を止める者は誰もいない。

それどころか、明らかに試合後のコメントをとりにくるマスコミの数が増えていった。タイトルマッチや注目カードに名を連ねるようになったからというのもあるが、仕事抜きで話を聞きたいと思わせるものを出力していた。

「やっと俺らについてきたかって。今までは『なんだ髙山、大森は何言ってんだ』と思っていたんだろうけど、今は必死になってマスコミの皆さんの方から走ってくるじゃないですか。たとえばノーフィアーが次期シリーズ、海外遠征とかにいっていなかったら、全日本はつまんなくなると思いますよ。それぐらい今、存在感は高まっていると思う」

次期シリーズ最終戦で世界タッグ王座挑戦が決まったあと、大森は自分たちの存在感に関する手応えを口にした。確かに勢いは加速の一方だったが、ほかにも武道館を見据えた男がいた。川田である。

腕の骨折により、三沢から奪取したばかりの三冠ヘビー級王座返上を余儀なくされた川田に、奪回のチャンスが巡ってきた。それぞれの決戦を1週間後に控えた7・17後楽園で高山との3度目の一騎打ちが組まれる。

立ち上がりから高山が打撃を全開にし、場外へ転落させるまでは武道館の再現フィルムを見るかのようだった。違ったのは、その後。

リング内へ戻った川田はすぐさま猛攻をしかけ馬乗りパンチ、ヒザ蹴り、バックドロップ、ジャンピング・ハイキックと倍返し。そしてダウン状態から起き上がろうとした高山の顔面にローキックをブチ込んだ。

リング下へ崩れ落ちた高山は、和田京平《きょうへい》レフェリーが呼びかけてもピクリとも動かず。非常事態に、花道奥で観戦していた渕正信が駆けつけたため場内騒然となる中、終了のゴングが鳴らされた。

勝負タイムは6分50秒。記録は川田のリングアウト勝ちとされたが、実質上のKOである。大森に運ばれた控室で意識を取り戻した高山は状況が呑み込めず、負けたし告げられると「まだ終わりじゃねえよ！」と怒声を響かせた。

勢いに乗る高山を410秒で〝蹴散らす〟ことにより、川田は三冠戦への意識を高めた。ピンフォールやギブアップよりも文句を言えぬ負けを喫したとあれば、ここで急失速するケースもあり得た。

でもそうはならなかったことで、ノーフィアーが勢いだけのコンビではない現実をより知らしめる。その一戦が巻頭カラーで報じられた週刊プロレスにおいて、二人は初の表紙となった。

つまり、負けようがなんだろうがこの時のノーフィアーはマスコミ的にも推せたのだ。そして翌週の7・24武道館、髙山と大森はエース＆ガンを破り世界タッグ王座へと到達。全日本プロレスの歴史上、初となるアジアタッグとの同時戴冠（世界タッグはインターナショナル＆PWF世界の統一王座のため、本人たちは「三冠タッグ王者」を主張）を果たした。

大森がガンをアックスボンバーでしとめたフィニッシュだったものの、髙山はあの溺死から2年4ヵ月でタッグの頂上にそびえ立った。1990年の大量離脱後の9年間は、四天王＋秋山、主力外国人の間で変遷したタイトル。全日本のファンにとっても、ついに訪れた地殻変動だった。

「夢を実現……じゃないよね。できることを確実にやれて嬉しい。俺と大森選手なら絶対に夢じゃないと思ったし、このベルトを肩に担いで帰ってくるのは絶対にしなくちゃいけないこと。組み始めた時はデッカい体の大ボラ吹きみたいな感じだったから、これで間違いのないところを見せられてよかった。俺らは有言実行のチャンピオンチームだ」

「今までなんだかんだ言っていたやつを見返してやりましたよ。昨日までなんでもなかった中堅レスラーと、ほかの団体から来たレスラーが一緒になって、こうやってタイトルを両方獲っちゃったんだよ。これで腹立たない方がおかしいでしょ、ほかの選手は。今まで勢いで突っ走ってきたのもあるけど(追われる立場になって)どうなるか客観的に見たい。そういう時のノーフィアーは、また違う力を発揮すると思うから」

大森が言った通り、追われる立場となったノーフィアー。そこは生き馬の目を抜くような全日本マットだけにマークされ、すぐさま包囲網が巡らされた。まず世界タッグは社長に就任したばかりの三沢が小川をパートナーに、チャレンジャーとしてその前に立ちはだかった。

アジアタッグについては「若手活性化のために」との理由で返上を勧告したが、これにノーフィアーは反発。「俺たちはタッグ三冠王だから、アジアにも挑戦してこい。絶対に返上なんてしねえ!」とまくし立てた。

これにより、三冠ヘビー級王者がアジアタッグに挑戦するという前代未聞のケースに至る。

そこまではよかったのだが、なんと8・25広島市東区スポーツセンターにおける初防衛戦でノーフィアーは敗れ(三沢が大森をピンフォール)、一夜にして無冠となってしまう。

続く9・4日本武道館では高山が三沢との2度目の一騎打ちで完敗。大森も同期・秋山の牙城《がじょう》を崩せなかった。確かに旋風を巻き起こしたノーフィアーだったが、アジアタッグはハヤブサ&新崎、世界タッグはエース&ガンからの奪取であり、全日本の〝本丸〟はまだ攻略していなかった。並みのチームなら、壁に跳ね返されてそのままズルズルと後退してしまうところだが、この男たちには言葉という武器があった。

ベルトを失ってもバックステージコメントのテンションだけは下がらなかった。それによって、自分たちを奮い立たせた部分があったように思う。そんな中、今なお語り継がれる「ノーフィアー、ハッピーバースデー事件」が起きる。

「おい、おまえら。なんで祝いに来ないんだよ、オラッ! 歌うぞ。ハッピーバースデー・トゥ・ユー……なんで歌わねえんだよ!(怒)」

10・16大阪府立体育会館第2競技場大会試合前。その日は大森30歳の誕生日だった。ただ、レスラーの方からバースデーケーキを持参してマスコミの控室へタイガー・ジェット・シン&上田馬之助《うえだうまのすけ》よろしく肩を組んで乱入し、祝福を強要するなど聞いたことがない。

リアクションがとれず固まる報道陣に対し、俺が歌っているんだからおまえらも歌えと凄む髙山。結局、二人は「しょっぱいリアクションだな」と言わんばかりの表情と、大森が手の平より落ちないよう慎重に持っていたケーキと「オラッ、みんなで食え！」の捨てゼリフを残し、その場を去っていった。

テーブルに置かれたケーキのメッセージプレートには、かわいらしい文字で「ＯＨＭＯＲＩさん　おたんじょうびおめでとう」と書かれてあった。この模様だけで、週プロにはモノクロページながら１ページ半掲載された。

こんな調子だから、ベルトを落としたところで勢いや評価が下がるはずもない。むしろ、ノーフィアーのバックステージコメントはメイン級の試合でなくとも誌上再録されるのが恒例化した。大森が当時を懐古する。

「よく憶えていますね。今、改めて言われると恥ずかしいですよ。ああいうのは、本当にその場の思いつきでやっていました。でも、そういうことをやったあとにリングへ上がると、お客さんが期待する圧が凄かったんです。明らかに、それまでの自分に向けられているものと違った質で、これを積み重ねていけばいいんだって思えましたね。

マスコミ向けに声を張り上げる一方で、髙山さんに対し言っている部分もある。そこで髙山さんに響けば乗ってきて、相乗効果になっていくあの感触がよかったんです。今だから言えるけど、僕のツボに入って笑っちゃいそうになる時もあって、そういう時は必死にこらえました。

バーニング（小橋、秋山らのユニット）を『おまえらなんてバーニングだ！』と言った時とか……」

どちらかといったらこれは高山のノリであり、大森が合わせて作品となったもの。デビューから7年近く眠っていたポテンシャルが発揮されるには、やはり引き出せる人間が必要ということだ。

一部のベテラン選手は「あんなのは新日本の真似だ」と否定的だったが、三沢社長からはやめろと言われなかった。それまでの全日本のカラーとかけ離れたものであっても、馬場元子《もとこ》夫人も黙認した。

「全日本の中で、そういうことは言っちゃダメという暗黙のルールみたいなものがあったでしょ。そこを高山たちが破ったわけだけど、俺はそれによってお客さんが来るんであればいいと思っていた」

口撃の対象としては何度も吹っかけられた側である川田に、煩わしくはなかったかと月日が流れた今、改めて聞くとそう回答した。プロレスのリングへ上がる限りは、それぐらいのことが許容できなければ何も生まれないといった姿勢だ。

大森は、自身のプロレスラー人生の中でも「試合とは違った充実感」と出逢えたこの時期が一番楽しかったと顔をほころばせる。会場を出ればほとんど別行動だったそうだが、控室では他愛もないバカ話でテンションを上げていった。

「初めてノーフィアーとして出た日本武道館でTシャツを売ったらそれが完売したんです。馬場さんがお亡くなりになられてからはシリーズが終わるとご自宅を訪ねて、お線香を供えていたんですけど、そこで元子さんと話したら『すごいわね！』って評価していただいて。その頃は、あまり現場にも来られていなくて、そういう実績だけ聞いて僕と髙山さんが何をやっているのか細かいところまではご存じではなかったんでしょうけど、そういう形で出せば認めていただけたんだと思います。新日本の真似という声も、僕の耳には入ってこなかったですね」

小橋と繰り広げたそれまでと違う三冠戦

髙山は10・23愛知県体育館で盟友・オブライトとのシングルマッチに10分弱で完勝。そのままの勢いでノーフィアーとして2度目の世界最強タッグ決定リーグ戦に臨んだ。

この頃はバーニングや三沢&小川の「アンタッチャブル」、さらには外国人勢と手当たり次第やり合っていた。当然、マークはよりキツくなる。結果的に2勝5敗とまったくもって不本意な戦績に終わる。チームカラーは確立され支持も得ているのに、シングルのチャンピオン・

カーニバルも含めどうも二人はこうしたリーグ戦だと思った結果が出なかった。

このシリーズ中、大森と高山はジュニアヘビー級の浅子覚《あさこさとる》とトリオを組むようになる。その時点では「ノーフィアー・プラスアルファ」と名乗っていたが、年明けからは正メンバーに加わった。

ノーフィアーの自由奔放な暴れっぷりは、やはり同じプレイヤーにも影響を及ぼした。ジュニア戦線でくすぶっていた浅子の目に、二人の輝く姿はまぶしすぎるほどに映った。そんなある日、髙山&大森から「一緒にやりませんか」と声をかけられた。だが即答はできなかった。

「あの二人は大きいし、上昇気流でグーンと上がっていた頃で、二人でいい具合にいきかけているのに、俺が入って大丈夫なのかって思ったんです」

組めば、これまで以上にヘビー級の最前線へ放り込まれる。それによって足を引っ張るようになってしまったら…ただ〝プラスアルファ〟としてやってみたら、今まで味わったことのない充実感が得られるほど伸び伸びとできた。

こうして浅子は、イメージカラーであるグリーンのタイツを黒に変え、高山と大森にはさまれながらノーフィアーポーズをとるようになった。二人が組み始めた時と同じく、鬱積《うっせき》したものから解放された。

「浅子さんとは、ノーフィアー入りする前からけっこう僕が仲よかったんですよ。それで、2

人の時はあまりリング外の行動を一緒にしなかったのが、浅子さんが入って3人になったらけっこうみんなで出かける機会が増えた。だから、必然だったんです。僕が引きずり込もうとして、浅子さんが自分の意思で加わってくれました」(大森)

2000年のチャンピオン・カーニバルは、従来の総当たりリーグ戦ではなく一発勝負のトーナメントで開催された。そこで高山と大森は明暗を分けることとなる。

高山は1回戦のベイダー戦で消えたのに対し、大森は優勝候補の秋山にゴング前のアックスボンバーで奇襲を仕掛け、わずか7秒で勝利。その後、バートン、ウイリアムスも突破し決勝戦にまで進出した。

4・15日本武道館では小橋に敗れ優勝こそならなかったが、タッグチームだけでなくシングルプレイヤーとしても地殻変動を起こしたのだ。そして、その機運は高山にも伝播《でんぱ》する。

武道館の3日前、4・12新津《にいつ》のタッグマッチにて高山は三冠王者の小橋から高角度ジャーマン・スープレックス・ホールド(まだ〝エベレスト〟の名称はついていない)で初のピンフォールを奪った。カーニバル決勝戦では敗れた大森に寄り添いながら、覇者をニラみ続けるシーンもあった。

自信をつけた大森も「あとは三冠戦しかないでしょう」と意欲を表したが、シリーズ後に発表されたのは高山の初挑戦。やはり直接勝利をあげた実績の方が優先された形だ。

5月8日、全日本道場にて公開練習をおこなった髙山は「ケンタ君」と名づけたダミー人形を相手に腕をロックしてのジャーマン・スープレックス（いわゆるダルマ式ジャーマン）を披露。禁じ手解禁を宣言することで小橋にプレッシャーを与えた。

「今までの三冠戦のような仲よし技術の交流戦はやらない。あくまでもこれは喧嘩だし、全日本を代表する三冠王者の小橋健太っていう男に喧嘩を挑むつもりなんで。だからこんなスープレックスをやる前に向こうが倒れるかもしれないし、仕掛ければ向こうもやってくるだろうから、こっちが倒れるかもしれない。そうじゃないと髙山が三冠に挑戦する意味がないと思うんで。腕だって折るつもりじゃなく、折りにいく。

三冠戦っていうのはプロレスの素晴らしいところを常にアピールしてきたみたいだけど、今度の試合ではプロレスの怖いところをアピールしたい。もちろん反則も含めて。馬場さんが言っていたけど、すべてを含めたものがプロレスだからね」

そんな髙山のコメントを2日後に伝え聞いた小橋は「その言葉をそっくりそのまま返すよ。あいつとは今までと違う三冠戦というか、そういう試合ができると思う。これまでにないタイプだし、言葉の一つひとつに自信を感じる。俺もそのつもりでいるし、そういう試合になると思う」と返答。こうした戦前のやりとりは、当日の異質な雰囲気に直結する。

5・26新潟市体育館。同県内において、三冠ヘビー級戦が開催されるのは初であり、350

0人＝超満員の観客が詰めかけた。同日同時刻には、東京ドームの「コロシアム２０００」で船木誠勝《ふなきまさかつ》vsヒクソン・グレイシーがおこなわれる中、髙山はレフェリーチェック時にビッグブーツで小橋の顔面を蹴り上げる奇襲を仕掛けた。

公約通りの喧嘩ファイトに、序盤から小橋の表情が鬼神と化す。総合格闘技とは違う、プロレスならではの強さと凄さによる果たし合いは、それまで四天王と秋山に限られていた聖域とは一味も二味も違う重厚感にあふれた。

右腕にヒザ蹴りをブチ込み、ラリアット封じを狙った髙山は15分過ぎにジャーマン・スープレックスをサク裂させると、20分になろうとしたところで両腕をロック。しかし、これは阻止された。腕をやられればやられるほど、ならばそれで決めてやろうとなるのが小橋という男。ベイダーばりの腕パンチで髙山の動きを鈍らせると、レフトハンド・ラリアットから右の剛腕を振るい１９６㎝をなぎ倒した。

勝負タイムは21分20秒。神宮と最初の武道館で川田から、馬場から、スタミナの差を指摘された男は、最高峰のベルトが懸かった一戦でそこまで闘うほどのタフガイになっていた。

「想像以上に向こうの執念があったというか。絶対、あの腕が壊れてなかったわけないんだよ。だけどその腕でしとめるっていう執念。それが彼を三冠王者として立たせているんでしょう。

小橋選手がこれまでやったことがない試合でしたよね。僕が仕掛けてそうなったのであれば、間違いではなかったと思います。その善し悪しは見る人が決めるものだけど、ただ僕が仕掛けたことは間違いじゃなかった。今度はほかの方向から挑戦権を獲ればいいわけで。そこまでは強いチャンピオンとしてベルトを持っていてほしい」

いつかもう一度小橋健太と三冠戦を――それが、敗れて芽生えた髙山の思いだった。ところが運命は流転《るてん》する。新潟大会の2日後におこなわれた臨時取締役会にて、三沢の社長解任が決まった。この事実は最終戦の6・9日本武道館が終わるまで公にされず、水面下で大事《おおごと》になる中、ベイダーの負傷により空位となっていた世界タッグ王座決定ワンナイトトーナメントが4チームによって争われた。

ノーフィアーは1回戦で三沢&小川に勝ったものの、エース&バートンを退け決勝に進んできた川田&田上に敗れ2度目の戴冠はならなかった。激震に見舞われたのは、4日後の定例役員会。すでに社長解任の情報をキャッチしていた報道陣が詰めかける中、百田光雄、田上、小橋ら6名の役員も辞職を申し出たことが明かされた。

小橋に確認したところ、新潟の髙山戦が全日本における最後の三冠戦になるとは思っていなかったという。その試合後には同じバーニングでありながら挑発的な発言を続けていた秋山とすれ違ったさいに張り手を見舞っている。

「あの年は2月にベイダーから三冠を獲って、チャンピオン・カーニバルにも初優勝できて、

３度目の戴冠のタイミングで髙山選手や（秋山）準が出てきたことで新しい流れになっているっていう感触があったんです。あの初防衛戦はそういう中でおこなった試合で、実際にそれまでとは違う試合がやれた。髙山選手は怒らせるのがうまいなと思ったね。でも、そこが彼のやり方だとしたら自分は受け止めた上で自分のやり方で返すだけだと思ってやった。その結果が、あの試合です」（２０２４年の取材）

お家騒動により、小橋が描きたかった新風景は現実のものとはならなかった。役員辞任から３日後、ディファ有明にて三沢をはじめとする選手に練習生、スタッフを含めた総勢31名が集結し、全日本退団と新団体旗揚げを発表。そこに、髙山の姿もあった。

Uインターとキングダムで団体内のゴタゴタを経験してきた髙山は、ある時期から全日本にもそれを感じ取っていた。そのため、いざ割れたからといっても不安はなく「むしろ慣れっこです」と笑い飛ばした。新団体「プロレスリング・ノア」を選んだのは、誰かについていくのではなく闘う人間がいる方を求めた形だった。

「僕は小橋健太というスーパーベビーフェースと闘いたいし、三沢光晴とも闘いたいし、そういう人たちと闘ってこその髙山善廣です」

実際、新団体のリングではその二人と名勝負を繰り広げる存在になっていく。トップロープをまたぐ入場シーンのように、髙山は方舟《はこぶね》へと乗り込んだのだった。

▲小橋との試合では川田戦とはまた異なる情熱的な一面も引き出された

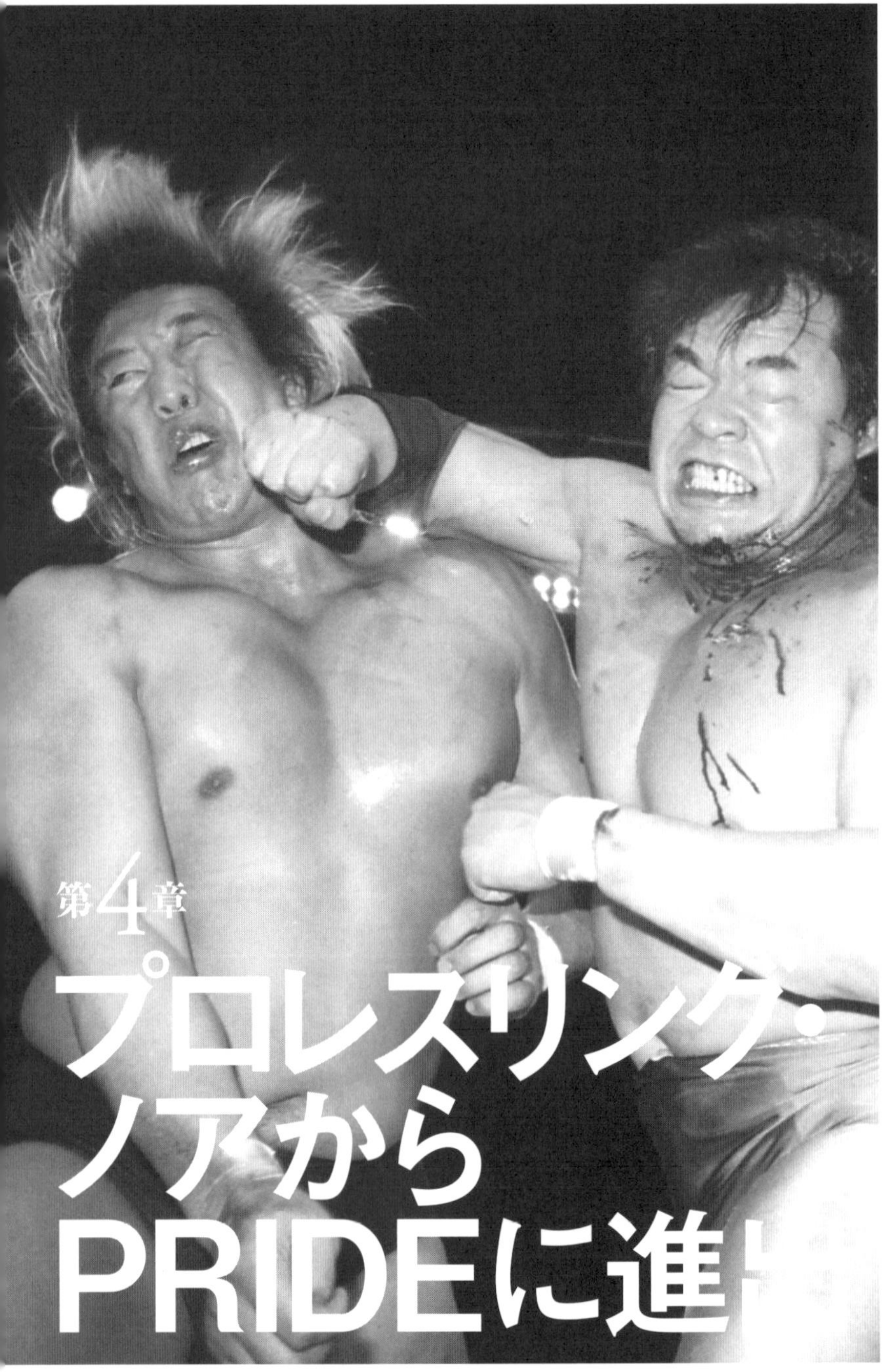

第4章 プロレスリング・ノアからPRIDEに進出

21世紀のレスラーはなんでもできなければ

7月7日に会社登記の申告をおこない、ディファ有明にて正式な設立会見を開いたプロレスリング・ノア（以下、NOAH）。8月5日&8月6日の同所における旗揚げ2連戦も発表し、その準備を進める一方で13日からは〝古巣〟となった全日本プロレスの4大会に出場した。

これは「売り興行に関しては離脱選手にも出場を要請する」という全日本サイドの意向によるもの。「プロモーターに迷惑はかけられない」と三沢光晴社長が判断し、旗揚げ前のNOAH同士によるカードを提供した形だ。

高山善廣も、もちろん参戦。7・20博多スターレーンにおけるノーフィアーvs秋山準&泉田純戦で、王道マットにおける闘いにいったんのピリオドが打たれた。この時点で8年5ヵ月後の2009年、鈴木みのる率いる「GURENTAI」へ合流する形で再び上がることになるなど、当然ながら想像していない。

「三沢光晴、小橋建太（新しい自分と団体を建てる意味をこめて改名）と闘うために」NOAHを選んだ高山だったが、旗揚げ2連戦でそのようなカードは組まれなかった。スタートダッシュをしたのは秋山。

8月5日は小橋と組み三沢&田上明と対戦し、1本目を三沢、2本目を田上から奪取してストレート勝ち。試合後にはパートナーの小橋にバックドロップを見舞い、翌日の一騎打ちへ向けて宣戦布告する。

そして8月6日は小橋をフロント・ネックロックで破り、全日本へ残った川田利明を除く四天王を2日間で総なめしてしまった。まさに新たなリングに描かれた新風景と言えた。

1月よりケガで欠場していた浅子覚が旗揚げ戦に間に合い、トリオで出陣したノーフィアーはタイツ、ニーパッド、レガース、シューズを白に統一。また金髪で姿を現しインパクトを見せたものの、オープンフィンガーグローブを着用して打撃中心で来る相手の垣原賢人に持っていかれる。さらに2日目は大森とのタッグで田上&泉田と対戦するも、よもやの連敗。

白のコスチュームは旗揚げ戦のみで、翌日には元の黒に戻したが（2010年8月4日、ディファ有明の旗揚げ10周年で解禁）、金髪は継続。以後、高山の個性のひとつとして定着する。

「三沢たちは俺らとやるのを逃げてんだろ！」

そう吠えた高山は、旗揚げ2連戦後に大森が右ヒジ手術のため欠場へ入る中、独自に動く。8・19有明で秋山によって呼び込まれると小橋の目の前で握手。その流れで10・8横浜文化体育館にて二人がタッグを組み、小橋&大森戦へ。確かに、4ヵ月前は考えられぬシチュエーションである。

「旗揚げ戦のカードを見て、これはやめた会社と変わらないじゃんっていうのが僕の中ではす

▲NOAH旗揚げ戦から髙山はその後のトレードマークとなる金髪に染め上げた

ごく強くて。秋山選手が一人でバーッと片づけちゃったから結果は違うものになったけど（カードの）組み方は昔と変わらない。10年ぐらい四天王とか言われて、もういいでしょう。でも、もういいでしょうと思った時に新四天王とかマスコミは書くからなあ。もっと表現を考えろよ！と思いますよ。

（NOAHが）やり甲斐のある場所かどうかはまだわかんないけど、今までやっていないことまでやるようにしてね。（秋山との握手も）個人としての判断でやったもの。ノーフィアーはチームのためのチームじゃない。大森、高山がノシ上がっていくための手段であって、ノーフィアーが大事だから個人を犠牲にするつもりなんてサラサラない」

このような思いで動いた高山に対し「俺が休んでいる間に勝手な行動をとりやがって！」と大森が反発したため、ノーフィアーは解散するのかと思いきや試合終盤、パートナーの小橋にアックスボンバーをサク裂。そのまま高山がジャーマン・スープレックスで小橋をしとめると、二人で踏みつけて高笑い。

これにより三沢、小橋、田上らの世代を秋山、大森、高山が崩さんと動く新たな図式が生まれた。〝自由と信念〟を掲げて生まれた新団体は、まさにそれを体現するかのように自己主張の嵐となった。

ところが11・4有明にてトリオを組んだのを最後に、秋山とノーフィアーの共闘路線は発展的解消となる。今となってはもっと見たかった気もするが、それぞれが考えたことをリング上で実践しつつ、行く先を模索していたのだろう。

試行錯誤の末に、ノーフィアーは再び浅子との三人で進んでいく。一方で、年が明けた2001年、高山はさらなる新たな世界へ踏み込む決意をした。

「出ますよ、PRIDE」

3月1日発売の週刊プロレスの表紙に、そうデカデカと載った。UWFインターナショナル道場の跡地へ久々に足を運んだ高山は、インタビューにてその思いを告白する。

「まだ話を聞いただけで契約を交わしたわけじゃないけど、そういう方向に気持ちがいっています。プロレスラー・高山善廣というものを評価してもらって、もしそういう時期が来たら、舞台を整えるつもりですみたいなことは言ってもらえたので。サク(桜庭和志)とか田村(潔司)さんとか、金原(弘光)さんとかああいうルールですごい活躍をしているじゃないですか。

でも、仲間の活躍があるから俺もという感じではなくて、自分がレスラーを目指してこの世界に入ってきた時の理想を求めたら、そうなっちゃうだけなのかなって。スタイル云々《うんぬん》じゃなくて、自分がファンの時にあこがれたレスラーの形に近づきたい。NOAHのベルトとPRIDEグランプリのベルトで2冠獲ったら、そういう人っていませんよね」

おりしもNOAHはGHCヘビー級王座の新設を発表し、その争奪戦が近くおこなわれることになっていた。一方、PRIDEの方は前年5月1日の東京ドーム……あの桜庭とホイス・グレイシーによる90分に及ぶ死闘が繰り広げられたグランプリ（トーナメント形式）の決勝戦で、マーク・コールマンがイゴール・ボブチャンチンに勝ちベルトを巻いている。

ただし、この時点ではあくまでグランプリ優勝者に贈られるベルトであり、ヘビー級王座としては2001年11月3日の東京ドームでアントニオ・ホドリコ・ノゲイラがヒース・ヒーリングに勝ち初代チャンピオンとなった。髙山は、NOAH旗揚げ直後の時点で総合格闘技への挑戦を匂わせていた。

「興味はあります。だってよくPRIDEの会場にいっていますもん。NOAHは自由だって社長が言うんだからいいでしょう。リングスにもいくし。バーリ・トゥードって技術とかあるけど、性格的な向き不向きがあると思うんですよね。俺はけっこうそっちが重要だと思う。（自分が向いているかは）やってみなければわかんない。やったことないからやってみたいというのが、正直な気持ち。

最近、ちょっと安心しちゃっている部分があって。この世界へ入る時にすごく葛藤があって、でも一試合でもリングに上がれたら夢がかなって幸せじゃないかと、崖から飛び降りるような気持ちで入ったんですよ。もっと冒険してもいいのではと思い始めています」

バーリ・トゥードの波が押し寄せてきた以後も「みんなが格闘技に走るので私、プロレスを独占させていただきます」と宣言したジャイアント馬場。それほど全日本は一線を画し、交わらぬ姿勢を貫いていた。

そうなると、全日本所属の選手がPRIDEの会場にいくなど問題となりかねない。それでも髙山は、髙田延彦や桜庭といったかつての仲間たちが活躍するのを応援にいくのが当然だと思っていた。

試合後の打ち上げに参加したら「髙山もやってみたら」のような話のひとつも出てくる。何より、自分の中にプロレスと格闘技は別モノとの価値観がなかった。

だから、全日本〜NOAHという道を選択しつつ、頭のどこかにその存在はあった。それまでにやっていないこと、今以上のものを求めればおのずとPRIDEに行き着くのだ。

PRIDE出場宣言掲載から2日後の3月3日、髙山は三沢社長同席のもとNOAH退団会見をおこなった。所属ではなくなるが、フリーとしての継続参戦も発表された。

「(フリーの方が)ゴチャゴチャしなくていいでしょう。あとは外に自分の籍を置いて、外敵となってNOAHに上がりたいというのがあった。その方が緊張感あるし。ここに座ってらっしゃる社長も、僕はまだ一度もピンフォールもギブアップも獲ってないんで、ここを追ん出るわけにはいかない。プロレスリングはNOAHで続ける」

席上、髙山は前年の秋頃に三沢へ相談していたことを明かした。それに対し「俺も立場があるんでできないですけど、一レスラーとして気持ちはすごくわかります。(申し出は)なんの抵抗もなく」と笑顔で説明。

ＰＲＩＤＥ出場のためフリーになると高山が切り出した時、三沢は「所属のままでもいい。準備が必要なら、その間は休んでもいいから」と言った。勝てなかった時のリスクを思えば「ＮＯＡＨの選手が負けた」と言われるのを避けるべく、団体的には都合がいい。

だが三沢は、そのような男ではない。総合格闘技のリングに上がっても、仲間は仲間ということだ。事実、高山の1年後に杉浦貴《すぎうらたかし》がＰＲＩＤＥへ参戦する時は、ＮＯＡＨ所属のままだった。

ありがたい話と感謝しつつ、それでもフリーの道を選んだのはその時点でＮＯＡＨの日本テレビ中継が内定していたため。今では新日本の選手がテレビ朝日以外に出演するのも当たり前となったが、昭和の2団体時代はオポジションの放送局に映れない契約とされた。

１９８７年、長州力が全日本から新日本にＵターンしながら、それで縛られ3ヵ月以上も試合中継に出られなかった。もっとさかのぼると、１９７２年にＮＥＴ(現・テレ朝)で馬場の試合は放送しないという約束を反故にした日本プロレスの中継が、日テレに打ち切られている。

ＰＲＩＤＥはフジテレビが放送していたため当然、出場となったらそこに登場する。それがもとで決まった試合がなくなるケースを想定し〝身辺整理〟をしたのだ。このあたりも、社会性に基づいた行動であるのがうかがえる。

その頃、高山を至近距離より取材していた一人が佐久間一彦《さくまかずひこ》。小学3年でレスリングを始め、青山学院大学では全日本大学選手権準優勝などの実績をあげるという〝その筋〟の人間が、卒業後はやる側から伝える側になるべくベースボール・マガジン社へ入社。格闘技通信を経て１９９９年に週プロ編集部へ配属され高山がノーフィアーを結成し、台頭していくタイミングで現場へ出るようになった。

小学生の頃から体重が近く、学年も1つ違いだった山本《やまもと》〝ＫＩＤ《キッド》〟徳郁《のりふみ》と3度対戦経験があり、青学では元ライト級キング・オブ・パンクラシストの大石幸史《おおいしこうじ》や現ＷＷＥの中邑真輔《なかむらしんすけ》が後輩にあたる。本格派として培った競技者の視点と、ファンの気持ちの両面を理解した上で書く記事を持ち味とし、２００７年に第7代週刊プロレス編集長へ就任、２０１０年まで務める。

「ファンの頃、Ｕインターが好きで神宮球場や日本武道館、横浜アリーナとけっこう見にいっていて、身長が大きかった高山さんは将来、Ｕインターの前田日明的な存在になると思っていました。でも、この業界に入って自分が見ていたことは言えなかったんです。

当時の高山さんはもう、全日本だったんですけど新日本との団体対抗戦で負けたり、キングダムも解散してしまったりと、いい思い出にはなっていないだろうなと、それで切り出せなかった。あとになって、そんなことは全然なくて選手たちはみんな仲よしだと知るんですけど、僕はまだ入ったばかりでしたので」

佐久間が当時の全日本担当先輩記者について取材へいくと、明らかに髙山と大森だけバックステージコメントの熱量が違っていた。そちらの方が普通かと思うも、ほかの選手はまったくそういうノリを見せない。それが冷めているように映った。

「あいつらはそれでいいんじゃないの？」「俺たちは俺たちだから」といった空気を感じつつも、取材する側とすれば大森&髙山の控室に足が向く。「馬場さんがいたらできなかった」の声を聞くと、ノーフィアーが三沢体制の象徴と思えた。

2000年、誌面の企画「21世紀の21人」というインタビュー集の中で、佐久間は初めて髙山を単独取材する。ところがここで、痛恨のミスをしてしまった。

「当時、髙山さんが住んでいた家の近くにあるカフェで取材してくださいという連絡が全日本の広報さんからあったんですけど、その方はいけないと。また、撮影を要す取材ではなかったのでカメラマンも帯同せず、僕一人でいくことになって。いきなりの1対1は緊張するし、知らない立場だとやっぱり怖いでしょう。

それが影響してか、人生唯一の寝坊をしてしまったんです。緊張もあって一度起きたのが早すぎたので、二度寝してしまった。ところが幸いというべきなのか、電車の事故があってダイヤが乱れたんです。これを理由にして連絡を入れたら『家にいるんで、近くに来たら教えて』

と言われて。さすがにその時は本当のことを言えなかったですけど後年、実はあれ、寝坊で……と言いました」

のちに思い返すと、この取材で高山から与えられた影響はとてつもなく大きかったと佐久間は言う。自身はその時点で2年間、嘱託として頑張ってきたから3年目は正社員になれると思っていた。

ところが、会社に言われたのは「今年も嘱託でお願いします」のひとこと。話が違うと思った。まだ若手だからと任されるページ数も少なく、ちょうど腐りかけていたタイミングだった。

「21世紀のプロレスラーは、なんでもできるようじゃなきゃダメ。格闘技にも対応できる人間でないのであれば、会社の奴隷《どれい》になるしかない。なんでもできる人間であれば、自分のやりたいことを主張して、どこからでも声がかかるだろうけど、やれないやつは会社に言われたことを嫌でもやるしかないんだよ」

もちろん高山は、佐久間の個人的事情など知らない。ただ、これって自分が言われているのではとしか思えなかった。

「あの取材で高山さんに対する自分の思いが変わった。この人、すげえな！って。その後、NOAH担当になって追い続けるわけですけど、この時に言った通りのプロレスラーになったじゃないですか。NOAH設立の時って、どうしても三沢さんについていく感じだった中で、高山さんや秋山さんは俺のやりたいことをやるために参加したという姿勢が伝わってきて、ほかの選手とはちょっと違うと見えたんです。自分の世界をしっかり持っている人だって。

実は2001年に、僕は会社をやめようと思ったんです。不満タラタラの境遇にい続けるぐらいなら、髙山さんのように自分の腕で勝負するべきだと思って。その年も、また1年嘱託でと言われたので『もういい加減にしてください。それなら契約しなくていいです』と言いました。そうしたらやっと正規に変わったのでやめなかったんですけど、2010年の退社も髙山さんの影響だったんです」

週プロ編集長を務めたあと、総合制作会社である有限会社ライトハウスに入った佐久間はスポーツにとどまらず、多くのジャンルの取材、制作に携わっている。それも、どんなスタイルの闘いでも通用する髙山の姿を見て「自分の目指すべきところはそこなんだ」と思ったからだ。

髙山がPRIDE出場を狙っていることは先輩記者を通じ伝え聞いていたが、やはり公で明らかにした時は驚かされた。そしてNOAHの取材にいくと開場前、杉浦を相手にグラップリングの練習をする姿が蘇ってきた。

「巡業先にいくとマットを使った練習のあとに二人で極めっこを延々とやっていました。最初は仲がいいからかなとか、Uインター出身だしこういうのもやるんだなぐらいにしか思っていなかったんですけど、その後のことを想定していたんでしょうね。PRIDEに出るとなっても『俺は普段からやっている。特別な練習なんて必要ない』って言っていたけど、あれはそういう裏づけがあったためなんです。

三沢さんがOKしたのもわかるんですよ。NOAHは〝自由と信念〟を打ち出していたけど、自由って自分で責任を持つことじゃないですか。高山さんは、自分で責任を持てる男だからというのが三沢さんにあったんだと思うんです。相手にもよるので勝つか負けるかはやらなければわからないけど、高山だったらNOAHやプロレスラーの株を落とすような試合はやるまいと信頼していた。実際、すごい試合をやってのけるという」

藤田和之《ふじたかずゆき》が絶賛したPRIDE初陣

PRIDE参戦表明後、高山にはGHCヘビー級初代王者決定トーナメントが待っていた。泉田、志賀、ベイダーを退け、4・15有明コロシアムの決勝戦のリングへ。目の前に立ったのは、12日前に退団会見で握手を交わした三沢だった。

ヒザの手術により小橋が不参加とはいえ田上、秋山、大森、ベイダーらを差し置いてのファイナリスト。佐久間が言った通り、それは四天王プロレスとは違う三沢が用意したキャンバスに描かれた風景に映った。

ノーフィアーとなりステータスを上げてきた高山は、気がつけばシングルプレイヤーとしても三沢の前に立ちはだかる強者と化していた。ハイキック、ヒザ蹴り、ジャーマン・スープレックスだけでなく、相手のお株を奪うタイガー・スープレックス・ホールドまで繰り出す姿は圧巻そのもの。

そして、そういう相手と闘った時こそプロレスラー・三沢光晴の凄みが発揮される。打撃でアゴを裂傷し、顔を血で染めながら反撃。痛烈なエルボーバットで巨体を大波のようにぐらつかせる。最後、出すのは9度目のエメラルド・フロウジョンで196㎝を緑のキャンバスへ突き刺し勝利。

激闘の末、初代王者になれなかった高山だが、試合後に三沢の方は「（過去と比べて）スキを作らないようにしていた。懐が深かったね。打撃一発一発が蓄積していくからキツかった。重かった」と語った。そして自身は「やっぱり初代王者を決めるといっても、相手はほとんど不動のチャンピオンだった人間だし。そういう意味ではこっちがチャレンジャーなので、止まるわけにはいかない」と振り返った。

もちろん初代王者を目指してはいたが、高山の中ではそれ以上に三沢光晴と1対1で闘うことに、重きを置いていたと思われる。そして、フリーになってもこのリングをキープするには、こうした実績を残すのがマストだと。「キツいっていうんじゃなく、これをしていかないと自

▲ぶつかるたび死闘となった試合で、三沢を極限まで追い詰めた高山は評価を上げた

分の好きなプロレスラーになれない」――。

　高山が三沢と激闘を繰り広げる6日前、新日本大阪ドームでスコット・ノートンを破り、IWGPヘビー級新王者となったのは、すでにプロレスラーとしてPRIDEのリングで活躍中の藤田和之だった。格闘技の試合で名をあげ、飛び級のように頂点へ立ったのだ。

　アントニオ猪木から授与された初代ベルトと併せて現行の2代目も自分のものとした藤田は4月19日に会見を開き、5月27日のPRIDE.14への参戦を発表。席上、高山について聞かれると「正式なオファーは来ていない。それだけの気持ちがあるんなら(自分も)覚悟してやる。加減できないでしょ」とコメントする。

　これを受けて翌日、高山は主催のドリームステージエンターテインメント事務所を訪れ、森《もり》下直人《したなおと》社長と会談。5・27横浜アリーナへの出場と藤田との対戦を直訴……という形だが、内々的にはPRIDEサイドからこのカードを提示した上でのオファーだった。

　高山はPRIDEへの参戦理由のひとつとして「強くて怖い外国人選手がもっともいるリング」をあげていた。にもかかわらず同じプロレスラーであり、日本人選手の藤田との対戦を希望したのはなぜか。

「俺がPRIDEで闘わなければいけない外国人に土をつけた張本人が彼なんで、手っ取り早く彼とやった方がいいし、どこかでベルトを2つも獲ってきたし、やる人間も見る人間もドキドキする面白いことになると思ってね」

当初の考えでは、コンディション調整やNOAHのシリーズとの兼ね合いから7月のPRIDE.15への出場を想定していた。だが3月、桜庭がヴァンダレイ・シウバに敗れそのダメージで出場できなくなり、藤田が横浜アリーナのメインを任された。

想定より前倒しになっても、まさか闘えるとは思っていなかった藤田戦のチャンスを手にしたかった。NOAHの5月シリーズも全戦参加し、最終戦の2日後にバーリ・トゥードマッチが待つというスケジュール。そこで休むようなら、髙山に言わせると意味がない。

「髙山さんって、ヒーローモノが好きじゃないですか。藤田選手とやるのも怪獣と闘うノリだったんだと思います。だから、やれるんであれば闘いを求める」(佐久間)

出場が決まるや、髙山はUインター時代の無二の盟友・金原にコンタクトをとった。PRIDEに向けてのトレーニングをしたいと相談すると「それならリングスの道場へ来なよ」と誘われた。

当時の金原はリングスに所属していた。当然、その道場を借りるとなれば前田の了承が必要となる。Uインターとはいい関係でなかったにもかかわらず、髙山が使うことを「ええよ!」と快諾。

金原を中心に、髙田道場所属となっていた桜庭、リングスの若手・横井宏考《よこいひろたか》、PRIDE経験者のエンセン井上らが前田道場に集結。U系の選手たちが一体となって高山をバックアップした。

金原いわく、相当厳しい練習を課したらしい。それほどトレーニングパートナーとして高山のためになりたかった。

ところが、前田道場での練習を始めてすぐ高山は体の異変を察知する。とにかくだるさが抜けなかった。最初はバーリ・トゥード用の慣れぬ動きをしているためと思っていたのだが、回復しないままNOAHのシリーズへ突入。開幕2戦目の5・13ディファ有明での試合後、家に戻ると股関節のあたりが熱を持って腫れていた。

翌日、病院で診断を受けたところ「ヘタをすれば手術です」の言葉とともに、大学病院への紹介状を渡された。そして即入院を命じられる。

高校時代、ラグビーのケガで骨盤を手術した時に埋め込んだ3㎝ほどのボルトが腐食し、膿《うみ》が溜まっているとのことだった。この時点で、藤田戦まであと2週間。高山は目の前が真っ暗になった。

PRIDEに出られるかどうかもそうだが、NOAHのシリーズを欠場するのが悔しかった。あれほど両立にこだわっていながら、体が悲鳴をあげてしまった。

幸いにも、手術をせず点滴で膿の進行を抑えることができた。退院は決戦1週間前の19日。

動きのおさらいぐらいしかやれない現実よりも、とにかくＰＲＩＤＥのメインイベントへ穴を開けずに済んだ方が大きかった。

前田道場での集中トレーニングへ入る前、髙山はＵインター時代の先輩・宮戸優光が主宰するＵＷＦスネークピットジャパンでも練習を積んでいた。それも含め、総合ルール用の技術を確認しつつ、自分の原点をともにした仲間たちと再び時間を共有し、根っこにあるものを呼び覚まそうとしていたのかもしれない。

「ＰＲＩＤＥに参戦することで、髙山の〝純〟に戻れるんじゃないかと思っています。ＮＯＡＨという、髙山の生まれてきたルーツからいえば〝純〟とは違うものに来ていた。それが今また、もともとの自分のスタイルの方に戻っていく。

Ｕインターはプロレスのルーツを大事にした。その考えの中で生まれ育った選手だから、三つ子の魂百までじゃないけど、そういうものが染みついて活躍できるようになったのだと思います。Ｕインターと多少のルールの違いはあるけれど、練習してきたことに違いはない。今回、髙山がウチへ練習しに来た時も、Ｕインターの時となんら変わったことをやったわけじゃないです」

桜庭や田村のように、Ｕインター出身者がＰＲＩＤＥで活躍している理由を宮戸は戦前にこう語っていた。髙山が勝てば、プロレスの矜持を見せつけることができる。

では藤田サイドから見たこの一戦は、どんなものだったのか。両者の関係性を語るには当時、週刊ゴング誌編集長を務めていた金澤克彦《かなざわかつひこ》……髙山善廣の異名である〝プロレス界の帝王〟のフレーズをひねり出した人物以外にいまい。

「最初に使ったのはハッキリと憶えていないんですけど、試合リポートの中で書いたんだと思います。やっぱりプロレスラーって、何かしらの通称がほしいじゃないですか。当時の髙山善廣は、ＰＲＩＤＥに上がりながらＮＯＡＨでも新日本でもベルトを巻いて、僕の中ではブルーザー・ブロディだったんですよ。大きな体で各テリトリーを回って、そこを盛り上げては次のテリトリーに去っていく。

それが本来のプロレスラーだと思いながら、でも王道とは別のやり方ですよね。そこで王道、キング、皇帝でもない……と調べたところ、帝王というのはその国の君主の意味とともに絶対権力者を指す。その分野の支配者として総合格闘技に出ているんだから、これはプロレス界の帝王だなと」

正式には〝帝王〟ではなく〝プロレス界の〟がつくのは、そうした理由からだ。格闘技に対しての……といった位置づけに、時代性が見受けられる。

金澤は、第１次ＵＷＦの練習生だった頃の髙山を見ている。自宅から用賀の道場や新日本の野毛《のげ》道場が近かったため、よく取材にいっていた。

「すごく大きな若手だなと思っていたら前田選手が近づいてきて『見てよ。デカいのが入ってきたんだよ。ラグビーをやっていたらしくてさ、脚も速いんだ』って嬉しそうに言うんです。その時、髙山は何をやっていたかというと、中野龍雄にプロレスごっこの相手をさせられて。道場の外が広場になっていたんですけど、そこでロープもないのに振られた髙山が帰ってくるという、和《なご》んだことをやっているの」

髙山が全日本へ参戦するよりも前に、金澤はそのロープワークを目撃していたのだ。だが、次に道場へいくと、そこに大きな体はなかった。後年、Uインターでデビューした姿を見た時、すぐに「あの時の！」と思い出せた。

新日本担当の金澤は直接インタビューする機会こそまだなかったが、対抗戦一発目の飯塚高史戦でトップロープをまたぐ入場シーンや、言葉のチョイスに「ほかの選手とは違う」との認識を持っていた。そして、髙山の存在が初めて突き刺さったのが藤田戦だ。

「今でもそうなんですけど、プロレスラーの中で藤田は僕にとって親友なんです。それもあって特別な思いで見ていたところ、髙山とやるとなった。その時のプレッシャーは相手に対してというより、メインをやる方だったと思うんです。『プロレスラー同士でメインを張る以上はナメられた試合をやりたくない』と言っていました」

これは、強いつながりのある金澤だからこそ口にした言葉と思われる。なぜなら戦前のインタビューで藤田は「僕は格闘家としてプロレスラー・高山を潰すんです」と発言していたからだ。

もちろんやる前から相手を称えるようなことは言わぬものだが「最初は（NOAHの巡業に出ると聞いて）腹立ちましたよ。なんだ、金だけもらっていい条件つけてもらって、勝つ気なんかねえんだなと思ったけど、まあいいやという感じ。高山戦のメリット？ 終わっても、何も生まれないと思う」と断言。格闘技の試合は一期一会、PRIDEもノシ上がるための手段。それが藤田のスタンスだった。

表向きは格闘家として、言葉の裏ではプロレスラーとして。もちろん、いずれも本音だろう。その中で、後者の言葉には明らかに他のMMAファイターたちへの意地がうかがえる。

プロレスラー同士でPRIDEのメインを張るということは、総合格闘技を専門でやっているファイターたちを納得させなければならない。「藤田にとっては勝つだけじゃダメなんでしょうね。どれほど観客をエキサイトさせられるか。それは高山も同じだったと思います」（金澤）。

PRIDEでも初となるプロレスラー同士のMMAルールによる一戦は、横浜アリーナに1万5325人の観衆を集めた。9年前に同会場でUインターがビッグマッチを開催した時、高山はデビュー1ヵ月前の練習生。

あの時、何ものでもなかった自分がビッグアリーナを埋めている。宮戸と金原は当時、自分のセコンドについた男へ寄り添った。

頭ではプロレスのリングも格闘技も同じと思いながら、やはり独特の緊張感から落ち着かない。すると、出番直前に宮戸が「タカヤマーッ！」と叫び、張り手を食らわせた。Uインター時代から高山を見続けてきた先輩ならではの機転だった。

のちに「あの日、一番痛かったのは藤田選手のパンチではなく、宮戸さんのビンタ」と回想するほど効いたらしいが、これで高山は平常心を取り戻した。PRIDEのリングのトップロープをまたぎ、藤田との視殺戦に臨む。

背が高い分、見下ろす高山の方が迫力あるように映るが、表情ひとつ変えない藤田の底知れぬ凄みも観客の気持ちを引きつける。リングサイドからは、ビル・ロビンソン先生がその様子を見つめていた。

両者のコールが横浜アリーナを真っ二つに分ける中、藤田がタックルでテイクダウンを狙う。それを切った高山は首相撲からヒザ蹴りを見舞う。

前蹴りやダブル・リストロックを狙うなど、宮戸が語っていた通り高山の攻めはこれまでの過程で培ってきたもの。中にはNOAHのリングで出している技もある。

藤田に対し、格闘技の下地がないことを指摘されるたび高山は反発した。「俺のバックボーンはプロレスだ！」の言葉通りに闘ったのだ。終盤にはマウントパンチの体勢に入られたが、

10分が終了。

2ラウンドになるとノーガードでパンチを打ち合う両者。ただ、次第に藤田の打撃の方が顔面を捕えるようになり、髙山の顔は赤く染まっていく。

がぶりからテイクダウンさせた藤田はマウントを取ると、一気に肩固め。タップはしなかったが、意識が飛んでいたため島田裕二《しまだゆうじ》レフェリーが止めた(2R2分18秒)。

「今日は髙山選手の魂をしっかりと受け止めました。結果はどうあれ、彼の真の強さっていうのを肌で感じた。程度とかレベルとかの問題じゃなく、それぞれに特徴、スタイル、個性っていうのがありますから。彼は本当に体をぶつけたファイトをして、ほかの選手とは違った闘い方を俺に向けて研究してきたのがものすごく伝わった。

闘いの原点じゃないけどノーガード、真っ向でぶつかることができたんで、スッキリしました。本当に、ありがとうしかないです」

戦前とは打って変わり、勝者は最大級の敬意を表した。この試合を見た金澤は、髙山の凄さに圧倒された。

「プロレスラー同士でメインを取ること自体がすごいんだろうけど、僕は藤田が圧勝すると思っていたんですよ。でも、いざやったらあの長い手脚で首相撲からヒザ蹴りをガンガン入れてくる。大きなヒザが一発でも顔に入ったら……ね。殴り合いになっても退かないし、すげえなって思いました。試合が終わったら藤田も髙山選手のことを、もう絶賛しまくっていた」

それほどの男が相手だ、藤田も覚悟を決めてリングに上がった。口では「接点がなかったのだから何も生まれない」と言いつつ、周りの声により髙山善廣がどんなファイターであり、人間なのかを把握していた。

前述の金澤が聞いた「プロレスラー同士でメインを張る以上はナメられた試合をやりたくない」の言葉。今回の取材のあと「思い出したので」と追加でメールが送られてきた。

「黙っていても、周りから勝手に聞こえてくるんですよ。皆さん、同じことを言う。髙山選手はファイターとしても、人間性も素晴らしい人物だって。それでできるだけ、そういう声には耳を貸さないようにしているんです。

たとえ雑談であろうと、事前に会話する気もないし、目も合わせたくない。俺はリングに上がったらひたすらぶん殴るだけ。プロレスラー同士の試合だから、どうこうなんて言わせたくないし。間違ってこの闘いのリングに迷い込んできた、ただの大男だと思ってぶん殴る。それだけですよ！」

相手を憎んだ方が、どれほど闘いやすいだろう。葛藤と向き合いながら、藤田は試合の中で髙山に礼を尽くした。

それまで面識がなかった者同士が、殴り合ったらつながりができた。喧嘩によって友達にな

▲ゴツゴツと真っ向からぶつかり合うことで髙山と藤田はお互いを認め合った

るという、劇画のようなことをやったと金澤は顔をほころばせた。では、レスリングを経験している佐久間はこの試合をどう見たのか。

「2000年代のPRIDEって、総合格闘技としての技術が確立されていたじゃないですか。初期のUFCだったら体の大きな高山さんはいけたかもしれないですけど、プロレスの試合もハードにやる中でとなると正直、厳しいと思っていました。

ましてや藤田選手、桜庭選手、あるいは小川直也《おがわなおや》選手のようにPRIDEで活躍する選手はみなレスリングや柔道というバックボーンがあって、そのトップクラスの中でやっていた。それに対し高山さんはラグビー、アメフトとベースの部分が違う分、難しいだろうなと」

競技経験者としては、至極真っ当な見方だ。プロレス専門誌記者の立場からは高山にも勝ってほしい。だが、現実は……そんな板バサミの中、ノーガードで打ち合う姿を見るうち試合展開を追うメモのペンが止まった。

〈傷だらけでフラフラになりながら引き揚げる姿はカッコ悪かったのかもしれない。だけど自分と正面から向き合って、ありのままの姿をさらけ出せる人間なんて、やたらにいるもんじゃない。そんな真っ直ぐな生き方ができる高山を改めてカッコいいと思った〉

担当試合リポートには、そのように記されていた。通常、誌面で書く文章は文語体である。だがこの時、佐久間は「いるものではない」ではなく「いるもんじゃない」と、口語に近い言い回しをした。

それほど気持ちがこもっていたのだろう。時として、そういう表記こそ強く印象に残るものだ。

永田とのIWGP戦で年間最高試合賞

「つまり、髙山さんってプロレスラーになってから培ってきたものでそういうスペシャリストたちと真っ向勝負していたんですよ。それってハートが半端なく強くなければ不可能じゃないですか。

藤田戦のあとにセーム・シュルト、ドン・フライ、(2002年の)大晦日のINOKI BOM-BA-YEではボブ・サップとやりましたけど、全員が怪獣なんですよね。よくそこでビビらずに闘えるなと。髙山さんって、普段は穏やかでやさしい人じゃないですか。そういう性格で強い気持ちを持続するのってより大変なはずなんです」

だからこそ、プロレスラーはリングに上がるとスイッチが入るということを佐久間は実感した。一度、同じように髙山が豹変する瞬間を目の当たりにしている。

当時、佐久間は「バーミヤン会」のメンバーだった。髙山と知り合いの音楽プロデューサー、そして杉浦の4人で最初に会食したのが有名中華ファミレスということで、そのようなネーミングとなった。

以後はいろいろな店にいったが一度鰻《うなぎ》店で催された時、佐久間は仕事で遅れて合流。店のスタッフに案内されると金髪の高山、同じく金髪を短く刈っている杉浦、猛々《たけだけ》しいヒゲを蓄えたプロデューサーが並んで土下座し「先輩！　お待ちしておりました‼」とネタをかまされた。

周りの客は「この普通に見える人が一番ヤバいのか……」という視線を向けていた。そんな楽しい会だったがある時、食事のあと飲み屋にハシゴしたところ杉浦が悪酔いする。

「俺は顔がブサイクだから上にいけねえんだよ！」と愚痴を延々と繰り返し、クダをまく。最初は、はいはいわかりましたと聞き流していた高山だが、あまりに続くので「いい加減にしろ、この野郎‼」と怒声をあげた。

「おまえ、本気でやってそれを言ってんのか⁉　最初から諦めているだけじゃねえか‼」

横で見ていた佐久間は背筋が凍りついた。そして、とにかく喧嘩になるのだけは勘弁してくれ、止めようがないからと思ったが、そうはならなかった。杉浦に高山の言葉が響いたのだ。

1年後、杉浦はGHCヘビー級のベルトを初戴冠する。そのさい、コメントで「金髪の大男」という言い回しをした。周りは普通に高山のことと思っただけだが、佐久間は言葉の裏にある思いを感じ取った。

話は藤田戦に戻る。高山は試合後、ノーコメントで病院へ直行。DSEスタッフから「救急車を呼んだので検査にいってくれ」と言われて従ったが自力で歩けたし、脳などに異常なしと診断されると自分で車を運転して帰った。

決戦4日後、高山は佐久間のインタビューを受けた。「負けた悔しさを除けばすごい気持ちよかった」が第一声だった。

「スポ根漫画で闘い終わったあとの世界ですよね。僕はそういうのを信じていなかったんですけど、もしかするとこれがそうなのかなって。意識が飛ぶことはなかったけど、下になった時にやらなければいけない対処が、せっかく勉強したのに飛んでいました」

顔が腫れたり血が出たりするためよりダメージは大きく見えるが、1ヵ月前のトーナメント決勝と大きな差はないと思った。むしろ翌日まで響くダメージを負ったのは三沢戦の方。高熱が出て3日間寝込んだ。

三沢光晴と闘うのは、なんでもありのPRIDEと何も変わらない。藤田と殴り合ってそれを実感できたのだ。

その後、薬で散らした腰の手術を受けることもあり、6月からは休養に入った高山。7月27日の日本武道館でエメラルドグリーンのマットに凱旋するや、熱烈なる歓迎を受けた。やはりPRIDE参戦はマイナスどころかプラスに働いた。2ヵ月間開店休業状態だった大森とのノーフィアーで、あの頃の自分たちのように昇り調子にあった森嶋猛&力皇猛を一蹴。

「せっかく俺がベッドで寝ててチャンスをやったのに、なんだよあれ。もう一回新弟子からやり直してこい！　あの坊主たちは何もねえよ。体がデカくて勢いだけ。ポスト・ノーフィアーは務まるわけがない。あいつらは目立ちたいだけのガキ。俺らはプロレス界を背負おうとしてんだよ。その違いがわかるか？　俺たちを誰だと思ってんだ。俺たちは誰だ！　いくぞーっ、ノーフィアー‼」

ブランクがあっても大森とのコメントの息はピッタリで、変わらぬリズム感を発生させていた。大復活を遂げたノーフィアーは12・9有明コロシアムで三沢&小川良成を破り、ヘビー級王座に次いで設立されたGHCタッグの第3代王者組となる。

2年3ヵ月前、世界タッグとアジアタッグを初防衛戦で奪われたチームに、キッチリと落とし前をつけた形だ。大森がアックスボンバーで小川を押さえたとはいえ、三沢組からベルトを奪ったのは高山的にしてやったり。それでは、試合後のやりとりを再現しよう。

高山　俺らがタイトルマッチをやれば、絶対にこの腰にベルトが巻かれるんだよ。そんなのもうわかってんだろ。事件でもなんでもねえよ。だから新聞も大した記事にならねえよ。週刊誌も白黒でいいよ（実際にはカラー掲載）。それより、社長チームが最短命のセコいチームだって見出しにしておけ(実際にはならず)。最短、最悪、最弱のチームだって。
大森　おまけにアホ二人はあっちだ、バカ野郎！　冗談じゃないぞ。
髙山　面白くねえチームは挑戦させねえよ。選ぶのはチャンピオンとジョー(樋口《ひぐち》)さんだな。この前のタイトルマッチはジョーさんを無視しただろ。コミッショナーは大事にしろ。弱いやつとはやらない。チケットが売れるようなチームじゃなければダメだな、プロだから。日テレだって視聴率がアップしないとダメだろ。ほかのやつらは年賀状に書いておけ。「僕と彼が組むのでノーフィアーさん、挑戦させてください」って。
大森　ポストカードを送ってこい、ポストカードを。
髙山　(では、乾杯をと勧められ)なんで？　めでたくねえんだよ、別に。俺らが巻いて当然だろ‼

時間にすればわずかなのだが、その中でかなりの情報量をぶち込んでくる。ドヤりながらも業界の先人であるジョー樋口タイトル管理委員長はちゃんと立て、テレビの視聴率から専門誌の誌面構成まで気を遣い、はては年末にちなんで年賀状を持ち出すと、すかさず大森がポストカードとさらにポップな言い回しでつなぐ。

ＰＲＩＤＥに出場してノーフィアーにも拍車がかかった。誰もやらないことを髙山は実践したのだから、言いたい放題の資格がある。

ただ、このGHCタッグも全日本の時と同様、初防衛戦で手放してしまう。年が明けた2・17日本武道館。7ヵ月前に坊主扱いされたワイルドⅡ《ツー》(森嶋&力皇)が意地を見せた。

こうして振り返ると、ノーフィアーはタッグ王者としてチャンピオンロードを築いたチームではない。つまり、そういった価値観に括《くく》られぬ存在だったのがわかる。

GHCタッグ王座獲得より6日後の12月23日、高山はマリンメッセ福岡で開催されたPRIDE.18に出場。初戦以上にNOAHのシリーズと並行する形となったが、ここで自ら希望したのがセーム・シュルト戦だ。

極真、大道塾と空手で実績を重ね、パンクラスに参戦するや鈴木みのる、船木誠勝を破り、1999年11月28日には近藤《こんどう》有己《ゆうき》から無差別級ベルトを奪取。藤田vs高山戦の4ヵ月後にPRIDE初参戦を果たし、小路《しょうじ》晃《あきら》を1ラウンドでKO。11・3東京ドームでも佐竹《さたけ》雅昭《まさあき》を寄せつけなかった。

高山がシュルト戦をリクエストしたのは、言うまでもなく身長212cmと、正真正銘の怪獣だったから。自分より背の高い相手と闘った経験はジャイアント馬場ぐらいで、16cmも目線が上にある男の顔を殴ってみたいと思った。

通常、自分よりも大きい場合は身長差を殺すためグラウンドに誘うものだが、高山は打撃で渡り合う気満々。とはいうものの、相手は空手出身で当て技の専門家。その上、いざやってみたら想定以上にリーチの差があり、射程距離に入り込めない。

パンチを出すもほぼ当たらず、逆に頭骸骨が割れたかと思うほどの拳をもらった。気がつけば、視界にはマット上のスポンサーのロゴマークが入っていた。いつの間にか左ストレートを食らいダウンし、そのままパウンドでTKOに追い込まれた。

藤田戦以上に完封されたというのが、自身の印象だった。確かに信条とする前へと出る闘いはできたが、それ以外はほとんど出せずに終わった。

喧嘩のあとの爽快さを味わった藤田戦と違い、シュルト戦はまったく充足感がなかった。こちらの方が、ズシンと来る負けである。

いみじくも藤田が言った「PRIDEは終わっても、何も生まれない」がこれだった。いや、もっと正確に言うなら生み出させてもらえない場ということだ。

戦績的にはPRIDE連敗から年をまたいでタッグ王座転落。そんな流れになったものの、高山をとりまく機運は下がるどころか、むしろ上がる一方となる。3月30日、新日本の蝶野正洋が5月2日に開催される東京ドーム大会に向けてNOAHへ宣戦布告。自ら三沢と対戦する意思をぶち上げた。

2002年に入り秋山と永田やジュニアの対抗戦など、局地的に両団体の絡みは実現していたが、ドームではそれを全面的に打ち出したカードを蝶野は目論《もくろ》んだ。そして、その発言の中で髙山の名前も出された。

同日、髙山は名古屋にいた。総合格闘技イベント・DEEP2001の愛知県体育館大会、Uインターで苦楽をともにした和田良覚レフェリーが選手として出場するとあり、金原や〝世界のTK〟ことリングスの髙阪剛《こうさかつよし》らとセコンドへついたのだ。

「3分以内なら道場最強」なる伝説を誇っていた和田の強さは本物で、覆面プロレスラーのアステカ（華☆激《かげき》）を右ストレートでKO。確かに勝負タイムは2分54秒と3分以内だった。

この日は日本vsルチャリブレ軍団の対抗戦が柱とされ、通常は飛んだり跳ねたりというスタイルのメキシコ勢が総合ルールで闘う破天荒な試み。そのうちのひとつが鈴木みのると〝太陽仮面〟エル・ソラールだ。

かつて、初代タイガーマスクとの試合中に左肩を脱臼したことで知られるソラールは45歳8ヵ月。鈴木はパンクラシストとしてこのルールにおける経験が豊富とあり、勝負は火を見るより明らかかと思われていた。

ところがソラールは2度にわたり急所蹴りを放ち、反則負けに。本人は「お腹の下に当たった」と身の潔白を主張したものの、これにより両陣営がエキサイト。

反則負けとなりながら、マスクを被ってやたら威勢のいいソラールの方を観客が支持したため、会場は異様な雰囲気に。鈴木は貧乏くじを引くような形となってしまったが、大会後に催された打ち上げの席で、Uインターの練習生時に会って以来、高山との再会を果たしている。礼儀正しく挨拶した坊主頭の新人が、金髪の大男となって目の前にいた。ただ、この時も交わしたのは雑談程度。二人の大河ドラマとしては、紀元前の段階だ。

新日本vsNOAHが取り沙汰された時、高山は「俺は個人事業主だから」と言っていたが、この機を逃す男ではない。やはり……自分で動いた。4月5日の東京武道館でおこなわれた安田忠夫vs永田のIWGPヘビー級戦をリングサイドから観戦。

永田が勝ち、新王者になると私服姿のままいつもと同じようにトップロープをまたぎリングイン。そして祝福の握手と見せかけてヒザ蹴りをブチ込むやジャーマン・スープレックスで持っていった。

「俺がドームにいってやる。ベルトを磨いて待っておけ！」

6年前はUインターの若手の一人だった男が総合ルールで藤田と殴り合い、NOAHでも三沢と渡り合うほどの強豪となり新日本マットへ戻ってきた。永田も〝ジュッテンキュウ〟では第1試合に出ていたが、ついに頂点へと立った。

高山が団体の枠を超えて縦横無尽に暴れまくる存在となったのは、この永田をターゲットに新日本のメインストリームへ踏み込んだ以後。ここから日本の老舗系二大マットを並行しノシ歩いていく。

「（IWGPのベルトは）僕が勝てなかった藤田選手が巻き、ジェロム・レ・バンナに勝った安田さんが獲って、それを倒した永田選手が巻くんだから、僕の感覚の中ではすごく輝いている。僕は（GHC王者の）秋山準に挑戦する気満々だったけど、会社がそういうふうには動かないんで。

純プロとかプロ格とか、総合格闘技とかそういう細分化された考え方を打ち破りたい。本当は永田裕志もそれがしたいはずです。彼にとっては純プロとプロ格の両方できるのがプロレスだと思うしね。いい試合をする人、名勝負を作る人みたいな表現もあるけど、そういうのも嫌なんですよ。フィギュアスケートの芸術点じゃないんで。結果的にいい試合になることはあっても、最初から狙うなんて変な話ですよ」

GHCではなくIWGPに狙いを定めた理由、さらには永田と闘う意図を高山はそう語った。名勝負よりも理屈抜きの凄い試合を見せるべく、新日本のチャンピオンと闘うのだと。

純プロレスやプロ格といった〝用語〟が当時使われていたが、一歩世間に出ればそこにあるのはプロレスの4文字のみ。高山は、それを皮膚感覚で理解していた。

メジャータイトルと位置づけられるIWGP、GHC、そして全日本の三冠ヘビー級の保持者が「プロレスとは、こういうものなんですよ」と試合を通じ、世の中に対しレクチャーする

▲ドームを揺るがした永田との試合は2年連続の好勝負になった

ことでジャンルを浸透させていく。どの時代も同じだ。

ただ、永田は歴代ＩＷＧＰヘビー級王者の中でもっとも難しい時代に、そのベルトを任された。一昔前なら、新日本のリング内さえ考えればよかったが、他団体とのボーダレス化が進み、総合格闘技にも足を踏み入れている。

そうした中、新日本のプロレスの象徴として常にアンテナを張り巡らせていかなければならなかった。その意味でも、ＰＲＩＤＥ経験者の高山は時代に合った闘いの形を体現するにふさわしい相手と言えた。

メインイベントこそ蝶野vs三沢戦に譲ったものの、両者はドームが揺れるほどの大打撃戦を展開。中でもキックに関しては高山がロー、ハイ、ストンピング、ニーリフト、サッカーボールキック、ジャンピング・ニー、ビッグブーツ。永田がロー、ミドル、延髄斬り、ニールキックと総合やキックボクシングでは見られない技を含めて繰り出した。

蹴りというひとつの技の幅を広げられるのが、プロレスならではのジャンル性。ましてや、関節技よりも広いドームの隅々にまで迫力が届く。

キックとパンチを融合した競技がキックボクシングならば、両者の闘いはさしずめ〝キックレスリング〟。もちろん互いの代表的な技であるバックドロップ・ホールドやジャーマン・スープレックスも出たが、勝負を決めたのも蹴りだった。

永田が左右のハイキックを放つと、196cmが崩れ落ち、すかさず覆い被さってスリーカウント。その説得力は、総合の試合と比べてなんら見劣りしなかった。

高山のセコンドとしてともに入場してきた藤田が、激闘に触発され初防衛直後の永田をボディースラムで投げ、宣戦布告したほど(もとはケガで返上を余儀なくされたベルト)。そしてこの一戦は、その年のプロレス大賞年間最高試合賞に選ばれた。

キャリア9年11ヵ月にして、高山は年間でもっとも評価される闘いを同じ1992年デビューの永田と生み出した。つまり、二人とも10周年イヤーだったのだ。

この高山戦を皮切りに、永田は1年間で新日本の象徴を10度防衛。2012年、棚橋弘至《たなはしひろし》によって破られるまで歴代最多連続防衛回数を樹立したことにより〝ミスターIWGP〟の異名をほしいままとする。

伝説のドン・フライとの殴り合い

初挑戦・初奪取はならなかったものの、永田vs高山戦は新日本プロレス創立30周年記念興行「闘魂記念日」ゴールデンタイム生中継の中で、世間に届けられた。その1週間後のNOAH5・9後楽園、大森との関係に一区切りが打たれる。ノーフィアーの解散だ。

PRIDE、新日本とどんどん活動の幅を広げる髙山と比べると、どうしても大森の方は足踏みしているように映る。周囲はそれを察知し、どこかのタイミングで終幕が訪れることを予感していた。

「大森、おまえの大好きな髙山はおまえなんてもういらないんだよ。おまえは使われているだけなんだよ。しっかりしろよ、バカ！」

開始前に対戦相手の秋山がマイクで言い放つと、大森より先にパートナーの髙山が襲いかかった。そこからはノーフィアーとして連係も次々と決め、アックスボンバーもサク裂させる。

そのまま秋山を押し切ると思われた次の瞬間、二の矢が刺さったのはパートナーの首だった。決別のアックスボンバーを髙山に見舞った大森は「髙山、髙山、髙山、あばよ！」と言い残すとリングを降り、タイツ姿のまま会場をあとにした。

「髙山に伝えておいてくれ。おまえの踏み台になるつもりはない。おまえがNOAHに来た時だけ、都合よく使われるパートナーでいるつもりもない。おまえ、新日本、ZERO－ONE、PRIDE、出ていくだけで結果残してねえじゃねえか。こっちからさよならだよ」

「飼い犬は、噛みついたら生きていけないってことをジックリ味わわせてやる。アメリカにいきたいとか適当なことを言いやがって。日本のマットから逃げたいだけじゃねえか。まあ、あれだけよく思い切ったことをやれた。それだけは褒めてやる。だけど俺が敵になったらアメリカどころか次の会場からもう一歩も歩けねえってことを思い知らせてやる。あいつは俺がいなかったらノーフィアーじゃなくてただの使い走りだよ」

シリーズ前に大森はアメリカへ渡り、ハーリー・レイスが主宰する団体・WLW（ワールドリーグレスリング）や、マイケル・モデストのプロレスラー養成スクールを視察していた。ハルク・ホーガンの技であるアックスボンバーを得意技とするように、ファンの頃から海外へのあこがれがあった。

高山がNOAHを退団しフリーになった頃、大森からアメリカにいきたいという意向を聞かされていた。ならばお互いがシングルプレイヤーになって活動し、グレードを上げてまた組めば、とんでもないチームになれると思った。

PRIDEや新日本に進出する裏には、そんな野望もあった。だが、大森はその形を望まなかった。

「いつかは別れるのが必然だろうけど、あの終わり方は必然じゃない。もうちょっとチームとしてのノーフィアーは続けられたと思う。本当はGHCをずっと防衛して、もう相手がいないから返上して解散した方がカッコよかった。ほかにも新日本のIWGPタッグに乗り込むとか、それこそ（ZERO－ONEの）橋本真也&小川直也とやっちゃうとか。そういうふうに動けたらノーフィアーらしかったんだけど」

そのような将来のプランも視野に入れていた髙山に対し、大森は「やることはやった。悔いはない。惜しまれながら別々の方向へいく方がよかったと思います」という受け取り方だった。それは自分の中で、アメリカにいく決意が固まっていたからだ。

5・26札幌メディアパークスピカ大会。タッグマッチによるケジメの直接対決は、髙山が高角度ジャーマン・スープレックス・ホールドで完勝。大森は6・12後楽園における秋山との10分間フルタイム戦を最後に、方舟から離れアメリカへ。翌年、新団体のWJに入団する。

もう一人のメンバー・浅子は前年11月に負った首の負傷で欠場を続けていたが、大森と髙山が別々の道を歩み出すのを見届けたかのように7月26日、引退試合をおこなった。その後はトレーナーとして団体を支え続けることになる。

「あの頃は……同世代である髙山さんや秋山さんがNOAHのリングとは違うところで別の顔を持つようになったじゃないですか。髙山さんはPRIDEに新日本、秋山さんも永田選手と闘ったり組んだりしていた。僕だけが特別なことをやっていないという意識が強かったんです。それを得るには、別れた方がいいと思いました。

当時も言ったと思うんですけど、僕は本当にやりきった感があったし、髙山善廣以上のパートナーとは巡り合えないだろうな……が本当の気持ちでした。だから、タイミングとしてはあそこだった。馬場さんがご存命の頃にWWFへいく話が出たんですけど、亡くなられたこともありその話が止まったままになっていたんです。自分の中で海外へいきたい気持ちをずっと引きずっていた」

22年前を振り返り、大森は当時の心中をより詳しく語った。それ以後の流転を思うと、ノーフィアー解散はプロレスラー人生をも大きく変えたと言える。

大森と別れたあと、NOAHのリングで高山ともっとも多く組むようになったのは杉浦。そして、6月6日にそのPRIDE初参戦が発表された。

プロレスラーになる前から総合格闘技の試合をやってみたいと思っていたが、高山がなんでもありのリングで闘う姿を見て、杉浦の気持ちもより強まった。もちろん出場が決定するとシリーズ巡業中、PRIDEのラウンドを想定した20分(1R10分、2&3R5分)スパーリングのパートナーを務めてもらった。

杉浦が出場する6月23日のPRIDE.21が10日ほど前に差しかかったタイミングで、高山に思わぬオファーが舞い込む。メインイベントでドン・フライと対戦予定だったマーク・コールマンが、練習中に頚椎を痛め欠場することとなり、そのピンチヒッターとして白羽の矢が立てられたのだ。

常識的には考えられぬオファーだが、DSEは高山に託すしかなかった。それでも断ろうと思えば、断れただろう。しかしながら、まだPRIDEで実績を残せずにいる自分が元UFC

王者のフライと対戦するなど、望んでも実現しないはず。また、まったく対策していなかったら不可能だが幸いというか、杉浦のパートナーとしてそれ用の練習はやっている。

新日本6・7日本武道館で、中西学とのジャーマン対決を制し、高角度で放つ一発が〝エベレスト〟と表現されるようになった高山のPRIDE緊急参戦は、6月15日の会見で正式に発表された。本番8日前だった。

12日のコールマン欠場会見の時点で森下社長は「今からフライ選手と闘える選手を探すのは厳しいですが、私の中では高山選手しかいない」と語っており、揃って会見に出席した時は安堵というよりも「あなたに懸けた」と覚悟を決めた表情を見せた。そして当の本人はコメントを求められると「精神力の闘いになるんじゃないですか。ギブアップの言葉を絶対に吐きそうもない。でも、壊しちゃえばおしまいなんで」。

この時点で〝あのような試合〟になることを高山は予見していたのだろうか。PRIDEにおける闘いを至近距離から見続けた一人、和田レフェリーが当時を述懐する。

「僕はUインターが解散したあと、キングダムを経てリングス、パンクラスでレフェリーをやるうちにPRIDEでも裁くようになったんですけど、その頃の高山くんは全日本でバリバリにやっていたので別々の道を歩んでいた。でも友人としての交流は続いて、相変わらず何かあると相談していたんです。その中で、総合格闘技の流れができて、それとどうかかわればいいかという話はしていた記憶があります。

そんな髙山くんがPRIDEに参戦するとなった時は『あのサイズなんだから、ヤバいやつとやることになる。これは注目されるぞ』と思いました。既成のプロレスの中でステータスを築いていたわけで、そこだけでもやっていけたはずなんですよ。でも、あえてイバラの道を選ぶんだなと。その中で、PRIDEに対する恩義を感じていてフライ戦に出ようと思った気がします。あの大会は、髙山くんがPRIDEを救った回ですよ」

髙山のPRIDEにおける3戦はすべてメインイベント。いずれもルールディレクターの島田がレフェリングを務めたため自身は裁かず、ジャッジとしてリングサイドから見守った。

第6試合で杉浦がダニエル・グレイシー相手にフルラウンド闘い抜き、1－2の判定で敗れたあと、エメリヤーエンコ・ヒョードルvsシュルト戦をはさみ最終試合へ。さいたまスーパーアリーナに詰めかけた2万2568人の大観衆は、両者のファイターとしての姿勢や戦前のコメントから激しい試合になることはある程度予想していたと思われる。

ところが開始のゴングが鳴った時点で、それを遙かに上回る光景が、熱風のように客席へと到達する。いきなりお互いが首をつかみ合った状態となり、ノーガードのままオープンフィンガーグローブで殴り合う。

相手の攻撃をいかに防ぐかが鉄則の格闘技にありながら、両者が見せたのはプロレスラー魂。

▲フライとの漢の殴り合いに目がいきがちだが、高山のヒザ蹴りは効果的だった

みるみるうちに高山の顔面が変形し、フライの顔も腫れていく。

その後、ヒザ蹴りを入れた高山だがドクターチェックが入り中断。再開直後、反《そ》り投げを狙うもフライが防ぎマウントになるやパンチを連打。ここでレノフェリーがストップした。

わずかな準備期間で臨んだこの一戦もセコンドについた金原は「相手は自分よりも小さいんだから、とにかくヒザ蹴りを入れていくように」と作戦を授けていた。だが始まるやいなやパンチで殴り合ったため、しきりに「ヒザ！　ヒザ！」と指示を飛ばした。途中、一発入ったのは、その声に従ったからだ。

「僕の中で高山＝ヒザ蹴りというのがあって。Uインター時代、キックのコーチだったボーウィー・チョーワイクンが『タカヤマのヒザがナンバーワンだ。突き出す力があるので迫力も凄い』といつも言っていて、その練習ばかりさせていたのを見ているんです。

でも、スタートの時点で熱くなっちゃったんでしょうね。冷静にいって、確実にヒザを入れていたら勝てたかもしれないけど、あのような今でも語り継がれる試合にはならなかったかもしれない。あれでよかったんだと思います」

総合格闘技の歴史の中で、指折りのドツキ合い。急きょ組まれた一戦が、PRIDE史上に残るベストバウトとなるのだから、物事は何がどう転ぶかわからない。現場で取材した金澤は、試合を終えた選手たちがリングサイドでこの試合を見ながら大拍手を送り、観客より大喜びする様子を今も鮮明に記憶している。

「藤田も『あれがプロレスラーですよ！』と賞賛していたけど、フライにもプロレスラーの部分があったからその波長がピッタリ合った結果、ああなったと思うんです。あの試合の何が凄かったかというと、それまでのＰＲＩＤＥや格闘技の常識を覆してしまったこと。だから僕は、プロレスでも格闘技でもないあの二人だけの何かを見せられた気がしました。

技術的にもっと素晴らしい試合はたくさんあると思いますけど、僕の中では総合格闘技の中でもっともインパクトがあった一戦であり、あれで髙山善廣の存在価値は決定的なものになりましたよね。僕は子どもの頃からボクシングやキックも相撲も好きだったので、格闘技も書けると自負していたんですけど、総合の試合で拳によってドラマを描けるものなんだと思わせてくれた闘いです」

顔面崩壊といっていいほどのダメージを受けながら、髙山はバックステージコメントに応じた。和田は４歳の息子を連れてきていて、いつもかわいがってくれる善廣お兄ちゃんに会いたくて控室へ入っていった。

ところが「おう、見てくれたのか」と髙山が振り向くや途端に泣き出し、控室から飛び出しパパに抱きついた。やさしいお兄ちゃんの顔が、お化けのように変わり果てていたためだ。

「せがれにとって、髙山くんは大きくて強い男の象徴です。それがとんでもない顔になっていて、ショックだったんでしょう」

子どもがトラウマになるような顔面を、週プロはドアップで表紙にした。確かに特大のインパクトがあったものの後年、高山は「するんだったら鼻毛ぐらい補正してよ！」と突っ込んでいた。

和田の息子だけではない。この日は、奈津子も2階席で観戦していた。常識的には目の前で身内がこんな目に遭ったら即卒倒だが「さすがにいかないとまずい」と思い控室へ向かっただけで「殴られるのが仕事だから」と冷静だったという。

「あの試合は顔があそこまでヒドいことになったから心配していただいたんですけど、今まで表に出ないダメージをプロレスの試合で負う姿を見てきたんです。皆さん、凄かったと言ってくださいましたが、私は子どもの喧嘩みたいだと思って見ていて。とにかく殴りたいだけで、あそこまでやり合ってしまう。オモチャを集めたりするところもそうですけど、今もそういう部分を持ち続けた人なんです」

人間、大人になるほど子ども心を失うもの。でも高山は今でもその視点や感覚を持っていて、独自の価値観につながっている。

とはいえ、ここでも奈津子の肝の据わりっぷりには感服せざるを得ない。プロレスラーになってからは、なかなか見る機会がなかった大学時代の後輩・今田健一朗も、ＰＲＩＤＥへ出るようになったことでテレビを通じ目撃した。

ある時、何気なく放送を見ているとアメフト部時代に自分たちが推しながらキャプテンになれなかった例の先輩が、高山の控室前にセキュリティーとして立っていたので驚いた。偶然だったらしいが、そのまま二人が並んで入場ゲートまで進むシーンに部の旧友たちは爆笑したという。

2012年公開のアメリカ映画『闘魂先生 Mr.ネバーギブアップ』(原題『Here Comes the Boom』)では、高校教師の主人公が財政難の学校経営を立て直すために、賞金目当てでUFCへ出場する。その大打撃戦のシーンで、実況アナウンサーが「まるでフライvsタカヤマのようだ!」と叫ぶ。

それほどこの一戦は広く知られているのだ。ちなみに、バス・ルッテン、シウバ、石井慧《いしいさとし》も作中に登場する。試合後の両者のコメントは以下。

「タカヤマさんはこれまで闘った選手の中でもっともタフ。相手も地獄の中から這い上がるように向かってくると思っていたが、予想していた以上に強く、スピードも速かった。何回か星が見えたパンチもあった。ヒザ蹴りでアバラに青アザができたと思う。歯もすごく痛い。あの状態(マウント)になったら、そのまま殴るしかない。レフェリーストップが入った時は、本当によかったと思った。私のバーリ・トゥードマッチのベストバウトだ」(フライ)

「いい意味でも悪い意味でもお客さんの『タカヤマ』コールがすごく聞こえていて、ノッちゃった感じ。だから悔しい気持ちは過去2回以上にあって。あまり殴り合わずヒザでチョコチョコと考えていたんですけど、考えていたことと体のバランスがとれていないので負けちゃうんでしょうね。ガードはあまり考えなかった。体格差、僕の方があるんでそれを考えずに押していった方がいいという気持ちがあったんで」(髙山)

こうして髙山善廣版〝世紀の一戦〟は、後世に語り継がれる試合となった。そして、おそらくもっとも影響を受けたと思われるのが、誰あろう鈴木みのるだ。

その頃、鈴木はパンクラスにおける現役生活にピリオドを打ち、コーチとしての第二の人生を考え、8割方そういう生活にシフトした。そこで髙山vsフライ戦を見て「感動」し、すぐさま「俺は何をやってんだ？　なんで終わりに向かってんだよ」となった。

頚椎ヘルニアを抱え、2ヵ月前のDEEPにおけるソラール戦も不本意な結果に終わるなど、鈴木は先が見えぬ日々を送っていた。髙山の試合は、同じプレイヤーの心を大きく揺さぶり、そこへ動機と生命力を与えた。

触発された鈴木はこの年の11月30日に獣神サンダー・ライガーとパンクラスルールで対戦。かつての先輩から勝利をあげ、闘いへのモチベーションが蘇生する。そして翌年6月より新日本マットへ里帰りし、〝プロレス王〟への道を歩み始めた。

王者・髙山、挑戦者・三沢の意義

7月、NOAHのシリーズに参戦した髙山は、8月に入ると初エントリーとなる新日本プロレス真夏のシングルリーグ戦「G1 CLIMAX」へ出陣。開幕戦の8・3大阪府立体育会館は佐々木健介との公式戦だった。

2年後、同じ相手と同じ会場で闘ったあと脳梗塞《のうこうそく》に倒れたが、その一戦と同様こちらも真っ向激突の熱い勝負となった。健介に聞くと、やはり3度目の一騎打ちの出来事があまりに大きかったため、新日本vsUインター対抗戦時に組まれた初戦と、この試合はほとんど憶えていないという。

「新日本のマットをあまりにもバカにしているんじゃないか。俺たちの血と汗と涙で作られたリングなんですよ。今日は絶対、髙山に負けたくなかった。好き勝手言わせないためにも、今日の勝ちは絶対に譲れなかった!」

当時の髙山は、新日本側とすれば外敵。ノーザンライトボムで勝利をあげた健介は「井の中の蛙」と揶揄《やゆ》されたことへの回答を示した。

その後に育まれる二人の関係性とはかけ離れたコメントを聞かせると、今ではすっかり穏やかになった健介は「俺、そんなこと言っていたっけ?」とばかりに赤くなった顔を手で覆った。

この頃は、新日本のプロレスラーとしての圧を全開にしていた。

「井の中の蛙も、ケツを叩けば野獣に変わるんだよ。ハッキリ言って佐々木健介、ナメてたからね。魂、あった。それは認めるよ。今日言えるのは、健介流に言うとナメてて正直、スマンという感じ」

最後に健介語録を持ち出したあたり、負けてもただでは起きぬ高山らしい。おそらくこの時点では、頭の片隅に同い年の事実は置かれていたものの、それが物語になるまでには至っていない。

初戦は健介の情念に屈したものの、以後は天山広吉、棚橋、吉江豊《よしえゆたか》、越中詩郎《こしなかしろう》を連破し決勝トーナメントへ進出。準決勝では西村修も退け初出場で優勝戦のリングに立った。

最後はこの年より猪木から現場を任された蝶野が意地を見せ、外敵である高山を破って８年ぶり４度目の夏男となったが、試合後に藤田、安田ら総合経験者が乱入。新日本勢も対抗したため対立概念が発生する。

藤田、高山らはその後「真《しん》猪木軍」となる。こうした流れの中、昭和の新日本でフラッグシップタイトルとして歴史を刻んできたＮＷＦヘビー級のベルトが復活した。

１９７３年12月10日にジョニー・パワーズから奪取して以後、猪木の代名詞となり定着。ストロング小林、ビル・ロビンソン、大木金太郎、タイガー・ジェット・シン、アンドレ・ザ・

ジャイアント、スタン・ハンセンらとこのベルトを闘い、激闘史を刻んだ。最終的にはＩＷＧＰ構想（乱立する世界中のタイトルを統一させる）に賛同し、１９８１年に封印された。

そのベルトが21年ぶりに復活。「新日本に本当の闘いを見せつける」ために、藤田は王座決定トーナメント1回戦で髙山との〝同門対決〟をプロデュースした。

8月29日の日本武道館、猪木が立ち会う中でＰＲＩＤＥ以来1年3ヵ月ぶりに対戦した両者。その試合を再現するかのように藤田が顔面パンチを放ち出血させたが、髙山はヒザ蹴り6連発で野獣を沈めた。

総合ルールでは敗れた髙山だが、プロレスのリングでの経験値は藤田より上。前回は芽生えていなかった絆のもと闘った分、二人とも味わいはまた違っただろう。

「ベルトこそ巻いてないけど、俺の中で（藤田は）ＰＲＩＤＥのヘビー級チャンピオンだと思うから。プロレスルールを利用させてもらった」

フライ戦ほどではなかったが、この試合のあとも髙山の顔は腫れ上がった。それでも9日後にはＮＯＡＨ大阪府立体育会館でＧＨＣヘビー級戦が待っていた。

それは、初代王者決定トーナメント決勝まで進みながら獲りそこねたベルト。挑戦者としては初のシチュエーションだったが、王者・小川良成のテクニックに苦戦するも最後は高角度ジャーマン・スープレックス・ホールドで粉砕した。

この年、髙山はＩＷＧＰとＧＨＣの二大ヘビー級王座に初挑戦し、うち１本を手中にした。ＰＲＩＤＥも含めると日本マット界３つのメジャー団体において、同時進行でメインストリームをノシ歩いたことになる。

プロレスラーになって10年で初めて巻いたシングルのチャンピオンベルトを誇らしげに見せつつ、髙山は放送席で試合を追っていた秋山を見ながら「アホ社長、そして今日の解説者、うかうかしていると(ベルトを)どこかに持っていってしまうぞ。せいぜい頑張れ」と挑発。そして、一人になっても最後は「ノーフィアー！」で締めた。

ユニットは解散したが、ファンの間でもノーフィアーは髙山の決めゼリフとして認知されていた。考えてみれば奈津子が勧めてくれたワードなのだ、たとえ一人になろうと捨てるはずがない。

「素直に、このベルトを腰に巻けたのは嬉しい。だけど、そこで喜んでいたらダメだから。ヨソの団体ばかり盛り上げてもしょうがない。ＮＯＡＨを盛り上げてやんないと。ここまで日本の主要タイトルに挑むやつ、俺以外にいる？　これだけプロレスを面白くしてやったやつはいるか、もうちょっと考えろ」

Ｕインター時代はルー・テーズ寄贈のプロレスリング世界ヘビー級のベルトを髙田が巻いていたものの、そこには到達しないだろうと本人は思った。タイトルというものを意識したのは、新日本との対抗戦以後。

ただベルト願望が極めて強かったわけでもなく、自分が持ったら面白くなるといった明確な動機が湧いてきたのは、この1年ほどだった。団体の枠を越えた活動をする人間が最高峰の象徴を持つ。それによって見る側の興味も広がっていく。

金澤がたとえたように、テリトリー時代のアメリカを渡り歩き、いく先々でリングを活性化させたブロディそのもの。いや、メジャータイトルには縁がなかった超獣以上の実績を、髙山はあげた。

まさにプロレスラーとして充実しきったこのタイミングで、髙山は結婚を申し出る。同棲生活も4年が経っていたため、奈津子は驚いた。

「一緒に住んだタイミングで、不思議なことに結婚とはならなかったんですよね。始めちゃったら、事実婚じゃないけど別にしなくてもいいかと思っていたんですけど、髙山の誕生日(9月19日)前に切り出されたんです」

35歳の誕生日を迎えるにあたり、プレゼントは何がほしいか奈津子が聞いたところ、結婚がその答えだった。それなら、ちゃんと用意するものを用意しなさいと言ったら、9月19日に婚姻届けを目の前に出された。

これではどちらがプレゼントを渡したのかわからないが10月31日のハロウィーンの日、婚姻届けを書いてそのまま役所へ持っていった。前後して高山は家を購入。そこで身を固める気になったのではと、奈津子は受け取っている。

それにしても、婚姻関係でなくとも奈津子は4年間、献身的に高山を支えていたことになる。一緒になれば義務感でできるだろうが……。

挙式に関しても、モデルの仕事で何百回とウェディングドレスを着ていたから奈津子はやらなくてもいいかぐらいに思っていたがそうもいかず、ごく近しい友人のみを招待してハワイでおこなった。そこで高山は「一生甘えてやる」と宣言したのだという。

奈津子にとっては、どんなに苦労してもそれがもっとも心地よい高山との距離感だった。母性を求められる一方で、深夜にクラブまで迎えに来てと連絡を入れたら、嫌な顔ひとつせず車を飛ばしてくるようなやさしさも向けられた。

「これは長男が生まれてからの話なんですけど、オムツの替えやお風呂、なかなか寝ない息子をベビーカーに乗せて近所をお散歩するなどもしてくれました。でも、あんな大男がベビーカーを押すので、そのコントラストがすごかったんでしょうね。30回のうち1回ぐらいしかやっていないのに、インパクトが強くてご近所の方が『旦那さん、いつも偉いわね』って言うんですよ。得しているなあって」

奈津子との結婚を決意した真っ只中でGHCヘビー級王者となり、9・23日本武道館で初防衛戦を迎えた。後年、大きな意義があった試合として髙山はこの三沢戦をあげていた。

結果は敗れてタッグ王者の時と同様、一度も防衛を果たせぬまま手放すという一戦。加えて試合中、串刺しドロップキックを放ったさい左肩から落ちて肩鎖関節《けんさかんせつ》を脱臼してしまった。

試合を終えて花道を引き揚げる髙山の肩が不自然に突起していたほどの重傷で、さすがにノーコメントで病院へ直行。だが、痛手はこれだけでなかった。

「痛みは感じないけど、動かすたびにポコッ、ポコッっていうのがあった」という違和感を覚えながらジャーマン・スープレックスを放ったところ、ブリッジが効かず潰れる形となり三沢の体重が右目にのしかかった。そこで眼窩底《がんかてい》を骨折。

エルボーバットで沈められるまでの数分間、髙山は三沢の姿が二重に見えたまま闘った。NOAHのスタッフから電話で連絡を受けた奈津子は武道館へ向かい、一緒に救急車へ乗り込んだ。

そこで、フライ戦のさいに腫らした顔を見た時以上の怖さを感じた。格闘技は危険と見なされればレフェリーが止めてくれる。

しかし、プロレスはある意味そこから先を見せることで強さを体現する。肝の据わっている奈津子も、そこに恐怖を覚えたのだ。

事実、髙山は23分50秒もの間、三沢と闘った。おそらく、途中でレフェリーがストップをかけようとしても拒否しただろう。

「俺がチャンピオンで、あの三沢光晴を挑戦者として迎えたことに意義があったんだよ」

多くの偉業を成し遂げた髙山だが、そこに関する誇りはどんなチャンピオンベルトよりも重く、崇高なものだったのかもしれない。それが後年、この言葉を聞いた時の正直な思いである。

確かに「挑戦者・三沢光晴」を経験している人間は限られる。ましてや髙山にとってPRIDE出場を了承し、フリーになったあともNOAH参戦を認めた恩人。プロレスラーとしての強さにとどまらぬ尊敬心があったはずだ。二人の関係性を見ていた佐久間の言葉が、それを裏づける。

「髙山さんに何度もインタビューする中で、どのリングに上がってどんな発言をしてもスタンスは一貫していました。それは、自分ならなんでもできる自信があったからだし、やると決めたらやるしかない覚悟を強く持てる人間だったと思うんです。同じ印象を持ったのが、三沢さんでした。『たられば を言ってもしょうがない』『悩んだって意味がない』という覚悟の決め方が、二人は共通していた。

それほど三沢さんの影響を受けていただろうし、尊敬をしていたんだと思います。これは徳《とく》光《みつ》正行さん（徳光和夫《かずお》アナウンサー次男）から聞いた話なんですけど、三沢さんが亡くなられた時に髙山さんが泣きながら電話してきたそうなんです。そして『今の俺があるのは三沢さんのおかげだ』って、ずっと感謝を喋ったと。我々にはそういう姿をまったく見せないですけど、その時ばかりは……だったんでしょうね」

ＩＷＧＰヘビー級初挑戦、ドン・フライとの激闘、Ｇ1準優勝、ＧＨＣヘビー級初戴冠と三沢との防衛戦……バク進街道を疾走し続けた高山にとって、このケガによる思わぬ欠場は痛かったはず。ただ、人生における重要な儀式と重なったところでプロレスの神様が「ここは少し休め」とささやいたのかもしれない。

11月24日、東京ドームにて開催されたＰＲＩＤＥ.23でＵインター勢とともに高田の引退試合(田村戦)を見届けた高山は、新日本12・15名古屋レインボーホールで鈴木健想《けんぞう》と組み復帰。天山&西村を一蹴すると、その勢いのまま大晦日に猪木祭りへ出場。この年のプロレス大賞ＭＶＰに選ばれたボブ・サップと紅白の裏で対戦する。

「２００２年格闘王頂上対決」とうたわれた一戦は、フットボールタックルの体勢で突進してきたサップを高山が顔面で受けきるというシーンからスタート。アメフト出身者同士による交通事故級の激突に、３万５６７４人の観客で埋め尽くされたさいたまスーパーアリーナが大きく揺れた。

誰もがビーストパワーに圧倒され続ける中、高山は自分にしか不可能なやり方で１７０kgを止めたのだ。だが、この試合に向けてマット・ヒュームの特訓を受けたサップは力だけでないところを見せつけるべく、コーナーに追い詰めて脚を取ると上になる。

そこから右目にパンチを放つと高山は体をよじらせてしまう。すかさずサップはポジションを移行し、腕ひしぎ十字固めへ。極まりきってはいないためタップこそしなかったが、レフェリーに止められた。

フライ戦に匹敵するようなパワーvsパワーの対決になると予想された試合は、サップがグラウンドテクニックで一本獲るという予想外の結末に終わった。1R2分16秒に凝縮された2002年マット界大トリの一戦だった。

「サップは思った通りMVPだなと。攻撃の仕方が予想しているのとは違った。最初、ガーンとぶつかったら実は僕があれをかまして、サップが止まってからいろいろやろうと考えていたんですけど、同じことを彼が考えていて。アメフトのセットする時にアチャーと思ったけど、もうやるしかないと思ってぶつかりました」(試合後の高山コメント)

「サップがゴング前にセットを組んだでしょ。あれで向かい合った時の気持ちって、ほかのやつにはわからない。あの瞬間、僕の人生の中で考えられる最高の心拍数の上がり方をした気がします。新弟子の時、先輩に怒られて『これは殺されるのかな』と思った時と似た感じだった」

(後日の高山インタビュー)

さいたまでは右目の腫れが引いたら予定通り1・4東京ドームに出ると言っていたが、元日

▲大晦日の大舞台で、プロレス大賞MVPのサップとの“怪獣”対決が実現

にはさらにふさがった状態となってしまった。これは無理だと思ったが、人づてに猪木から「目以外のダメージがないなら出るのもプロレスラーじゃないのか」と言われ、気持ちが切り替わった。

安田を破った髙阪とのNWFヘビー級王座決定トーナメント決勝戦は、たんこぶほどの腫れは引いていたものの、赤い目の状態で闘った。TKの猫のようなしなやかで俊敏な動きはまるで清流。それを激流で飲み込もうとした。

猪木の時代のNWFは、一撃必殺のプロレスだった。卍固めやハンセンのウェスタン・ラリアット、シンのコブラクロー……その頃の風景と線でつないだかのように、高山は走り込んでのヒザ蹴り一発で髙阪をしとめた。

手にしたNWFヘビー級のベルトを腰に巻く間もなく、Tシャツ一枚も羽織らず放送席へ直行。メインでおこなわれる王者・永田とジョシュ・バーネットのIWGPヘビー級戦の解説を務める。

そして、王者が7度目の防衛に成功するとリング内に入り、NWFのベルトを掲げ「今年の最高試合は、てめえの敗北だから」と言い放ち、額をつけ合ってIWGP挑戦をアピールした。

この日の昼に2002年プロレス大賞年間最高試合賞の授賞式があり、その一戦は永田の勝利に終わったが、次は逆になるという予告だった。

「GHCも嬉しいっていえば嬉しいんですよ。ただ、今回のはまた全然違う感覚で嬉しい。だって自分がファンの時に見ていたベルトですから。トーナメントの中でNWFのベルトに対し思い入れの一番すごい人が僕だっただけで、ほかの人は大した思い入れがなかったんじゃないの？
（価値を高めることは）新日本がそういうふうに運営していくならそういうつもりになるけど、どうするのか全然わからないんで。本当は、我が家の家宝としてずっと置いておきたいね」

漠然と〝格闘技寄り〟のように位置づけられたNWFヘビー級王座だったが、明確にどうしていくのか、あるいはIWGPヘビー級との差別化は提示されない中でベルトを巻いた高山。いったい、新日本はどういう意図で〝骨董品〟を引っ張り出したのか。

「今に照らし合わせて言うならば、IWGPとは別にもう一つの権威を作りたかったんでしょうね。選手層も厚かったし……上井《うわい》（文彦《ふみひこ》＝新日本取締役）さんがやりたかったんじゃないかな。猪木さんではないですよ。ただ、猪木さんの許可は取った。オールドファンはNWFに思い入れがあるから、ぶっちゃけて言うと商売になる。
その中で、誰よりも思い入れを持つ高山が獲ったことであれは高山善廣のベルトだったんだと思う。のちのIWGPヘビー級に対するIWGPインターコンチネンタル王座のように、ヘビーが棚橋弘至ならインターコンチは中邑真輔って世界観が明確に分かれたじゃないですか。

インターコンチでもメインを獲れるんだというのを真輔は見せていた。ただ、高山の場合はIWGPヘビーと2つとも獲るわけだけど」

金澤の解説通り、NWFのベルトの方が自分に愛を向ける高山を選んだ。それは、これほどの活躍を見せた2002年から2003年に移っても、変わらずこの男がマット界でまかり通ることを示唆していた。

第5章

プロレス界の帝王として

IWGP奪取、鈴木みのるとの共鳴

2003年の年明け時点で永田裕志にターゲットを絞った髙山善廣だが、一方ではNWF戦線を活性化させる役割を担った。まず、新日本2・16両国で柳澤龍志、3・23尼崎でスコット・ノートンを相手に防衛。そしてアントニオ猪木ゆかりのベルトをNOAHに持ち込み、4・13有明コロシアムにて力皇猛の挑戦を受ける形でタイトルマッチを実現させる。

方向性も提示されていなかったタイトルを、髙山は自分でプロデュース。王座決定トーナメントは格闘技色の強い選手たちで争われたがそこにとどめるのではなく、このベルトをエサに各団体の面白いやつは噛みついてこいと門戸《もんこ》を開いた。

特定の団体所属の立場ならクリアすべき問題も生まれるが、フリーならば自分が動けば形になる。プロレスが、PRIDEやK－1に押される要因として最強神話が崩れたのは大きかったが、格闘技のリングは次々と凄い者たち同士のカードが実現することと比較され、選手が分散しているのも後《おく》れにつながったと言える。

髙山は旧態依然とする団体の壁をぶち壊そうとした。そして、それに触発されたのが力皇だった。

NOAHのファンにも支持される髙山だから、NWFタイトルマッチをやっても拒否反応は見られず、力皇の潜在能力を引き出した上で3度目の防衛に成功。この間、新日本では3月9日の名古屋レインボーホールで真壁伸也《まかべしんや》(現・刀義《とうぎ》)と組み、蝶野正洋&天山広吉のIWGPタッグ王座にも挑戦。

真壁は前年10月に海外修行から帰国するもヘビー級戦線の厚い層の前で足掻き、台頭できずにいた。そんな中、2・1札幌テイセンホールにておこなわれたワンナイト6人タッグトーナメントで髙山と組んだことから(もう1人は藤田ミノル)パートナーとして見込まれた。

大森隆男と決別したあと、そのパートナーがNOAHでは杉浦貴(あるいはUインター時代の先輩・佐野巧真《たくま》)、新日本は真壁となったように、何かのきっかけさえつかめばオーバーできる可能性を秘めた後輩を後押しする立場にもなっていた。それほど髙山善廣というプロレスラーは影響力を誇った。

事実、6月には真壁がNOAHに殴り込み、小橋建太&本田多聞のGHCタッグ王座挑戦をアピール。7・16大阪府立体育会館で髙山と組み臨んだタイトルマッチは〝暴走キングコング〟の姿を予感させる闘いを見せた。

「K－1　総合？　やるのはけっこう。だけどプロレス界にいる人間がなんでプロレス界のトップを狙わねえんだって。結局、小橋とやるのが怖いんだろ。それでNOAHの内部からも外部からも小橋の顔色をうかがう言葉しか出てこないんだよ。でも俺は何も怖くない」

NOAH3・1日本武道館で三沢光晴を破り、この時点で小橋はGHCヘビー級王者となっていた。同じ日におこなわれたWJの旗揚げ戦、K−1のビッグマッチとの興行戦争になった中、プロレス本来の凄みを見せた伝説の闘い。解説席で髙山が「今日、ここに来なかったやつはバカだ！」という言い方で絶賛した試合としても知られる。

常識的に考えれば、まだこれといった実績を残していなかった真壁が他団体のトップに喧嘩を売るなど、いい顔はされない。ましてや新日本にはIWGPヘビー級王座があるのに、小橋がプロレス界のトップと言ったのだ。

同期の藤田和之は総合でブレイクし、すぐ後ろでは棚橋弘至、中邑真輔の世代が追い抜こうとしている。いや、会社の扱い的にはすでに後塵《こうじん》を拝《はい》していた。そんな状況にあった真壁にとって、団体の枠にとらわれることなく縦横無尽《じゅうおうむじん》に暴れまくる髙山の姿は輝いて映っただろう。

「僕が見た限り、髙山選手の中に若い選手へチャンスを与えたいとの思いはありました。のちの中邑真輔もそうだし、真壁も髙山善廣によって見いだされ、NOAHに上がる道が開けた。小橋建太と闘いたいと言って、それが実現したのは髙山が連れてきたんだからというのがNOAHにあったんでしょう。

NOAHへの出場が決まって、試合前に練習するじゃないですか。もちろん、離れたところで小橋もバーベルを挙げているわけですけど、その時点で真壁は『向こうがやめるまで絶対にこっちも挙げ続けてやる！』ってなったらしいんです。『練習量なら誰にも負けねえ』が彼のプロレスラーとしての拠りどころだったから。で、ふと横を見たら、もう一人最後まで挙げ続けているのが百田光雄さんで、それにも衝撃を受けたと言っていました」

〝雑草〟の頃より真壁を見続けてきた金澤克彦は、やはりこのGHCタッグ王座挑戦が周囲の見方を変えたと証言する。小橋をターゲットにしたその理由は、プロレス界全体への問題提起にもなっていた。

それから数ヵ月後、真壁が髙山への思いを語った。そこでは、組む上で自分が下についている意識ではないことを強調。

「とことん頭が切れて、とことんトレーニングして、すべての面で強い男。お互いが従うって気持ちもないし、一緒に頑張ろうよっていう気持ちでもない。個人と個人が組むことによって、磨きをかけてさらに上へいきたいっていうんで組んでんだから、俺の根本には対等だっていうのが絶対にある。髙山選手もそういう意識では接してきませんし、ものすごく信頼できます。絶対に見下さないし。

俺は新日本にいて、どうやったら上にいけるかっていう考え方を盗むしかないんですよ。プロレス頭《あたま》っていうのがあるわけで、それが俺よりもすごい人間がいたんです。肉体はともかく、脳みそはどんどん吸収して追いつくようにならないと。そしていつかはやりたい。一番そばの人間であって、団体のトップを獲っている選手ですから、俺が今まで鍛えてきたすべてをぶつけて勝負したいですよ（年末の12・14名古屋で実現）」

こうした〝高山力〟が他のプレイヤーを触発させる中、永田とのＩＷＧＰ＆ＮＷＦヘビー級ダブルタイトルマッチは５・２東京ドームでおこなわれた。藤田と中西学による総合格闘技ルールによる一騎打ち、蝶野vs小橋といった豪華カードがラインナップされる中、１年前とは違いこの一戦がメインイベントに据えられた。

蹴り合いが焦点となった前回に対し、２度目のシングルマッチはＮＷＦとＩＷＧＰという新日本の歴史を象徴する２本のベルトが懸けられたからか、それらの闘いを詰め込んだ幅広い技の応酬に。プロレスにおけるスタイルのあらゆる要素を集結させたかのようだった。

その果てに勝負を決めたのは、高山のランニング・ニーリフト→ヒザ蹴り３連打に続く高角度ジャーマン・スープレックス。ブリッジが効かぬほどスタミナを消耗していたのか、最後は片エビ固めで押さえた。

ＮＯＡＨのＧＨＣヘビー級王座奪取から約８ヵ月後、高山は新日本の最高峰にも到達する。ここで注目されたのは、２本のうちどちらを腰に巻くかだったが、名実ともに〝プロレス界の帝王〟になったばかりの男はＮＷＦの方を選んだ。

「ダブルタイトルで勝ったのはどっち？　俺はなんのチャンピオンだ？　そういうことだよ。

▲ついに新日本の頂点へ到達した髙山が腰に巻いたのはNWFのベルトの方だった

ＮＷＦの下に、俺がＩＷＧＰを持ってやる。これは新日本の看板でしょ？　道場破り、大成功。別にＩＷＧＰを封印する必要はないと思う。今、やっている新日本のレスラーの目標だろ、これ。これで尻叩けるじゃん」

高山がベルトを巻く最中、新間《しんま》寿《ひさし》氏がリングへ上がり負けた方のＩＷＧＰ王座を封印するよう要求。それに天山らＮＷＦ時代をリアルタイムで体験していない新日本勢が反発したが、高山はバックステージに戻ったところで見解を述べた。

高山のコメントはＩＷＧＰ構想が起ち上げられた時、一方的に封印されたＮＷＦのベルトが22年越しにその怨念を晴らしたかのようだった。いずれにせよ、２冠王となったことで両タイトルの防衛活動を並行させていく立場になった。

６・10大阪府立体育会館では天山とＩＷＧＰ戦、その３日後には日本武道館で中邑とＮＷＦタイトルマッチで闘った。さらに７・13石川県産業展示館で安田忠夫相手にＮＷＦ６度目の防衛後、８日後には月寒《つきさむ》グリーンドームで蝶野とＩＷＧＰ戦。鉄製ニーブレスによる攻撃で大流血に追い込まれるも、両者ＫＯで辛くもＶ２を果たす。

２冠王のまま２年連続となるＧ１　ＣＬＩＭＡＸに出場し、初戦で安田の肩固めにＴＫＯ負けを喫したものの、その後は永田、中邑、吉江豊、柴田《しばた》勝頼《かつより》を連破しＢブロック１位で通過。しかし、決勝トーナメント準決勝で天山の執念の前に敗れ（アナコンダバイスでレフェリーストップ)、2年連続優勝戦進出はならなかった。

「自分を解放するのは赤いコスチューム(スパッツ)をつけるのが一番手っ取り早いって気づいたんだろ。2週間かそこらで変わるもんじゃないよ。ましてやあいつは牛だ。人間だったら意識改革っていうのがあるけど、牛は本能でしか動かない。

俺も怪物って言われるけど、生身の人間なんだよ。牛にはかなわなかった。天国の大山倍達《おおやまますたつ》総裁に弟子入りしないと勝てないな」

試合後、牛ネタに終始した髙山は「こんなに蹴ったのはいつ以来なのか憶えていない」と振り返るほどいたぶりながら、それでも向かってくる天山に根負けした形だ。シングル連戦が続くG1は、最後まで気持ちを維持できた者だけが栄冠を勝ち獲る。

プロレスと格闘技をまたにかけ、2本のベルトを防衛し続ける髙山でさえ優勝へ届かないところに、エベレスト登頂以上の難しさがある。実際、決勝でNOAHからエントリーされた秋山準を破り優勝を成し遂げたのは、執念の塊と化した天山だった。

真夏の本場所が終わったあとも帝王に休息はなかった。8・28大阪府立体育会館では新日本史上初の金網デスマッチで蝶野と札幌の再戦。ニーパッドとレガースを外し、より戦闘モードとなった髙山がスリーパーホールドで絞めると、立会人を務めた坂口征二会長がストップをかけKO勝ち。

▲G1優勝戦の激闘が印象に残る一方、金網デスマッチでも蝶野と対戦している

ところが、ゴングが鳴らされても高山が絞め続けたため、止めに入った坂口が払い腰で巨体を投げた。とても現役を引退して13年も経っているとは思えない切れだ。

するると高山もヒザ蹴りからギロチンドロップでやり返す。少年時代に見た猪木と直接絡むことはないままだったが、思わぬ形で同じくブラウン管の中の登場人物である坂口に技を放つ事態となった。

「なんだあれ、でけえジジイが入ってきやがって。トチ狂いやがって。息子（坂口憲二《けんじ》）が人気だとかで調子に乗りやがって。とっくに引退したのにリングへ上がってくんなって。大先輩として一目置いたけど結局、てめえの小僧がやられたら助けに来るただのどうしようもねえ家庭の親父と一緒じゃねえか。だから新日本はダメになったんじゃねえか？　クソジジイ、今度来たらぶっ殺すぞって。

あのオッサンだって何十年もリングに上がった男だろ。そういうところで闘った男が還暦を迎えたからって『まあまあ、お父さん、下がってください』なんて言えるか？　むしろ感謝してほしいね。あんな腰悪くて、ヨタヨタしているオッサンが（新日本の選手より）先に来るのがおかしい。こんなズレまくった団体だから、俺が（ベルトを）預かって盛り上げてやんないとな。この分じゃ、また俺の仕事が増えるばかりだよ」

翌29日に9・14名古屋レインボーホールの主要カードが発表される予定だった。実は当初、そこで予定されていたのが6・13日本武道館の成瀬昌由《なるせまさゆき》戦より新日本に参戦した鈴木みのるとのNWF戦。

それが、坂口の「髙山とやっちゃるけん！」という決意によりカードが変更。「最初はいろんな人に『やるんですか？』と聞かれて冗談じゃないと答えていたんだけど、征夫《ゆきお》(長男)と憲二(次男)が『やるんならセコンドにつくよ』と。この日限りですけど、親父の威信にかけてね」。

これにより坂口&蝶野vs髙山&真壁が決定。鈴木とのタイトル戦は9・21相模原市立総合体育館にスライドされた。

のちに、二人のリング上における出逢いの試合として語り継がれる一戦がなぜ相模原だったのか。紐解くとそういう経緯である。

加えて、髙山戦が先送りとなったことにより名古屋で鈴木(これが新日本でのシングル3戦目)と対戦したのが、誰あろう柴田。約21年後の『TAKAYAMANIA EMPIRE Ⅲ』に続く大河ドラマは、ここから始まったのだ。

試合当日、髙山と真壁は坂口にハンディを与えると柔道着を着用。そして13年ぶりの復活を遂げた荒鷲は征夫&憲二とともに入場してきた。

芸能界で絶頂期にあった憲二がプロレスのリングに上がるとあり、一般マスコミが大挙《たいきょ》して詰めかけた。当然、髙山はこの試合がワイドショー等を通じて世間に届くものと踏んでいた。

自身も純白の柔道着に身を包んだ坂口は「明日の敬老の日、おまえはもう死んでいるから一日早いけど祝ってやるよ」と言いながら高山が差し出した花束を奪うと殴打。すぐさま鮮やかな払い腰、送り襟絞《えりじ》めで悶絶させる。

史実的にはまったく語られないが、実は高山もケンシロウをオマージュしていたのか。ただ、それが荒鷲に火をつけてしまった。

試合が進むにつれて61歳のスタミナゆえ捕まる場面もあったが、パートナーの蝶野がうまくフォロー。最後も真壁をグラウンド・コブラツイスト・ホールドでしとめ、坂口に白星をプレゼントした。

勝負が決まったあとも高山が坂口をいたぶり続けると、憲二がエプロンに立ちニラみ合いに。それ以上の展開とはならなかったが、この場面が世間に向けてのニュースとなった。

当時は、そこに焦点が当てられるのも当然だった。だが、高山史的にはのちにＤＤＴで同僚となる征夫と対峙している方が重要だ。

「思った以上に(父は)できた。もうちょっと俺がデカければ代わりに自分が入りたかった」(試合後の征夫コメント)

時を経た２０１６年11月23日、ＤＤＴ後楽園で征夫は高山と一騎打ちで対戦。顔面にヒザ蹴りを食らいＫＯ負けを喫した。あの時、セコンドとして見上げたデカくて怖い男を、プロレス

▲“世界の荒鷲”の凄みを引き出したという意味では髙山の勝利とも言えるだろう

ラーになって独り占めすることができた。

そして2017年4月29日の後楽園ではKO－Dタッグ王者組として船木誠勝とともに高山&男色《だんしょく》ディーノの挑戦を受け、なんと2m級のリップロック（唇の関節を極めるサブミッション）を食らい、エベレスト・ジャーマンで敗れた。これが現時点におけるプロレス界の帝王、最後の王座奪取劇である。

あの件がなければ、征夫……いや、坂口はもっともっと高山と闘いたかったはず。プロレスラーへの道を進む前、自分にその強さと凄みを見せつけた偉大なる男を倒したかっただろう。

話題性に満ちた一戦の6日後、高山は鈴木と対峙する。9・14名古屋では柴田を逆落《さかお》としからのスリーパーで失神させ、片エビ固めでピンフォール勝ち。この時点で、強さを求める両者の間には通じ合うものがあった。

魔界《まかい》4号として星野勘太郎《ほしのかんたろう》総裁率いる魔界倶楽部《くらぶ》の一員だった柴田は、その方向性に疑問を抱き始めていた。そこに闘うことで手を差し伸べたのが鈴木。

「おまえ、もっと強くなりたいか？　だったら俺についてこい！」

結果的には本格的なタッグ結成へ至らず、両者は闘う関係性を選択した。それにしても2003年の時点で高山、鈴木、柴田の因果律《いんがりつ》にうねりが生じていたのは、その後を思うと実に興味深い。

かくして髙山と鈴木のNWFヘビー級戦は、メインイベントでおこなわれた。つまり、新日本の選手がいない興行の締めである。

第2次UWF&パンクラスでのモーリス・スミス戦や、10ヵ月前の獣神サンダー・ライガー戦のような〝ここ一番〟という時に着用する白のショートタイツ&レスリングシューズで闘いに臨んだ鈴木。そのセコンドとして、柴田は髙山との初対戦を目撃している。

「プロレスへ復帰する時に、パンクラスの尾﨑《おざき》(允実《まさみ》)社長に宣言したんです。『3年以内にプロレス大賞を獲れなかったらやめます。だから3年だけ時間をください』って。そういう思いで始めたんだけど、自分の中で白のパンツを履くのって特別な儀式なんですよ。それが、パンクラスの最後の方になると自分の力が足りないからその特別なものに頼っていた。

NWF戦で使ったのは、その流れですね。そこまで思い詰めてもいなかったし、これでちょっとカッコつけようっていう気持ち。あとは、この時点でこんなにもタイトルマッチをやれる人間になれるとは思っていなかったんで、最初で最後のチャンスかもしれないという気持ちからの白だったんだと思う。髙山善廣だから……っていうのは、あの時はなかった」

実際、プロレス復帰から3年後の2006年、全日本に主戦場を変えた鈴木は三冠ヘビー級王座を獲得し、その年のMVPに選ばれた。なんらかの根拠や確証があったわけではなく、自身に課したリミットだったという。

ＭＶＰ獲得については、別のエピソードがある。それを手土産に、ヒクソン・グレイシー戦を求めたのだ。

「船木が負けて『俺がカタキ獲ります！』って言ったら、尾崎社長から『ごめん、気持ちはありがたいけど鈴木じゃ商売にならない』って言われて。じゃあＭＶＰを獲ってプロレス代表になったら金を出す人が出てくるし、相手も受けるだろう。それには3年で獲らなければその資格もないと思って。

ＭＶＰを獲ってから、尾崎さんのところへいってヒクソン戦を組んでくださいって言ったら、まったくの実現不可能だと。交渉はしてくれたんですけど、船木戦の時よりギャラが7倍になっていた。そのあと、船木さんと話した時に『鈴木、もう俺のカタキ討ちとかで生きるのはやめなよ。自分の人生を生きなよ』と言われて、やっと自分の中で全部が落ちて完全にプロレスへシフトできた」

全日本で三冠を獲った頃の鈴木は、すでにどっぷりとプロレスに浸かっていたのだが、一方でヒクソンと闘うことを諦めていなかったのも驚きだ。それこそ、ＮＯＡＨで丸藤正道とタッグを組んでいる時でも頭の中にはあった。

ただ、口にしたら軽くなると思い、当時は表に出さなかった。今となっては、本当に船木の仇討《あだう》ちを狙ったのか、それとも単にカッコをつけたかったのか、あるいはパンクラスの選手たちに対する〝示し〟なのか、自分自身でもわからない。

そして、ヒクソン戦を明かしたのは髙山のみ。「かっけー」という、よく知られるあのリアクションだったらしい。

髙山vsフライ戦に触発され、ヒクソン戦を実現させるべくプロレスのリングへ戻ってきた鈴木。MVPを獲るには、ベルトを巻くのも条件のひとつとなる。

試合の序盤は鈴木が執ようにローキックを放ち、崩しにかかる。そこから三角絞め、腕十字、クルック・ヘッドシザースとサブミッション地獄へ。ヒザ十字固めには「いてっ！」と声を漏らしながらロープに手を伸ばす。新日本勢を相手に我がもの顔の髙山が、自分のペースをつかめない。

持ち上げんとするとスタンドの状態で腹固めを極められ、さらにはゴッチ式パイルドライバーで持っていかれる。ただ瞬発力に関しては、プロレスのリングでとてつもないヘビー級の猛者たちと闘ってきた髙山に分があった。

カウンターのヒザ蹴りで動きを止めると急角度バックドロップで叩きつけ、ランニング・ニーリフトを突き刺し、スリーカウント。6分43秒と、タイトルマッチとしては短い勝負タイムだがその間、一秒たりともムダな動きはなくまさに濃密な403秒間だった。

2003年プロレス大賞MVP

試合後、10・13東京ドームでIWGPに挑戦予定の天山が乱入し、王者に襲いかかると背後から鈴木がスリーパー。高山を救出する形となったが握手はなし。新日本勢と揉める中、先にリングを降りると「久々だよ、こんな夢中になって闘ったの。いいじゃない、いるじゃない新日本にも、こんな面白いやつ。高山だって柴田だって。あとのやつは目障りなだけ」と言い残した。

新日本で産声をあげ、第2次UWFに移籍し藤原組からパンクラスを設立。月の反対側まで見てまた戻ってきた鈴木にとって、高山戦はプロレスをやる上での方向性を定める試合となった。

鈴木みのるほど自我が確立された人間でさえ影響を受けたのが、髙山善廣。いや、この一戦を迎える前、あのドン・フライ戦ですでに人生を変えられていた。

「もしもあの時、逆の方を選んだら違う人生になったっていう考えがあるじゃないですか。俺はそういう考えではなくて、もしもなんていうのはないんだと。自分で高山vsドン・フライ戦を見るチョイスをするような人との出逢いがあり、その上でそういう分岐点が来ると思うんで、なるようになっているんです。

ただ、新日本参戦時点ではチャンピオンと新弟子みたいなもんですよ。それほどのランクの違いがあったんで、一緒にやるとは思っていなかったんだけど控室で一緒になった時、他人の悪口で意気投合したんです。当時の新日本の連中……永田、天山、蝶野。あとUWFの先輩たちの悪口を言い合っていたら気が合っちゃって、なんか昔から一緒にいる友達みたいな感覚だった」

新日本参戦後は、試合会場でも移動中でも食事の時も、毎日のように一緒。鈴木の知るプロレスは、15年前に新日本を退団したところで止まったままだった。だからその中で、よくアドバイスに耳を傾けた。

そういった会話の中で出たのが「鈴木さんの試合、つまんないよ」だった。どうしてかと聞くと「受け身とったら、普通じゃん」と言われ、ハッとさせられた。

「ちゃんとやらないと評価してもらえないっていう気持ちでやっていたんだけど、髙山は『タイガー・ジェット・シンは受け身とらないじゃん。ブルーザー・ブロディなんてヒザしかつかないんだよ』って言い出して。『俺はジャイアント馬場さんに受け身を覚えないと上で使わないって言われたからやったけど、鈴木さんが俺やほかの連中と同じことをやったら、今までの十何年間はなんだったのかってなるでしょ』ってヒントをくれたんだよね。

あいつが教えてくれたのは、個性。赤い髪にするとか黄色いタイツを履いているとか背が高いとか、付け足すものが個性じゃないんだって。みんな個性を出そうと、何か新しいものを身につけよう思う。でも、個性って生まれ持ったものだからダメなところも含めてのものでしょ。AIは間違った選択をしないけど、人間はあり得る。俺はそっちを選ぼうと高山に言われて思ったんです」

みんながプロレスゲームに出てくるキャラクターを作るように、背が高くて筋肉質でスープレックスと関節技ができて、キックもできてルチャもできて顔もカッコいい。これが理想ですという方向にいっている。同じことを鈴木は、アブドーラ・ザ・ブッチャーにも言われた。

武藤ゼンニッポン時代、タッグを組むとよく居酒屋でプロレスの話をした。そこでいきなり「シャチョーサン、今の選手はなんでみんなベンチプレスをやるの?」と聞かれた。考えたこともなかった鈴木が言葉に窮すると……。

「あれじゃ、いいハルク・ホーガンと普通のハルク・ホーガンと悪いハルク・ホーガンしか生まれなくなる。違うだろ、ハルク・ホーガンとブッチャーがやるからプロレスは面白いんだよ」

スタートの藤原喜明を含め、自身の個性を築く上で影響を及ぼす人間にちゃんと出逢えたと鈴木は言う。組長やブッチャーは業界の先人として、高山は年齢こそ上だが後輩に当たる。それでも「俺は俺だから」と遮断することなく、納得できれば受け入れられる柔軟さこそがそのセンスだったのだと思う。

高山vsフライ戦と出逢った2002年のタイミングで、鈴木は頭の中でさまざまなものが入れ替わったと自覚する。以前は子どもの頃からスポーツという年功序列の世界で生きてきたため、手を伸ばせば届くところにあるものさえ「おい、それ取って」と、後輩に言っていた。

現役を引退しコーチの道へ進むところで踏みとどまり、もう一度最前線に戻ると決めたあとはなんでも自分でやるようになった。ならば、それよりも前に高山と巡り合って同じことを言われたら、反発したのでは?と振ると「いや、出逢っていなかったと思う」とすぐ返ってきた。

GURENTAIも鈴木軍も、先輩後輩なんていうのは関係ないスタンスでやった。

「思ったよりキツかったね。想像以上だね、関節技の切れは。足獲られた瞬間、もう骨がきしんで鳴った。新弟子の頃を思い出したよ。全日本、新日本、NOAHに上がって間《ま》がある闘いに慣れた自分がいてね、闘いはいつも同じと言いながらも自分では切り替えてやっていたのがあったから、鈴木みのるに教えられたというか。直接の先輩じゃないだけに『高山、プロレスは秒殺もありだぞ』って、メッセージがこめられたようなね。

まだまだ自分は2冠王ってところにあぐらをかいている場合じゃないと思った。楽しくもあり、苦しくもあり……でも、楽しさなんか吹っ飛ぶね。遊べなかったし。唯一の意地で踏みつけフォール、あれをやらないと『高山、何もできないいんじゃないか』と思われるのも嫌だし、逆にあれで向こうに火をつけたのかも。明日から休みで本当によかったよ」

いつもは新日本の選手をコキ下ろしまくる高山による、鈴木戦後のコメント。これまでの試合とはまったく違う手応えを得られたのだろう。それは、源流をたどると同じ〝U〟に当たる者同士だからこその波長の一致だったのかもしれない。

このNWF戦を経て、確かに鈴木の道は開けた。10・13東京ドームを天山とのIWGP戦で満員にできるとは思えなかった高山は、自ら集めたメンバーによる真猪木軍として、新日本軍と対戦するプランを実現させるべく動く。

まず成田空港で猪木を出迎え、理解を得た上で藤田、鈴木、世間に届く存在であるボブ・サップをセレクト。当初は天山、永田、中西、一夜限りの復活を翻《ひるがえ》してでも力になりたいと名乗りをあげた坂口とともに、新日本軍へラインナップされていた中邑はロサンゼルスからメールを送り、真猪木軍に加わる意思を伝えた。

結果、中邑の代わりに棚橋が入り、これで5対5イリミネーションマッチのメンバーが揃った。個人的な願望を優先するなら、高山は9年9ヵ月ぶりに新日本マットへやってくるハルク・ホーガンと対戦したかったはずだ。

もともとアメリカンプロレスへのあこがれがあったし、それと前後して非公式ながらWWE入りに向けての交渉の場も持っている。何よりホーガン自身が、日本のプロレスラーの中で高山と小川直也に興味を持っていた。

だが、髙山は「新日本のケツを叩く」ことを優先した。一連のコメントを注意深く聞くと、罵倒する言葉の節々に団体そのもの、さらにはプロレス界全体を盛り上げたいという意思が垣間見られる。外敵だったため当時はあまり気づかれなかったが、スタンスとしてはエースのそれなのだ。

「これは脳梗塞《のうこうそく》から髙山選手がカムバックを果たしたあとに聞いたことなんですけど、それについて振り返った時に『もしかすると、自分でプレッシャーをかけて追い詰めすぎてああなったのかもしれない。ガラにもなく、俺が新日本を背負わなければって本気で思ったんですよね』って言うんです。ビックリしましたよね。フリーで外敵であっても、そこまでの気持ちでやったため精神的にキツかったんだと。

でも新日本的というか、これは上井さんになるんだけど、やっぱりあの時代は髙山善廣に託すしかなかったと思うんです。永田が1年間踏ん張ったあと、その次を誰が受け継ぐかといったら中邑、柴田、棚橋はプロレスへの向き合い方も含めみんな育ちきっていないんですよ。だから外敵であろうと、髙山選手を中心に据えたんだと思います。あれは、必然でした」（金澤）

「アルティメット・プロレスリング」と銘打たれたイリミネーションマッチ。髙山は天山と両者リングアウトで失格になるも、サップが中西と棚橋を失格させ永田1人に。最後、猪木の代名詞・卍固めでTKOに追い込んだのは鈴木だった。

試合後のバックステージでは髙山がコメントを回し、中邑を真ん中に立たせた。自分は5人中、あまり目立たない左(サップ)から2番目に立った。

「俺自身はあの時、猪木さんに会っていなかったんで真猪木軍の真意はわからないです。その名前で坂口軍とやったということは、坂口体制と猪木体制の遙《はる》か彼方上の方の喧嘩を、俺たちを使ってやったようなもの。

でも、たまにあの時の写真が出てくるんだけど、真猪木軍ってその後の格闘技とプロレスの世界を象徴する5人が並んでいるなって思う。中邑はデビューして2年にもなっていないし、藤田はプロレスをやるのかやらないのかわかんない状態だったし。あの頃の藤田はよくパンクラスに来て一緒に練習やっていたんですよ」(鈴木)

この日、流れたIWGP戦は11・3横浜アリーナで組まれた。東京ドームでタイトルに挑戦できなかった屈辱を力に変えた天山は、髙山の攻めの要となるヒザを徹底的に攻撃。これが功を奏しムーンサルト・プレスでエベレストを押さえた。

4度目の防衛ならなかった髙山は、それまでの辛《しん》らつな言葉とは一転、初戴冠となった新王者の腰に自らベルトを巻く。もう一本のNWFは保持しているものの「俺と新日本の闘いは一区切りついた」とコメント。

タイトル戦を前に、髙山は10月シリーズの「G1タッグリーグ」にもエントリー。K－1戦士・ＴＯＡ《トーア》とのコンビで1位通過し、優勝戦で天山&西村に敗れたがここでもファイナリストを務めた。

まさに1月のＮＷＦ奪取から11ヵ月間、新日本を活性化し続けてきた。そこまで心血を注ぎながらＮＯＡＨのリングにも上がり続ける一方、3月にはＺＥＲＯ－ＯＮＥ3周年記念大会でザ・プレデターとの怪物対決、4月には闘龍門《とうりゅうもん》ＪＡＰＡＮでストーカー市川の対戦相手としてサプライズ登場。１３５秒で秒殺し「高山、宇宙人を捕獲」の見出しで東京スポーツ紙の一面になるなど、この一年は休む間がほとんどなかった。

誰が見ても、２００３年のマット界は高山を中心に回っていた。たとえＩＷＧＰヘビー級王座から転落しても、その事実に変わりはない。プロレス大賞最優秀選手賞（ＭＶＰ）に選ばれたのも当然だった（ベストバウトは三沢vs小橋で、2年連続永田戦とはならず）。

天山にＩＷＧＰを明け渡した時点で「ＮＷＦは封印する」と発言していた高山は、年をまたいだ1・4東京ドームで中邑とケジメの防衛戦をおこなうつもりだった。ところが12・9大阪府立体育会館で歴史的快挙が生まれる。

中邑が天山を破り、デビュー1年4ヵ月、23歳にして史上最年少ＩＷＧＰヘビー級王者となった。そして、ドームではこのベルトも懸けて高山と闘うことをアピールする。

大晦日は、中邑が『Ｋ－１ Ｄｙｎａｍｉｔｅ!!』ナゴヤドームでキックボクサーのアレクセイ・イグナショフと対戦。3ラウンドにヒザ蹴りを食らいダウンするもすぐに立ち上がったが、即座にレフェリーがストップをかけTKO負けに。だが、抗議が認められ無効試合に変更された。

一方、高山は『INOKI　BOM－BA－YE　2003』神戸ウイングスタジアムでのミルコ・クロコップ戦が発表されながらその欠場により流れ、テレビ解説を務めるのみに。いわば、中邑は1年前の自分のように大晦日の影響（減量と顔面の腫れ＝骨にヒビが入っている可能性あり）を背負った状態で目の前に立った。

メッタ打ち状態になるほど中邑に対し、非情な攻めに徹した高山。ところが、どんなに蹴って、殴って、叩きつけても23歳のチャンピオンは音《ね》をあげない。

そしてジャーマン・スープレックスで投げられながら体勢を入れ替えるとチキンウイング・アームロックへ。これにはさすがの帝王もギブアップした。

半年前のNWF戦は高山の完勝だった。だがこの日まで中邑は、ある時は闘い、ある時はその懐へ入りプロレスラーのなんたるかを盗んだ。

「今日、死んでもいいと思っていました。（理由を聞かれ）高山さんという相手ですね。自分にとって思い入れがある、敵ながらも育ててくれた選手なんで。今回、その高山さんからケジメを取らなかったらいつ取るんだって話で。命を燃やすっていったらおかしいですけど、死ぬ覚

▲武道館でのNWF戦では中邑を退けた髙山だったが、半年後の東京ドームではその成長ぶりにやられた

悟でいきました」

「強い。心が一番、新日本で強いんじゃないか。俺のベルトを獲られてもしょうがない。ふさわしい男だと思うよ。若手の壁じゃなくて若手を潰すプレス機になるって言ったけど、あいつは潰れなかったね、俺のプレス機じゃ。だから今日は負けたよ」

2冠王となった中邑だが、NWF王座は封印。「このベルトの意味もIWGPにこめた。すべての選手がIWGPを目指す形をとってほしいと思います」と、その理由を述べた。

こうして1年4ヵ月に及ぶ復活・NWFの歴史は幕を閉じた。金澤が言った通り、やはりそれは高山善廣のベルトだったのだ。

新日本の外敵エース。小橋とプロレス頂上決戦

「真猪木軍のメンバーに入れたのを見てもわかるように、高山選手の中で真輔はなんらかの引っかかりがあったんだと思います。デビューの時点でプッシュされて、選手仲間がジェラシーを抱くのは仕方ないとして、会社内部の人間までもがIWGPを獲った時に『こんなに早く巻けるなんていいのか』みたいなことを言う。それで腐ったり悩んだりする部分があっただろうし、全部を受け止めてくれたのが高山選手で。

永田にしても髙山選手とやった初防衛戦は、あれだけの大男とやるのは初めてだったからキツかったって言っていたんですけど、1年間防衛を続けたじゃないですか。15㎝ぐらい自分より大きな相手とあんな試合をやって自信になったでしょう。長州力が永田ではなく中西を押したのは、やっぱり大きかったからなんです。でも、永田はそれを跳ねのけた。髙山選手とは強さという点で通じ合うものがあったと思います」(金澤)

闘いの最盛期は「永田」と呼んでいたが、気がつけば「裕志」に変わった。それが2006年8月、復帰直後の髙山をインタビューした時に「永田さん」と〝さん〟づけだったため、金澤は「おっ」と思わされた。

永田と同じ第三世代の天山も、髙山へ食らいつくことでIWGPに到達する。数年後の新日本を背負う棚橋、中邑、柴田だけでなく、武藤敬司と橋本真也が抜けたあとに団体を背負い、足掻く者たちにも活力を与えた。

新日本をV字回復させたのは棚橋とされている。そして中邑と柴田も自分のやり方でスターダムを駆け昇った。しかし、暗黒期に外敵エースとして髙山が君臨しなければその土壌は築けなかった。

「ずっと柴田のことを気にかけていたからね、あいつ。新日本の暗黒期を一緒に乗り越えたんだもん。髙山の中では棚橋、中邑、柴田は特別ですよ。あいつは言わないけど、横で聞いていてそう思います。あの時の新日本だけでなく、プロレス界を支えたのは髙山。そこに出てきた新戦力が、この3人ですから」

　これは『TAKAYAMANIA　EMPIRE　Ⅲ』のメインに柴田が出場すると決まったあと、鈴木が言ったこと。髙山はPRIDEに続き、新日本も救ったのだった——。

　無冠となりながら、その後も髙山は新日本に継続参戦。2月1日の北海道立総合体育センターで鈴木と組んで天山&西村を破り、IWGPタッグ王者となる。

「髙山とやって解放されたあと、ガキの頃からの知り合い(永田)の田舎臭い顔が、自分の方が強いみたいな顔をしてむかつくんで、唾を吐いて笑いながら殴っていた。それも解放されたんだけど、このタイトルマッチでも下になった時に『ほら、打ってこいよブサイク!』っておちょくったら天山のヘッドバットを食らって鼻骨を骨折した。

　穴が開いてそこから血がドバドバ出たんだけど、痛い顔を見せたらこいつ、俺より強いとか思い上がると思ってニヤニヤしながら鼻血を自分の体に塗りたくったら、そこでも解放されて。そのすべてに髙山が関わっているんだよね」

　このタイトルを防衛し続ける中で、鈴木は髙山から「NOAHに上がろう」と誘われた。最初は知った相手もいないので「えー、いいよお」という感じだったが「何言ってんの、全員、ジャイアント馬場の弟子だよ?　それとアントニオ猪木、前田日明の流れの鈴木みのるがやっ

▲IWGPタッグを奪取したあと鈴木は高山とともに“禁断”のNOAHマットにも足を踏み入れる

たら、絶対に面白いじゃん」と熱弁を振るってくる。

いつもアイデアを出す時は、プロレスファン目線になるのが髙山なんだと思った。プレイヤー側へ回ると次第に忘れるものだが、リングへ上がっていてもちゃんと原動力にしている。

こうしてNOAHのリングでおこなわれたIWGPタッグ戦は7・10東京ドーム。森嶋猛＆力皇のワイルドⅡ相手に防衛を果たしたものの、鈴木的にはあまりピンとこなかった。だが2度目の参戦、9・10日本武道館の丸藤との一騎打ちがまた衝撃的だった。

「今まで知らないプロレス……それは、複雑な動きじゃなくて根本的なプロレスの種類。攻めの新日本、受けの全日本っていう言い方をよくされるけど、このことかなと思える相手だった。あのあと、髙山が脳梗塞になって、ずっと組んでやっていくものだと思っていたらそれがかなわなくなり、丸藤と組むようになった。

そうやって愛人をどんどん変えていったんだけど、あの時点で間違いなく一番凄いのは髙山じゃないですか。その髙山に食いついていった。俺はプロレスを始めた頃に、猪木さんと藤原さんの言うことしか聞かなかった。一番上の人の話は聞いたら得につながるけど、真ん中ぐらいの人の話は聞いたところで真ん中までしかいけないと思った。だから髙山の話を聞けるのはラッキーだった。それも、俺の引き寄せる力なのかなって」

髙山がリングを離れて以後、鈴木は自分の足で団体の枠を超えていく。丸藤とのシングルマッチに続くＮＯＡＨ３戦目は翌年の１・８日本武道館における小橋とのＧＨＣヘビー級戦。そこから定期参戦につながっていった。

２００３年の髙山は新日本のタイトル戦線へ継続的に絡んでいたこともあり、ＮＯＡＨの方では流れを作れぬまま終わった。年が明けると、満を持して小橋の前にそびえ立った。

「俺が２本ベルトを持っている時はこっちから挑戦するつもりはなかったけど今、シングルの方は丸腰だからやるとしたら俺が動くしかねえだろ」

２・23大阪府立体育会館第２競技場の６人タッグマッチで３ヵ月ぶりに小橋の対角線上へ立った髙山は終盤、試合そっちのけで大暴れ。チャンピオンの首を仕切り用のロープで絞め続けた。

勝負が決したあとも乱闘は収まらず。マイクを取った髙山は「おい、チャンピオン！　３対３じゃ面倒臭いからタイマン勝負だ。ベルト持ってこい‼　ガラクタどもとキッチリやって俺を待っておけ！」と挑発した。

３日後に、力皇と田上による次期挑戦者決定戦が組まれており、勝者とのタイトル戦を３・６日本武道館でおこなうことが決定していたため、それをちゃんと片づけて俺の前に立ててというアピール。小橋も「やってやるよ。あいつとはいつかやらなきゃいけない運命にあるんだから。俺の中ではいつでも髙山とやれる準備はできている」と、怒りの形相で返答した。

伝説の三沢戦で第6代王者となった以後、この時点で小橋は6度の防衛を続けていた。そして約束通り、力皇の挑戦も退けると試合後の勝利者インタビュー中に放送席で解説を務める高山に向かい「やらなければいけない相手がいる。答えを聞かせてくれ」と指名、マイクを投げた。

高山も「おまえら、4月25日、武道館の前売り券を買っておけよ！」と観客にアピールする形で返答。全日本での最後の三冠戦以来、約4年ぶりの一騎打ちが確定した。

「小橋が完全無欠？　全然俺にはそう見えない。だって小橋を潰そうとしていないもん。俺が新日本のベルトを持った時は、みんな俺を潰そうとしていた。その差だよ」

IWGPタッグの方は3・28両国国技館で天龍源一郎&中西を相手に初防衛。新日本のタイトル保持者がGHCヘビー級王座へ挑戦することとなったが、高山の中ではベルトよりも小橋の存在そのものが獲物だったに違いない。

決戦前に両者を対面させるのは危険と三沢社長が判断したため、2日前におこなわれた調印式は小橋、高山ともに欠席。翌日に時間をずらしサインを済ませた。そして当日はさいたまスーパーアリーナの「PRIDE　GPトーナメント開幕戦」とバッティングする中、1万6700人＝超満員札止めの大観衆で日本武道館が埋まった。

PRIDEのヘビー級最強を決めるトーナメントということで、高山の参戦も期待された。

だが、本人は「プロレスラーだから」とシンプルな理由で、エメラルドグリーンのマットを選んだ。

総合格闘技のリングで名勝負を残し、新日本では2冠王となった高山に対し、小橋はひたすらのNOAHの中で〝プロレス〟の4文字を体現し、価値観を守ってきた。中と外、ベクトルは違えどもその凄さ、強さ、素晴らしさをここ2年間で誰よりも世間に伝えた二人。

この一戦を「プロレス頂上決戦」とうたうのに、誰も異論はなかった。高山のセコンドには私服姿の鈴木がつき(これがNOAH初登場)、IWGPタッグのベルトを持ち込んだ。

「誰にも内緒で持っていくつもりだった。直前になって、三沢光晴にだけ許可をもらったんだけど、周りは『なんでいるの？』っていう感じですよ。でも、喧嘩を売りにきたわけだからね。あの時、三沢が『いいよ』って言ったのは、俺を下に見たんだと思う。若手の頃に猪木さんの後ろから殴りかかった時のようなことをやろうとする鈴木みのるを、できあがった全日本プロレスからの流れである年功序列の中に、ポンと入れてニヤニヤしていたのが高山。あいつが一番悪いやつなんだよ！」

4年前の三冠戦も激しい試合だったが、スケール感がまるで違った。そこまで見る側の期待値が高まりに高まっていたということだろう。

そして、それを上回る攻防を王者と帝王は繰り広げる。10分過ぎより高山の剛腕殺しが始まりながら、小橋は場外でその右腕をノド元へと振るう。

そして先にリング内へ戻ろうとするも、高山はエプロンの小橋をジャーマン・スープレックスで引っこ抜き、場外マットへ叩きつけた。リング下での両者ダウンから、先にロープをくぐったチャレンジャーが徹底した腕殺し。さらにダイビング・ショルダーアタックをヒザ蹴りで撃墜《げきつい》する。

これを機に高山が猛ラッシュ。小橋の得意技であるハーフネルソン・スープレックス、後頭部へのヒザ蹴りをはさみ高角度ジャーマン・スープレックス・ホールドを決めたが、カウント2。

ケサ斬りチョップ3連発から小橋が狙ったラリアットをキャッチすると、高山はヒザ蹴り、そしてドラゴン・スープレックスまで繰り出す。この時、場内は大「コバシ」コールが発生した。

そこまで「小橋が負けてしまう！」的状況になったということ。それをパワーに変えたか、王者は突進してきた高山に剛腕をサク裂。

25分経過をはさみ両者ダウンから起き上がると、ラリアット合戦を経てのパンチとヒザ蹴りに小橋が崩れ落ちる。しかし、勝負と見た高山が放ったハイキックをかわすとハーフネルソン・スープレックスに続き、奥の手・垂直落下式ブレーンバスターへ。１９６㎝の巨体が真っ逆さまにキャンバスへ突き刺さった。

「右腕攻めで力が入らなくて、ラリアットで決められなかったんですよ。それで垂直を狙ったんですけど高山選手、デカいから力が抜けちゃったんです。まあ、いい形で落ちましたけど」

「いい形で落とされました。この位置（小橋の頭の高さ）からパイルドライバーで落とされるようなもんだからね。それこそ『殺す気か！』って」（２０１５年3月1日、両者のトークライブより）

あまりにデンジャラスな一発は「リアル・ブレーンバスター」と呼ばれるようになる。言うまでもなく、長身の高山はこうした技を食らったことなどない。にもかかわらず、カウント2で返した。

ならばと狙ったバーニングハンマーはこらえられたが、4発目のラリアットから右の拳を握るとコーナー最上段へ。２０００年2月27日のベイダー戦以来4年2ヵ月ぶり、そしてＮＯＡＨでは初解禁のムーンサルト・プレスで28分47秒、プロレス界の帝王を沈めた。

激闘後、しばし横たわる両選手に少しでも近づこうと鉄サクの前まで観客が殺到する。戦前、高山は「昔は小橋が勝ったらワーッてリングサイドに寄せていたじゃん。今はないっていうのは感動的なタイトルマッチじゃないんだよ。だから感動的に小橋建太を潰してやる」と言った。結果として潰すまではならずとも、ＧＨＣヘビー級戦の熱量を上げてみせた。ある意味この日、完全に全日本時代の四天王プロレスの呪縛《じゅばく》から解き放たれたとも言える。

「あの日（2003年3月1日）だけじゃなく、三沢さんと小橋さんの試合はどこまでいっちゃうんだろう、どこまでやっちゃうんだろうっていう試合だったんで、そこに俺が入ってインパクトで勝つにはどうすればいいかって、そういうことばかり考えた。本当に、三沢さんと小橋さんがいたからこその高山だって、そう思います」（前述のトークライブ）

高山にとってのこの一戦は、何人《なんぴと》たりとも立ち入らざるごとしとされた三沢vs小橋戦への挑戦でもあった。インパクトで勝つための闘いをやったら、それを上回ろうとする絶対王者が存在した。

ＰＲＩＤＥのオファーも来ながら、ＧＨＣ戦を選んだ経緯は小橋も知っていた。だから、その意気に対し全力で応えるつもりだった。

「高山っていうライバルがＧＨＣを選んで、武道館に来たことで、ＮＯＡＨのファンだけじゃなくプロレスファンみんなのプロレスパワー、プロレス力っていうのを見せられたと思う。そういう意味では今日、高山と闘えてよかったと思います」

敗れた高山は起き上がると勝者と額をつけ合わせ、握手を求めぬままリングを降りた。８度目の防衛となった小橋は「プロレス」を全身で浴びた大観衆の顔を一つずつ確認するかのように、リング中央でゆっくりと武道館を３６０度見渡した。

年配である三沢や川田利明とは違う、同世代だからこそ築けたもの。それが当事者の二人だけでなく多くのプロレスファンと共有できる名作となったのは、かけがえのないことだ。小橋は、そういった空間こそが「財産」だと思っている。

「あの時、勝利者インタビューでアナウンサーの人が『頂上決戦を制した小橋選手です！』って言ったんだけど、ちょうど控室に戻った高山選手もテレビカメラを向けられていて。『今日はさまざまな試合がある中で（ＰＲＩＤＥ以外にもＺＥＲＯ－ＯＮＥで橋本真也＆武藤敬司の10年ぶりのタッグが組まれていた）なぜ小橋建太を選んだんですか？』って聞かれて、リング上の声が聞こえてきた。

それを拾って『頂上決戦って言ってんだろ！　そこに出るのが務めだよ』って答えたんですよ。すごいタイミングだなって。その思いの裏には、ＰＲＩＤＥ出場時に快《こころよ》く送り出してくれた三沢さんへの気持ちもあっただろうし、小橋建太が相手だからっていうのもあっただろうし」

ＰＲＩＤＥと新日本で活躍する高山を追いかけてきた金澤だが、一番凄かった試合としてあげるのがこの小橋戦だ。二人がぶつかると、ここまでとんでもないプロレスになるのかというのが素直な思いだった。

バックステージで金澤は、救護室へ入る高山を見かけた。頭でも打ったのかと思い、ドアの前で待つ。

そして十数分後、出てきたところで「大丈夫ですか?」と振ると、髙山が少しだけニヤッと笑い「大丈夫じゃないからここに来たんですよ」と返した。その顔が印象に残っている。

「あの一戦から数日後、長州力に会うと小橋vs髙山戦をテレビで見たって言うんです。そして、こう言っていました。『あの試合がプロレスを救ったんだ』って。それぐらい刺さったようなんです。まだ総合格闘技に押されていた頃じゃないですか。これだったら格闘技よりも凄いだろ?って胸を張れる象徴的な試合だという意味で言ったんでしょう」

707日間に及ぶ脳梗塞との前例なき闘い

小橋戦の8日後、3年連続ゴールデンウィークの新日本東京ドーム大会に出場した髙山は、蝶野&村上和成《むらかみかずなり》を相手にIWGPタッグを防衛。NOAHでも森嶋&力皇を退け、7・19月寒グリーンドームでは佐々木健介&ライガーを粉砕し、鈴木とともに(別ブロック)タッグチャンピオンとしてG1へ乗り込むこととなった。

開幕戦の8・7相模原では中西に敗れ、3年連続黒星スタート。翌日、2年前と同じ大阪府立体育会館で健介との公式戦に臨む。お互い、前回とはまったく違う立場での再会。

髙山は言うまでもなく、健介も新日本をやめて入団したWJで辛酸を嘗めたが、フリー転身後に全日本や闘龍門、ＤＤＴ、みちのくなど幅広いリングで活動するうち、いい意味で角が取れプロレスラーとして熟成された形で古巣へ参戦していた。新日本vs外敵の枠を越えた闘いは、2年前を上回る激しさとひらめきのぶつかり合いに。

「あいつにはできない技をやろうと思った」健介がライダーキック（ミサイルキック）や場外へのスーパーダイブを見せれば、高山は何十発ものラリアットを逃げずに受けることで格闘技とは違うプロレスラーの凄みを体現し、凌駕《りょうが》せんとする。そのやり合いは、明らかに変化が生じた距離感の上で描かれた。

そしてフルネルソン・スープレックスからの高角度ジャーマンで前回の雪辱《せつじょく》を果たした高山。勝敗とともに2年前と違っていたのは、健介に右手を差し出し握手を交わしたあと、抱き合ったシーンだった。

「過去2回闘った時より佐々木健介は確実に強くなっている。その健介に勝ったのはよかった。試合が終わってからああやって闘った相手と握手する気持ちになるなんて、あまりないんだけど。今日の一勝は大きい。あとは全部勝って両国では（決勝トーナメントの）有利なポジションに入りたいね」

フラフラになりながらもバックステージに戻ってきた高山だったが通路に立ち止まり、そうコメントを出した。だが――。

この一戦のリポートを担当した佐久間は、他の記者がコメントを取り終えすでに始まっているメインの中邑vs柴田戦へ戻っていった中、ふと勝利者賞の目録を拾おうと手を伸ばす高山に目をやった。精も根も尽き果てたのか、つかめずにいた。

「大丈夫ですか？」と言いながら、佐久間はそれを拾い、手渡した。すると、今度は控室へつながる扉を開けようとしても動かせずにいるではないか。

その場にいたのは2人のみ。心配になったため、そばについて「人を呼びますか？」と振るも「大丈夫」とだけ答え、扉の向こうへ入っていった。しばらくして、会場に救急車がやってきたため周囲は「(負けた)健介がケガをしたのか？」とアワを食ったが、佐久間はすぐに高山だと察知する。

佐久間によると、試合中はなんら異変を感じる場面はなかったという。これは放送席で解説を務めていた金澤も証言する。

「抱き合ったあと、高山が健介の健闘を称えて手をあげるまで不自然に映るところは何一つなかったんです。セミ前の天龍さんと永田裕志の公式戦もよかったし、またメインの中邑vs柴田戦もあれほど重い試合のあとに二人は大丈夫だろうかと思いながら見ていると、またメチャクチャ面白い試合で。僕の中であの日の府立は、本当に最高だったんです。

そのあと、ホテルに戻って作業をしなければならなかったので、高山選手が運ばれたことを知らずに新三銃士（棚橋、中邑、柴田）で週刊ゴングの表紙を決めていた。そうしたら、北斗《ほくと》晶《あきら》から電話がかかってきて。『金澤さん、高山さん大丈夫かな？　健さん（健介）も動揺しちゃって……』と言われても『えっ、なんのこと？』としか返せなくて。それで聞くと病院に運ばれて健介も心配になっていると」

言うまでもなく金澤も気がかりだったが、朝には締切を迎えるため作業を優先しなければならず。急きょ新三銃士の真ん中に健介vs高山戦のカットを一点入れ、表紙にした。

対戦相手の健介も、異変は感じなかった。控室へ入る前、高山とは反対側のフロアでコメントを終えた時に話が伝わってきた。数分前まで、鬼のような強さで自分に向かってきていた男が倒れたという事実に、しばらく立ち止まったまま動けなくなる。

「2年前のシングルマッチの時って、最初の対抗戦の時にやった試合よりも同い年っていう意識がお互いどこかにあったと思うんです。だからこそ負けられないっていう、先輩たちに向かうのとは違う気持ちですよね。この時も、お互いフリーとして違う立場にあるけどぶつかり合った仲っていうのがあるじゃないですか。そういう思いで、無意識のうちに病院へ向かっていました」（健介）

搬送先の富永病院は1987年4月27日、健介と知り合う前の北斗が同じ府立での試合中、雪崩式ツームストーン・パイルドライバーで首を骨折し運ばれ、命を救われた地でもある（当時は富永脳神経外科）。会場に近いため、高山も「肥左中脳脳動脈脳梗塞《ひさちゅうのうのうどうみゃくのうこうそく》」の診断後、発症から2時間でカテーテル手術を施《ほどこ》せたのが不幸中の幸いと言えた。

術後、健介は面会できたものの「喋らせてはいけない」と思い、会話をせず。ただただ高山の姿を見ながら「無事でいてほしい」と願うのみだった。

翌日の神戸ワールド記念ホールにおける西村との公式戦、健介はコーナートップからダイブしての前方回転エビ固めという意表を突く技で勝利をあげた。そこでは高山について言及しなかったが、8・10愛知県体育館の天山戦が30分ドローに終わったあと、抑えようのない感情を口にした。

「俺は高山の分まで優勝する。俺があいつの立場（欠場）だったら悔しい。病院へ見舞いにいった時、誓った」

対戦相手が倒れたという重い現実の前では、多少なりともプロレスと向き合う上で迷いが生じても不思議ではない。ましてや健介は、ガンガンいくファイトを信条としている。

あの試合がきっかけで、気持ちにブレーキはかからなかったのか。20年経った今、健介本人に聞くとそれを否定した。

「逆にブレーキをかけちゃいけないと思いました。あれほどの試合をやった仲だけに、変えるのは高山選手も望まない。僕が強かったからそう思えたんじゃなく、高山選手が強いからそれに応えたいだけだったんだと思うんです。もしもあそこで僕がプロレスラーとして変わったら、髙山善廣は怒っていたんじゃないかな。何やってんだ！って」

この時点で、髙山がＰＲＩＤＥへ出る時のトレーニングパートナーを務める以外、さほど接点がなかった金原弘光は偶然にも府立の会場へいた。大阪の知り合いと見にきたらしい。

「僕はそんなひんぱんに大阪へいくことがなかったので、本当にたまたまでした。それで試合が終わって控室を訪ねたら、何か様子が変だった。受け答えもおかしくて。あとで、誰かから病院に運ばれたって連絡をもらって、それですぐ僕が奥さんに伝えたんです」

直接の連絡先を知っていた金原がいなかったら、もしかすると奈津子に知らせがいくまでさらに時間がかかったかもしれない。その時、友人宅で神宮外苑《がいえん》花火大会を見ており、すぐさま大阪へ向かおうにも新幹線の終電時間は過ぎていた。

ところが、一緒だった知人のカメラマンがそのまま車で大阪へ向かうという。そこに同乗させてもらい、深夜の高速道路を飛ばした。

金原が会場にいっておらず、友人のパーティーが解散してから連絡を受けていたら、始発の新幹線まで待たなければならなかった。奈津子は明け方に富永病院へ着くことができた。

先に試合を終えた鈴木は健介戦をモニターで見ながら、控室へ戻ったら「今日はどこへ飯食いにいこうか」と言うつもりで待っていた。ところが、誰かの声で「髙山選手が廊下で倒れている！」と聞こえた。

すぐに控室の外へ出て髙山に声をかけると「大丈夫、大丈夫。でも体がちょっと動かない」と喋ることはできた。ただ、パンクラスでいろいろな症状を見た経験から、これは救急車を呼ばなければと思い、三澤威トレーナーに伝えて自分は荷物をバッグに詰めるなどの対応をした。髙山はろれつが回らず、右半身の麻痺が見られた。府立を出たのはメインの試合中だから、迅速な対応だったと言える。

大阪大会翌日の神戸を発ち、名古屋へ向かう前に鈴木は病室を訪ねた。髙山の姿がなく、一瞬「もしや……」と最悪のケースが頭をよぎるも、すぐに廊下を「あざーす」という感じで大きな体が歩いてきた。そして「大丈夫ッスから！」と笑ったが、実際は大丈夫でなかった。

8月10日、髙山の個人事務所「髙山堂」が会見をおこない、術後の再検査を踏まえて医師が脳血栓《のうけっせん》(左大脳動脈狭窄症《ひだりだいのうどうみゃくきょうさくしょう》または一過性脳虚血発作《いっかせいのうきょけつほっさ》)と診断したと発表。術後、ＩＣＵ(集中治療室)で経過観察し、主治医によって病状の消失が確認されたため一般病棟に移ったことも報告された。

脳血栓と脳梗塞は混同されやすいが、脳梗塞には脳血栓(アテローム血栓症梗塞)、脳塞栓、ラクナ梗塞と3つの病型がある。髙山は倒れた翌日の神戸にも出場すると言い張ったが、医師に「プロレスの試合なんてとんでもない！　今日、動いたら死にますよ」と止められた。

神戸は、公式戦の相手である金本浩二の地元で、しかもメインに予定されていた。それもあって休むのは申し訳ないと、無理してでも出たいと思った。以後、G1は途中リタイアとなってしまったが、どうすることもできぬ憤《いきどお》りをあらわにしたのが天龍だ。

「天龍さんは、髙山選手が出ると聞いてG1出場を決めたそうなんです。ブロックは別だけど、決勝トーナメントに勝ち上がれば闘えるって、楽しみに公式戦へ臨んだ。だから髙山が途中欠場になったら『なんだよ！　じゃあ、もう出ないよ‼』とふてくされちゃって。それほど髙山善廣と闘いたかったんです」（金澤）

会見では希望的観測も含めて「早くて9月末の復帰」とされたが、現実は想定以上に深刻だった。2週間後、退院した髙山には707日にも及ぶ強敵との闘いが待ち受けていた。

手術を受けてしばらくは、喋る時も支障は見られず手足も動くようになったためすぐに復帰できると思ったが、しばらく経つと頭で考えたことが言葉として出なくなり、長く話すと顔が硬直《こうちょく》する。字を書くなどの考えた動作通りに体が反応しなくなる。中でも最初の症状同様、右半身への影響が大きかった。

右脚を引きずらなければ歩けぬ状態。医師からは脳梗塞を発症し復帰したスポーツ選手はいないと告げられる。事実上の引退勧告《かんこく》である。

それでも、髙山にはどれほど時間がかかろうとリングへ戻る以外の選択肢はなかった。前例がないということは、そのためのリハビリ方法もなく自分で調べて実行するのが唯一の道。

　体質を変えるべく肉をやめ、魚と野菜中心の生活に。酒は言うまでもなく、こよなく愛するコーヒーも口にしなかった。食事に関しては、奈津子の協力が必要となる。

「西洋医学とは違う、ちょっと不思議パワー系の先生のところに通っていて、処方箋《しょほうせん》ではなく食箋《しょくせん》っていって、こういうものを食べなさいと渡されるんです。最初は、動物系はもちろん、鰹出汁《かつおだし》さえダメで昆布出汁に限られて。あれほど好きなお肉をやめてどうするんだろうと思ったんですが、死ぬような病気をした人って素直に聞くんですね。何より、どうしてもプロレスに戻りたいという強い思いがありました。

　だから『もう我慢できないんで食わせてくれ！』と言われることはなかったです。むしろ私の方が困るぐらいで、それまでは干物の代わりにステーキを焼いていたような食生活だったのが、肉を入れない野菜だけの炒め物とかになるわけじゃないですか。なので、いろいろ考えて作りましたね。たとえばお肉の代わりに厚揚げを入れて食べてみたらそれほど困らなかったり。別々に作るのも面倒なので、私も同じものを食べていました」

　医師から自己責任でやれと言われたとあれば、プロレスのリングに戻ろうとする姿が不安に映っても不思議ではない。ただ、奈津子は「やめて」と言ったことは一度とてなかった。それは、必死にリハビリと向き合う姿を見ていたからだ。

人の目があるところで歩きたくないと、夜中の公園にいって散歩した。カタツムリほどの速さでしか進めないのだが、奈津子は容赦なく「遅い！」とゲキを飛ばした。

ほかの人間ならば、言えないことだろう。「会社勤めだとフルタイムで付き添えなかったから、モデルの仕事でよかった」と奈津子は言う。それを聞いて「自分の人生を髙山善廣に注いでいますね」と振ると、笑いながら答えた。

「いつだったか、私もタレントさんになっていろいろ仕事したいって話すと『奈津子が年収4000万円ぐらい稼ぐようになったら、俺はいつでもプロレスをやめて主夫に専念するよ』って言うんです。さすがにそれは無理って返したら『じゃあ、俺の世話をしていた方がいいでしょ』って。そうだよなあって思いました。そんな感じなので今、言ってくださっても『そうかなあ』と思うぐらいなんですよね」

二人の出逢いの場から見てきた和田良覚は、結婚を考えている時も髙山の相談を受けた。家族ぐるみの付き合いが続く中で、訪れた試練を見守ることになる。

髙山が倒れた知らせは、家族で伊豆へ海水浴にいっていた朝、鈴木より連絡が来たという。妻も仲がよかったため青ざめ、和田はショックのあまり腰から崩れ落ちた。

「僕は奈津子さんを〝ナッピー〟って呼んでいるんですけど、よく3人で出かけたんです。あの二人と歩くと、髙山くんは196㎝の上にウェスタンブーツを履くと2mぐらいになって、ナッピーも背が高いからヒールを履くと185cmになる。僕が真ん中に立つと、捕まった宇宙人状態なんですよ。それを面白がって二人が僕と肩を組むんです。大笑いですよ。

だからね、ナッピーを見ていて愛情以外の何ものでもないなって思います。それと同時に、愛だけでも無理なんですよね。プロレス界の帝王と言われて成功したところから一転するわけじゃないですか。結婚した時には想像していなかった状況と向き合う。そこは肝っ玉なんだと思います。ガラッパチの一面がありますしね。本当に頭が下がりますよ。会うたびに大丈夫って言うんです。この人、すげえなって」

髙山家の二人三脚を心の中で応援しつつ、和田には引きずったままの思いがある。脳梗塞になった時「プロレスをやめた方がいい」と言えなかった悔いだ。

もちろんそれが髙山の目標であり、支えていたのは理解している。ただ、自分は友人として進言できたはず。そして、その後に起こることも避けられたのではと、今も思うのだ。

「レフェリーの立場で見ていて、僕は圧倒的に危ないと思うのがプロレスラーとボクサーなんです。MMAやキックボクシングはそこまでドツキ合いにならないし、止めますから。僕は選手たちをリスペクトした上で若い選手たちに『危険なことをやってんだから、絶対に無理をしちゃダメだよ。そしてちゃんとケアをするんだよ』って言うんです。

それもあって、危険だとわかっている友達として言えたんじゃないかって。もちろん、僕が言っても髙山くんはカムバックを目指しただろうけど、僕は普通の友人が言えないようなキツい言葉も出していたんです。なのに、あの時は強く言えなかった。その葛藤が残っています」

髙山自身は、すぐにリングへ戻れないと悟った時点で気長に、時間をかけて取り組もうという姿勢になれた。リハビリにより体調が戻ると芸能活動の方で日常を慣らしていく。NHK大河ドラマ『功名《こうみょう》が辻《つじ》』で蜂須賀小六《はちすかころく》役を務め、話題にもなった。

鈴木秀樹《ひでき》はIGFでデビューする前、復帰を目指してUWFスネークピットジャパンで練習に励む髙山を見ている。サンドバッグを蹴って、大きな体で壁と垂直になるまでブリッジをしていた。終わって挨拶しにいくと、横の自動販売機よりも大きかったのが印象的だった。

ファンでもあった秀樹はしばらくして「もうブリッジ、大丈夫なんですね」と声をかけた。髙山は「これができなかったら俺、リングに戻れないからさあ」と言った。代名詞のジャーマン・スープレックスを完ぺきな形でやれるまでは、復帰しないと決めていたのがわかるエピソードだ。

秀樹は髙山が再起するまでの過程を同じ空間で見ただけでなく、宮戸優光に言われて押さえ込みのスパーリング相手をした経験も持つ。つまり、デビュー前に肌を合わせているのだ。

「その時、僕は80何kgで普通の人よりは重かったのにバーン！と跳ねられて。『これか！』って思いました。練習にさえならなかった。もともとプロになるつもりはなかったんですけど、絶対に無理だなと思わせてくれたのが、リハビリ中の髙山さんだったんです」

２００６年6月13日、ＮＯＡＨより髙山の復帰が発表された。その後、対戦カードは三沢光晴&秋山準vs小橋建太&髙山善廣に決定。まさに、これ以上のカードはないし、カムバックの相手としては高いハードルだ。ただ、それも自身で求めたのは容易に想像できる。実際、同じコーナーへ立つことはなかったライバルと組みたいと希望したのは本人だった。

ところが……なんという運命なのか、16日後の29日、三沢社長から小橋の腎腫瘍《じんしゅよう》摘出手術が明かされる。つまり、腎臓癌《じんぞうがん》である。

健康診断のエコー検査で異常が見られたのは6月19日。22日にＣＴ撮影をおこなったところ、右腎臓に4、５㎝の腫瘍が発見された。良性か悪性かの正確な判断は摘出後にしかできなかったが、画像を見た限り「悪性の疑いがある」との診断結果。

次期シリーズ以後欠場となり、7・16日本武道館における髙山の復帰戦にも出場がかなわなくなった小橋は「自分の体よりも試合に穴を開けるのが一番辛い」と三沢に漏らしたという。

あの時の心境を本人が語る。

「まさか自分が癌になるとは……その思いの中で、髙山選手の復帰戦だけはどうしても出たかった。それを先生に言ったら『もしも試合中、腎臓が衝撃を受けて破裂したら全身に癌細胞が飛び散る。今、手術を受けたら助かる可能性があるけど、癌細胞が飛び散ったら難しくなります』と言われて、諦めざるを得なかった。

なぜ、そこまで出たかったか。それは彼の人間性によるものだと思う。普段の付き合いはないんだけど、闘いの中でふと感じるものがあった。似たようなことがスティーブ・ウイリアムスにもあって。こちらが慣れていない英語だから話してわかり合える関係ではなかったけど、闘いを通じて同じ思いを感じていた気がした」

小橋は、リング上という極限状態で追い込まれた時こそ人間の本質が見えると思っている。殴り合い、投げ合い、逃げずに受け合う中で感じた高山の意識の高さ……そこにシンパシーを覚えた。

前述通り、これ以上はない復帰戦のカード。いや、たった一つだけそれに匹敵する物語を持つ男がいた。

高山、小橋、健介同い年の因果律

小橋の欠場から時間を置かず代わりに佐々木健介が、高山のパートナーを務めることが発表された。言うまでもなく欠場前の最後の相手であり、あの続きをスタートさせるという理由が成り立つ。

加えて前年のNOAH7・18東京ドームで小橋と健介は初対戦。5分以上にわたり合計218発にも及ぶチョップ合戦を繰り広げ、今なお語り継がれる名勝負を生み出した。

何より健介と髙山は同い年で、1967年3月生まれの小橋も同学年。復帰戦のカード以前に、その関係性から導かれたとしか言いようがない。健介とすれば、小橋の分も……の意識で望むところ。だが、あまりの現実が葛藤を生み出した。

全日本のツアーに参加していた健介は、6・30長野の日に出場の打診を受け承諾。夜のうちに自宅の吉川《よしかわ》へ戻り、車を飛ばして福島市体育館へやってきた。そこには北斗も2人の子ども連れで同行。

芸能の仕事を含めただでさえ忙しい中、北斗が福島へ来たのは小橋のことで落胆する夫を気遣ったものだったのは、容易に想像できる。天下の鬼嫁が来た！とごった返すグッズ売店をよそに、健介は会場の片隅でダンベルを挙げ始めた。

ところが、それにテンポがない。2、3度挙げると「フゥー……」とため息をつき、やめてしまう。前日の長野で小橋についてのコメントを求められると「言葉にならないんで……」と口を閉ざしていた。

「なんで……なんでこんなことになっちゃうんだろうね。俺、あれから考えたんだけど、やっぱり言葉にならないんスよ」

現実を受け止めきれぬ憤りを、健介は語り始めた。その中で出した結論は「小橋選手へ頑張れと言う前に、俺たちが頑張らなきゃ！」だった。

ようやく手に入れた支えの言葉を何度か反《はん》すうし「よし、元気出すぞ！」と気合を入れる。すると、それまで重かったダンベルが軽々と、リズミカルに挙がった。

そうして気持ちを吹っ切った翌日。健介はビッグマウスラウドのリングで柴田と一騎打ちをおこなった。

スリーカウントを奪ったノーザンライトボムで落とす直前、ディフェンスしようと柴田が脚をバタつかせたところ、落下時にヒザが左目を直撃。痛みが強かったため、翌日の全日本大田区体育館大会前に病院へいき眼球の筋肉を引っ張り上げる処置を受けた。

診断結果は左眼窩底骨折。痛みは少しやわらいだものの目が回り、周りも3Dのように見える日々が続き、気持ち悪さが収まらない。

北斗は断る勇気も必要と言ったが、健介は「どうしても武道館に出る」と聞かなかった。その間にあった全日本7・3大田区&7・9入間を休むとケガを知られ7月16日への出場は不可能となるため、関係者やマスコミには黙っていた。

1週間が経過しても視力は戻らず、10日に再検査し14日、入院。武道館当日は外出許可をもらいベッドから直行した。

つまり、負傷後12日間は病院へ入らず、痛みと気持ち悪さを抱えながら生活していた。入院すれば練習ができなくなるという判断だった。せめて安静するようにと医師から何度も言われながら「休むことで試合のレベルを落としたくない」と健介は汗を流し続けた。

リングに立つ三沢と秋山の相手、高山復帰戦のパートナーとしての務め、病床で無念を噛み締める小橋の思い……それらすべてと向き合う気構え。そこへもう一つの闘いを背負っている事実など、誰も知る由などなかった。

「気持ちが吹っ切れてからは、ずっと赤コーナーと青コーナーに分かれていた二人が、歩み寄りを見せたあとではなくいきなり組むのも面白いと思えたし、高山選手とのタッグは鳥肌が立つようなことだと思いました。でも、目をやった瞬間に、すぐ高山選手の復帰戦が頭をよぎって。

目を支える骨が折れたので、目ん玉が落ちるわけです。試合が終わって、頭を揺らさないようにゆっくり歩いても右と左の視界がずれて気持ち悪い。それで病院にいったら手術をしないとって言われたんだけど、受けたら彼のパートナーは務められないわけだし、小橋選手が出られなくなって、今度は俺が出られないってなったら、小橋選手がなんとも言えない思いになる。だから絶対に出なければばって」(健介)

強行出場の2大会では、3本のロープが6本に見える中で試合をやった。距離がつかめないので感覚で飛んで、相手にぶつかっていった。もちろん目は痛くてたまらなかったが、顔に出たら「どうしたんですか?」と聞かれるため必死に我慢する。

驚いたのは、パートナーの中嶋勝彦《なかじまかつひこ》にも明かしていなかったこと。「言ったらあいつは俺をかばおうとするから」が理由だった。

医師以外で知るのは本当に北斗のみ。そして当日、髙山にも黙っていた。不自然に思われぬよう会話を交わすのは、難しかったはずだ。

「普通に向き合って喋るだけで目の前が揺れているんです。片目をつぶればハッキリ見えるんですけど、それをやったら変じゃないですか。やらないようにしていたんだけど一瞬、無意識につぶっちゃった。すると、髙山選手がウィンクしたんですよ」

どうやら、髙山は頑張ろうという意思表示をされたと受け取り、同じ返しをしたわけだ。今となっては笑い話だが、その時は逆にウィンクと思われてよかったと健介も振り返る。

こうして迎えたプロレス界の帝王約2年ぶりの復帰戦は、1万6500人のファンが日本武道館を埋め尽くした。同じNOAHの超満員でも、この日は思い入れが強い分、客席の密度もいつも以上に濃く感じた。

セミファイナルの丸藤&KENTAvs森嶋&力皇が終わるや、場内暗転するや電光掲示板に「髙山善廣復帰戦」の文字が浮かび上がり、三沢、健介、秋山の順で入場後、テーマ曲『DE

ＳＴＲＵＣＴＩＶＥ　ＰＯＷＥＲ』の重厚なイントロに合わせて「オイッ！　オイッ！　オイッ！」の大合唱。レーザー光線が交差する中をそこのけとばかりに歩を進め、左脚を高々とあげてリングイン。

「カタツムリのような速さでしか歩けなかった」人間が、もとの姿のまま帰ってきた。ここは比喩的な意味ではなく、医学的見地から言おう。

「奇跡」が、目の前にあった――。

19時50分、先発を買って出た高山は707日ぶりにリング上で動き始める。ロックアップへ来た三沢へフロントキックとヒザ蹴り2発を入れダウンを奪うと、カウント8で起きたところへランニング・ローキックを入れ、右手を高々とあげながら踏みつけフォール。いきなり、何ものも恐れぬノーフィアーとしての姿を挨拶代わりに持ってきた。

秋山と場外戦になった健介が振ると、高山のビッグブーツが待っていた。リング内へ戻るとバックドロップ＋ネックブリーカードロップの合体技がサク裂。中盤にはダブルのブレーンバスターも決めるなど、初タッグとは思えない。

ただ、復帰戦は攻めるより相手の技を受けた時の方が勝負のポイントとなる。実戦を離れたことで肉体の耐久力が落ちているからだ。高山は三沢の右ヒジを何度も食らいながら「痛さを感じる……これはＯＫだ」と思った。

右半身が麻痺した時は痛みさえも感じなかった。そんな自分の体が、三沢と秋山の猛攻を受け切ろうとしていた。15分過ぎ、健介がコーナーでマシンガンチョップを放つと、替わった髙山もダブルアーム・スープレックスにいくのをやめて「コバシーッ！」と叫び逆水平の速射砲を見せる。思い入れは、連鎖する。

改めてのダブルアーム・スープレックス、バックドロップ、そしてフルネルソン・スープレックスにエベレスト・ジャーマン！　これが本当に2年近くもリングを離れていた男のマットさばきなのか⁉と思えるほど、技がスムーズに繰り出され、フォームも崩れない。

だが、カウント2で秋山に返されると二人がかりでたたみ込まれる。最後は三沢のエメラルド・フロウジョンから秋山のリストクラッチ式エクスプロイダーという、最大級の連弾によりスリーカウントが入った(22分30秒、体固め)。

倒れたままの髙山の腕を引っ張り立たせたのは三沢と秋山。その後、健介を交えて4人で健闘を称え合い、横一列に並んで両腕をあげた。マイクアピール不要の世界だった。

そしてリングを降りる前、あの日の大阪府立体育会館と同じようにハグを交わした時、髙山は「ありがとう」と健介の耳元で告げた。

「生きてるよ！」

いったん控室へ入った髙山と健介は、5分ほどすると報道陣の前に現れた。そして質問が振

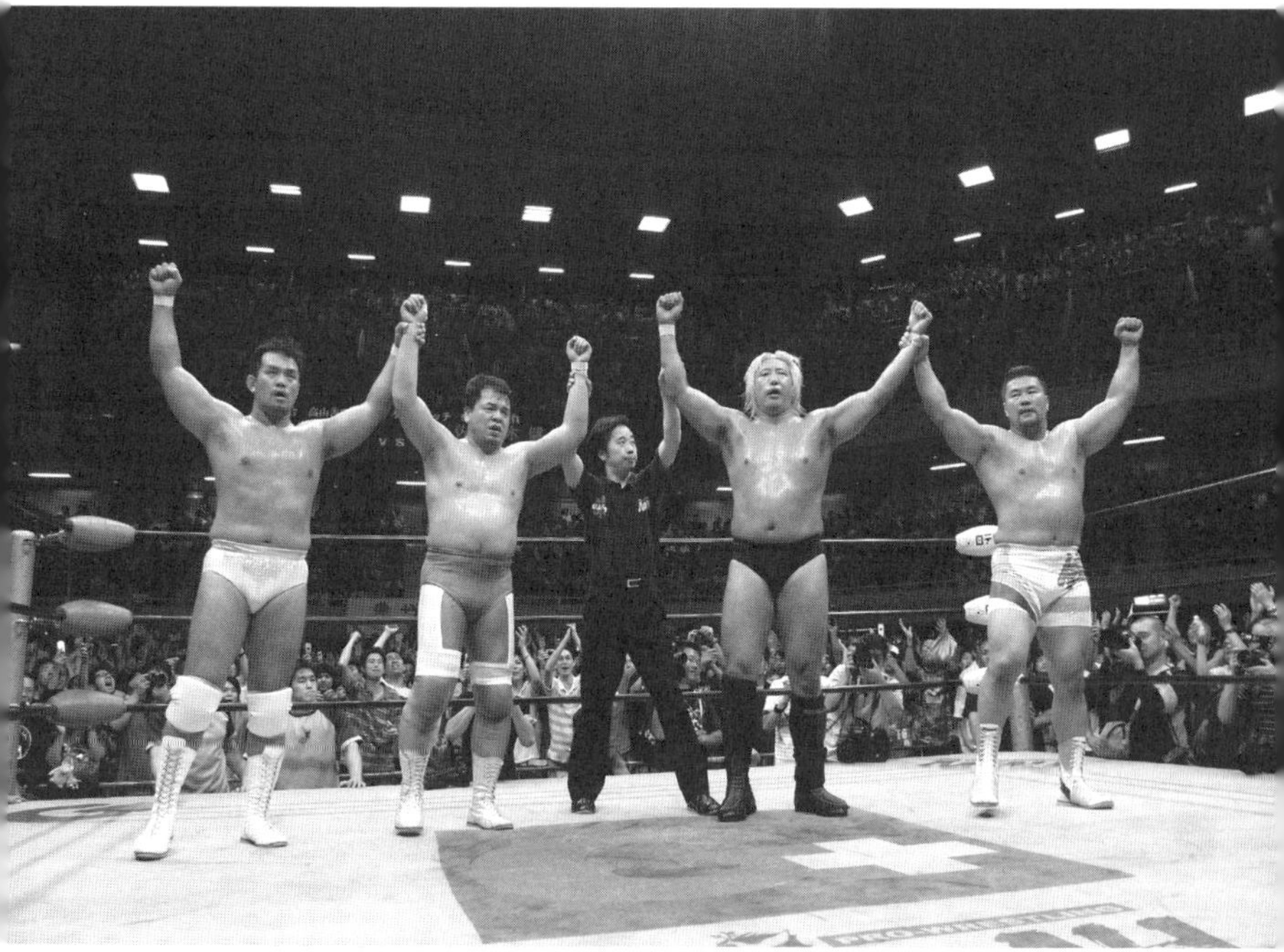

▲「生きてるよ!」――復帰戦から控室に戻ってきた髙山は大きな声でマスコミに告げた

られるより先に、リングへ生還したプロレス界の帝王は自らそう叫んだ。

その瞬間、場の空気が明らかに動いた。マスコミとして携わる者たちの気持ちが、波打つように揺らいだのだ。

「もうやめようと思ったけど、生き残っているから続けなきゃいけないね。100点満点で5点ぐらいだな、今日は。俺と健ちゃんが初タッグで勝利を飾れなかったこと、悔しいね。(小橋が隣にいないのは)非常に残念だけど、彼のアクシデントがあって健ちゃんと初タッグ組めたしね。

(「一瞬でも怖いとは思わなかったか」と聞かれ)それは本当になかった。でも2年間も実戦から離れたら、こんなところでペース崩れちゃうんだなって思った。昔以上に練習したんだけどね、復帰前は。だけど違うものなんだよね」

欠場中、高山は健介オフィス興行でトークライブに出演し、共演した健介を「健ちゃん」と呼んだ。業界のキャリアでは先輩となるが、それよりも同い年の方がお互いにとって大切な事実なのだと思えた。

高山がコメントを出す間、健介が隣でその肩にずっと手をかけていたのは、二人が同学年であるのを象徴するシーンだった。あとで本人に聞くと、まったく意識したものではなかった。

「ハハハ、普通は向こうの方が背高いから乗っけづらいんだけどね。たぶん、自分の『よかったね』っていう気持ちじゃないかな」

最後は、高山がノーフィアーポーズで締めたが、健介が「今度教えてよ」とリクエストしたため、改めて二人で決めた。すでに、救急体制はとられており、一刻でも早く病院へ戻る準備が整っていたにもかかわらずだ。テレビ解説席で試合を見守った北斗が、佐々木久子《ひさこ》の顔をして息子二人とともに寄り添った。

「あの試合、今でも感触として残っているのはタッチした時の信頼感から来る力なんですよ。高山選手がパチンと俺の手を叩いた瞬間、ヨシ！っていう漲《たぎ》るものが湧いてきた。それが初タッグで感じられるなんて、そうあるものじゃない。試合中は直接、目に入ることはなかったけど、三沢さんと秋山選手だから一発一発が体のどこに入ってもすごい衝撃で目に響く。正直、終わった時はホッとしました。やっと安心して病院に戻れるなって。

高山選手が『生きてるよ！』って言った時はこっちが泣きそうになりました。涙が出る一歩手前だったんですけど、ここで俺が泣いちゃダメだ！って。彼が一番の主役じゃなきゃいけないんだから。タッグパートナーの僕やレスラーのみんな、ファンだけでなく、みんながあのセリフは嬉しかったと思いますよ」

最後まで高山に告げることなく武道館をあとにした健介。すべてが明らかにされたのは、翌17日の会見だった。おそらく、小橋もこのタイミングで知ったと思われる。

後日、髙山が健介の見舞いに訪れた。大阪の夜とは反対の立場……二人は、その両方を経験した関係となったのだ。

この時に流れた三沢&秋山vs小橋&髙山は、1年4ヵ月後の2007年12月2日、同じ日本武道館で実現する。そう、鉄人が腎臓癌を克服し、リングへ戻ってきた日である。

長期欠場後、10・27日本武道館のリングへ初めて来場したスーツ姿の小橋は、自ら復帰戦のカードを発表。そこへ髙山が登場し、ガッチリと握手を交わす。

「自分のせいで流れたカードですから、ケジメをつけるために自分の試合でやるしかない」

自身の復帰戦であるとともに欠場している間、髙山に対する思いがパンパンに膨らんでいた。この頃になると、プロレス界の帝王は完全に復調しており、まさに最強のタッグパートナーと言えた。三沢の雪崩式エメラルド・フロウジョンに小橋がスリーカウントを喫したが、実況を務めた日本テレビ・矢島学《やじままなぶ》アナウンサーの「小橋が勝ちました！　腎臓癌に勝ちました‼」の言葉がすべてだった。

小橋の復帰後、髙山が音頭をとり健介を含む三人で一度だけ食事の場に集まった。そのさいスリーショットを撮ったが、携帯電話を機種変したため手元に残っていない。でも、それでもよかった。リングの上で、あれほどのかけがえのない追憶を刻んだのだから——。

復帰後の髙山は8月より新日本、NOAH、ビッグマウスラウド、NOSAWA論外プロデユース興行、ＵＷＡＩ ＳＴＡＴＩＯＮ、ハッスルなどに出場し、２００６年を終えた。鈴木とのタッグも再始動させ、各リングを我が物顔でノシ歩いた。

その中での大きな出来事が、大森との４年７ヵ月ぶりの再会。それもノーフィアー復活ではなく、ＺＥＲＯ１－ＭＡＸ（ＺＥＲＯ－ＯＮＥ活動停止にともない橋本から大谷が団体を引き継ぐ）12・27後楽園に突じょ現れた高山が、試合中にかつての盟友を急襲し、流血へと追い込む事態に。

ＷＪ崩壊後、フリーとして越中とＺＥＲＯ－ＯＮＥに乗り込んだ大森は、ＺＥＲＯ１－ＭＡＸに変わった時点で所属選手となり、新日本の中西と「ワイルドチャイルド」を結成。ＩＷＧＰタッグ獲得により高山同様、３大メジャータッグ王座（世界タッグ、ＧＨＣタッグ）を制覇した男となっていた。

「おい、たかおちゃん！　いつまでも帰ってこないから俺が来てやったぞ」

「おい、高山。久しぶりに再会して嬉しいよ。だけどやり方が紳士的じゃないんじゃないか？高山とカード組め！　いつでもどこでもやってやる！」

年をまたぎ1月に開戦したノーフィアー対決は、ＺＥＲＯ１のタイトルであるＮＷＡインターコンチネンタルタッグ王座を懸けて闘うまでに発展。３・８後楽園で佐藤耕平《こうへい》と組んだ高山が、ワイルドチャイルドからベルトを強奪する。

この時は耕平が大森をピンフォールしたが、3・21札幌における大谷晋二郎&大森との初防衛戦では髙山がチキンウイング・アームロックで「たかおちゃん」をギブアップさせた。ZERO1のタッグ王座を保持する間、NOAHでは杉浦とのコンビで秋山&力皇のGHCタッグタイトルに挑戦し、こちらは奪取ならなかった。

5月には鈴木とともにメキシコ遠征でアレナメヒコを体験。ウルティモ・ドラゴン主宰「DRAGOMANIA」にてミル・マスカラス、闘龍門時代のオカダ・カズチカ(当時は岡田かずちか)と対戦する。

「二人してカンクンの浜辺でビーチベッドに寝て、カクテルを飲みながら『新婚旅行で来るところなのに、なんで俺ら男同士でいるんだよ』って言って、カリブの海賊が出てくるような海を眺めた」(鈴木)

インターコンチネンタルタッグは10月で藤田ミノル&菅原《すがわら》拓也《たくや》に手放し、大森との抗争も11月の対戦を最後にフェードアウトする形となる。再会後の一騎打ちは組まれなかった。なぜ尻切れのように終わってしまったのかと本人に聞くと、困惑顔を見せた。

「あれはやっていて、自分でもよくわからなかった。いつの間にか試合に〝ジャーマン世界一決定戦〟とかタイトルがつけられるようになったり(2007年7月24日、後楽園で髙山&耕平vs大森&関本大介が組まれ、髙山と関本の得意技対決がクローズアップされる)。

僕としては、大学生になってからの友人を連れて地元へ帰ってきたら、小学生時代の同級生に偶然会っちゃった感覚だったんですよ。なんで、この3人(自分と髙山、中西)が今一緒に酒を飲んでいるんだろうって。そういう状況って、経験ないですか?」(大森)

すでに中西とのチームで活動していた大森にとっては、たとえかつてのパートナーが闘う側に回ったとしても気持ちが高ぶるまでにはいたらぬままだったのかもしれない。もっと言うなら、対戦ではなく組む関係がベストだったのだ。

その証拠に後年「ALL TOGETHER」や小橋建太引退興行でノーフィアーを単発結成すると、昔の感覚でやることができた。そこに、一度は袂《たもと》を分《わ》かちZERO1で襲撃された事実は介在しなかった。

「髙山さんはどう記憶しているかわからないですけど、僕からすればALL TOGETHERで組んだ時は本当に昨日まで会っていたかのような感覚でした。当日、控室で会ったのが何年ぶりかの再会だったにもかかわらず、どうもどうもという感じで。

その時は秋山&健介組とやって僕が負けてしまい、髙山さんに置いていかれてノーフィアーポーズをやらなかったんですけど(試合前に撮影用のポーズはとる)小橋さんの引退興行の時、10年ぶりぐらいに揃ってやったんですよね。そういう、特別な何かがある時に組む形になってよかったんだと思います。ブランクがあっても、連係も自然に出て自分自身も楽しめましたし」

ノーフィアーだけでなく、ワイルドチャイルド、そして征矢学《そやまなぶ》との「ＧＥＴ　ＷＩＬＤ」と、大森はプロレス史に残るタッグチームを３つも生み出している。それぞれに特色こそあるが、チームとして機能させるにあたりベースは変わらないという。

２００８年の高山はＮＯＡＨのシリーズを中心に活動。その一方で6月17日、鈴木みのる20周年記念大会にて2度目のシングル対決をおこなう。

「高山が休んでいる間に全日本で三冠ヘビー級チャンピオンになって、あいつの復帰戦を見届けながら、喜びとともになんであの中へ俺が入っていないんだろうって、チョイスされなかった悔しさがあったんですよ。それは自分に足りないものがあるからだと思うようにしたんだけど、その時にやれなかったのがあって、自分の20周年大会で一騎打ちができないかと思って高山に聞いた。

復帰以後は一度もシングルマッチをやっていないんで、1対1でやるのはどうなるかわからないと言っていたんだけど、覚悟を決めてやると。でも、ボコボコになりながら自信がついたって言っていましたね。まだ、頭の回転が止まることがあって、以前は脳から指令を出せば体がパッと動いたのが、考えが作動しなくて技を食らっていた。手や脚が動かないより、脳が固まるって言っていたのがちょっとはいい方向にいったみたい」(鈴木)

復帰後もけっして万全の状態ではなかったが、高山はまったくそんなことを感じさせない試合を続けた。この一戦も、壮絶な殴り合いの果てに鈴木の逆落とし↓スリーパーにタップしたが、帝王としての強さをいかんなく発揮。

それをして鈴木は「俺とあいつにしかできない〝これがプロレスだ!〟っていうのを出せた。もう、あいつしかいないだろ。過去も現在も未来も、あいつしかいない。シビレるぐらいに強かった」と評した。そして高山も「俺が病気して、一番身近で親身にしてくれたレスラーが鈴木みのる。だからこそ、完全に復活し倒して、その上で『あなたがサポートしてくれたおかげでここまで来られた』って言いたかったんだけど」と語った。

この時点で、鈴木の主戦場は全日本。2009年、高山自身が「プロレスをやっていて一番楽しかった」と語るGURENTAIへ合流する。

NIA
EMPIRE
3
MANIA

第6章 TAKAYAMA

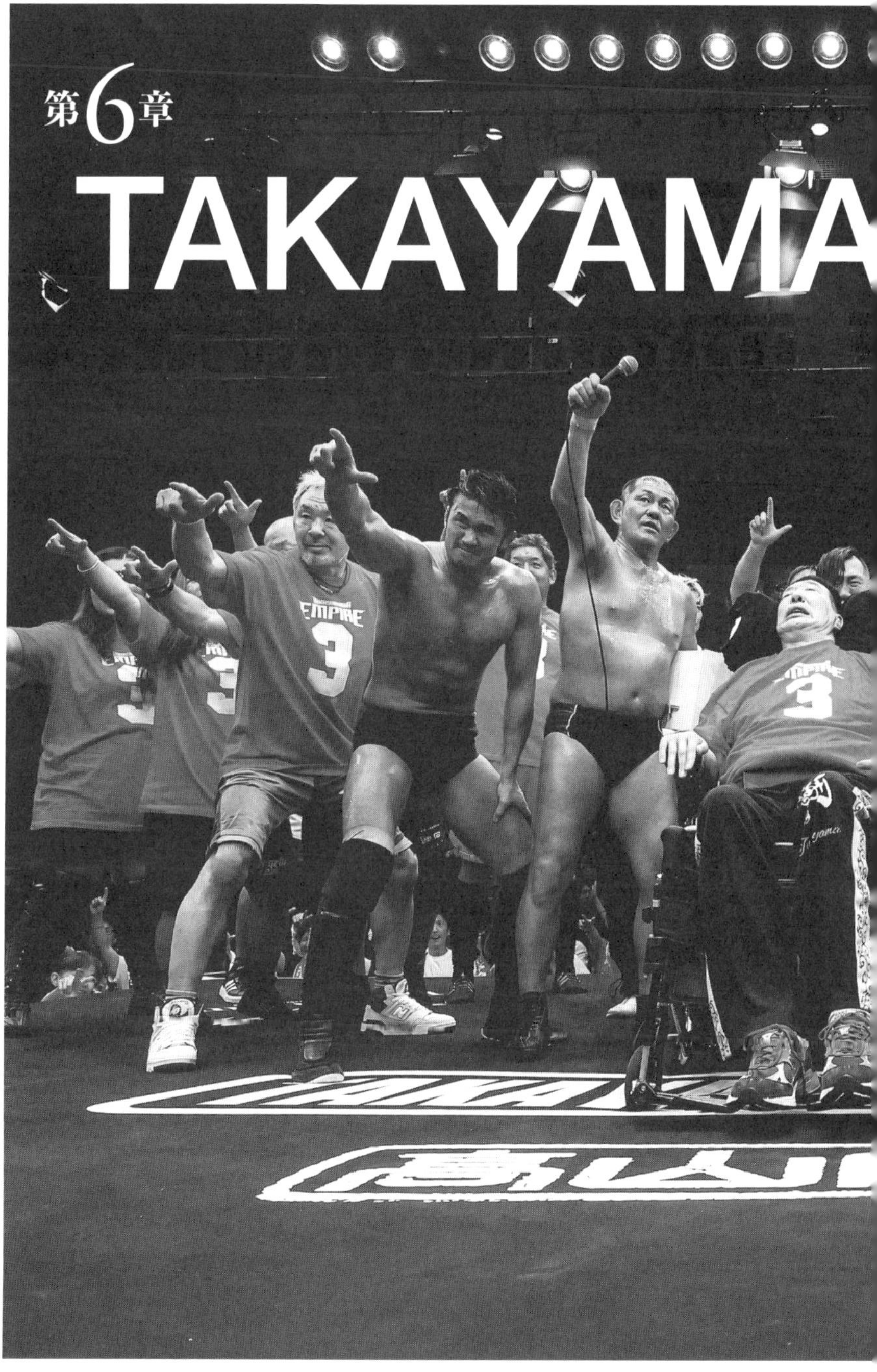

GURENTAI合流と、三沢との別れ

高山善廣がリングを離れている間、鈴木みのるは主戦場を新日本から全日本に移していた。2006年3月10日、大田区体育館でグレート・ムタを破り三冠ヘビー級王座を防衛した小島聡の背後をスリーパーホールドで急襲し「チャンピオン・カーニバルとかいうの、俺も出てやるよ」と宣戦布告。4月7日開幕の同リーグ戦より参戦する。

最初は開場前の練習も一人でおこなっていたが、6月からは東京愚連隊《ぐれんたい》のメンバーであるNOSAWA論外&MAZADAと組むようになり、9・3札幌メディアパークスピカで太陽ケアを破り三冠ヘビー級王者に。しばらくは3人(TAKEMURAが入ることもあった)で活動を続けた。

そこへ2008年4月よりケアが合流し、ユニット名をGURENTAIとした。三冠王座はその後、佐々木健介→諏訪魔→ムタと移動。11・3両国国技館で2度目の戴冠を目論む鈴木が挑戦する。

この日、鈴木は唯一と思われる白黒ハーフ&ハーフショートタイツ(小林邦昭《こばやしくにあき》と同じデザイン)及びリングシューズで出場。魔界に引きずり込まれることなく闘ったが、毒霧で形勢を逆転させられ、シャイニング・ウィザードに沈んだ。

視界を奪われながら試合後も殴りかかる鈴木だが、パンチは空を切るばかり。逆にムタがベルトで殴打するところに入ってきたのは、プロレス界の帝王だった。

鈴木が全日本に参戦以後、高山は一度も同じリングへ立ったことはない。それだけに、真打ち登場感が凄まじかった。

「みのるちゃんの応援に来てさ、そのあとまた三冠獲ってパーティーやろうと思ったらこうなったから。試合終わったのに手出したじゃない、あいつ。まあ、鈴木みのるを倒す男がいるからね。向こうが勇気あるんだったら俺を呼んでみろ。全部ぶっ潰してやる。あのハゲさ、マット界剥ぎ散らかしてしょうがねえよ。独占しやがって。もう俺が病気終わったから、そういう独占は許さない。独占は俺だけだよ。俺のターゲットは、ムタだ」

続く世界最強タッグ決定リーグ戦は「ムタが出なければ意味がない」と出場せず、年が明けた新春シリーズより参戦。当初は武藤敬司社長が「査定する」という扱いだったが開幕からゾディアック、ジョー・ドーリング、征矢学、真田聖也《さなだせいや》(現・SANADA)、荒谷望誉《あらやのぶたか》とのシングル連戦を撃破し、早々とムタの代理人を引っ張り出す。

その勢いのまま三冠挑戦を決め、3・14両国国技館でムタを流血に追い込んだばかりか〝武藤〟を露出させた末に、エベレスト・ジャーマン・スープレックス・ホールドで完ぺきスリーカウントを奪取。プロレス史上初となる3大メジャー団体のヘビー級&タッグタイトル完全制覇を成し遂げた（シングルのグランドスラムは健介に次いで2人目）。

ちなみにタイトルマッチの開始前、大好きなウルトラセブンのアンヌ隊員ことひし美《み》ゆり子《こ》さんより花束を贈呈されており、気合が入ったのは言うまでもない。また、これまで通称として使われていた「エベレスト・ジャーマン」が正式に公式記録となったのも、この全日本参戦からだ。

これにより、世界ジュニアヘビー級以外のベルト（三冠、世界タッグ、アジアタッグ）合計9本をＧＵＲＥＮＴＡＩが独占。バックステージでは鈴木、ケア、ＮＯＳＡＷＡ、ＭＡＺＡＤＡとともに復帰後も控えていたビールで祝杯をあげた。

「久々のビール、うまいね！　復帰1年前の新潟以来だよ」

このメンバーが揃ったとあれば毒舌に拍車がかかるのは当然。ただ、ノーフィアーの時とはどこかノリが違った。あの頃は上に噛みつく発言だったのが、メンバー同士の呼吸を楽しんでいるように映った。

「全日本に来てＮＯＳＡＷＡ＆ＭＡＺＡＤＡと仲よくなって、そこにケアを入れたいって二人に相談したんです。そこの世界観に、高山は入っていなかった。ＧＵＲＥＮＴＡＩは、あくまでも太陽ケアだったから。それは、ジャイアント馬場の最後の弟子だから、そこに興味を持ったんです。俺とＮＯＳＡＷＡが組み始めた時、マスコミに言われたことは絶対忘れないよ。『こんなやつと組んでなんの得があるんですか？』って。

同じレスラーにも『あいつらは業界の底辺ですよ』と言われた。でもあの二人は俺の知らない世界を山積みで持っている人間だから、一緒にやりたいと思った。あいつらと組んだおかげで、本当に世界が広がったんだよ。この面白さ、高山なら絶対わかると思ったんだよね。それでいつか合流させたいと思っていたんだけど、俺の中では高山vs武藤って面白いんじゃね？っていうのがあったんです」(鈴木)

ＮＯＡＨで実現させた自分と小橋建太の一騎打ちがそうだったように、誰もがあり得ないと思う顔合わせほどインパクトもある。しかもムタがベルトを持っているならば、より世界観の違う者同士によるタイトルマッチが実現する。

合流させようと思えばいつでもできたはずなのに、ＧＵＲＥＮＴＡＩのスタート時点で高山がいなかったのは、そういうタイミングを計っていたから。実際、ムタのマスクを剥いで武藤敬司を露出させるというやり方で、その世界観を打ち破って見せた。

ＧＵＲＥＮＴＡＩでの日々は「遅れてきた修学旅行」と鈴木は言う。レスラーは基本リングを降りるとバラバラであり、試合前後も含めて毎日のように同じ人間同士が行動することはあまりない。彼らは移動から食事から、それこそ寝るまで常に一緒だった。

「移動中もみんなで大騒ぎしてゲラゲラ笑って、試合が終わったら飯食いにいこうぜ！ってそこでも大騒ぎ。寝ようと思っても部屋にワーッ！て来てまた宴会になる。そんなノリでやる仲間っていなかったからね。髙山が『ＧＵＲＥＮＴＡＩの頃が一番楽しかった』って言うのは、そういうのも含めてなんですよ。

あいつ、帝王っていってずっと一人が多かった。誰か若い選手と組んでも継続的なものではなくて。俺みたいにこんな長く一緒にいる人間はいないじゃない。髙山からも馬場さんの話をたくさん聞いた。俺よりも先に自分で触れて、それを融合させた人間ならすぐ溶け込めるだろうと思った。馬場さんが拾い上げてくれたって、髙山は言っていましたよ」

そんなＧＵＲＥＮＴＡＩの珍道中を間近で見ていたのが２９６《ニグロ》だ。90年代の多団体時代を迎えた頃、プロレスショップで働き各団体へ出入りするようになりユニバーサル、みちのく、大阪、ＫＡＩＥＮＴＡＩ　ＤＯＪＯなどでリングスタッフ、選手のマネジャーを歴任。

現在もリング周りの指示や音響、設営、デスマッチではセコンド陣とともにアイテムを運び、蛍光灯の破片が飛ぶと体を張って観客を守るなど、興行を成り立たせる上で縁の下の力持ちとして信頼を置かれている。元ＷＷＥのジム・ナイドハートをオマージュしたヒゲ顔がいかつく、見た目はプロレスラー以上のインパクトがある。

普段は鈴木のアパレルショップ「パイルドライバー」の向かいに位置するプロレス＆サッカーのグッズ店「デポルテス」を経営しており、毎日のように各団体の選手が訪れる。ＧＵＲＥ

NTAIが暴れる頃、296は音響と設営、売店スタッフで巡業に帯同。

「GURENTAIの前からちょこちょこ顔は合わせていたんですけど、髙山さんが全日本に来てプライベートでも会うようになって、一緒にトイショップへいきました。基本スタッフは別行動なんですけど、飯食いにいくこともあった。髙山さんとNOSAWA&MAZADAでは、やっぱり毛色が違うじゃないすか。最初からガッチリだったわけじゃないけど、鈴木さんがいい感じで間に入って、そこからは早かったです。

スタッフの中でGURENTAIとそういう付き合いになったのは僕だけでしたね。そこは鈴木さん、髙山さんと年齢的にさほど離れていなかったからだと思います。あと、隊長とはオモチャやロックが好きというのも共通していたし。よく家にも遊びにいったなあ。それで息子のことは小さい頃から知っているんですよ」

GURENTAIの中で、NOSAWAは「会長」で、髙山は「隊長」があだ名だった。前者は「東京愚連隊興行の興行主だから」、後者は「ウルトラ警備隊のキリヤマ隊長から来た」とのこと。ちなみに296は年下であっても業界キャリアが長いため、帝王ほどの男が「先輩」と呼んだ。

函館の朝市に髙山、鈴木と3人でいった時、観光客用の顔出しパネルがあったため296が写真を撮ろうとした。すると「先輩がやるなら俺も」と言って、196㎝の巨体をかがめ無理やり穴に顔面を突っ込む。

そうなると、シャッターを押すのは鈴木しかいない。今ならスマホで動画に押さえてほしいシーンと思えるぐらい、微笑ましい。

「脳梗塞のあとだったから、髙山さんは酒を飲まないようにしていて。ノンアルコールビールぐらいかな。あと四足歩行動物を食べないのも守っていました。体温が高い動物を食べると血栓ができやすくなるそうなんです。でも、髙山さんが食べられないものもみんなガンガン注文する。そこは大人同士なわけだし、居酒屋なら隊長が食べられるものもあったんで。

見ていて感心したのは、あれほどの選手でありながら試合が終わったらちゃんと反省するんですよ。普通に考えたら業界的にはNOSAWAやMAZADAと雲泥《うんでい》の違いがあるわけじゃないですか。でも、NOSAWAの言うことに耳を傾けるんです。鈴木さんもそうですけど、あの地位までいってもさらに進化し続ける理由は、こういうところなんだなって。NOSAWAとMAZADAからすれば、本当に嬉しかったと思いますよ」(296)

WWEが日本公演に来ると、髙山が音頭をとり親しい選手・関係者と見にいっていた。NOSAWA、柴田勝頼やKENTA、芸人のハチミツ二郎といったそうそうたる顔触れの中、当たり前のようにいる296は絵ヅラ的になんら違和感がなかった。

WWEの日本支部・WWE Japanは髙山に敬意を表し、常に最前列を用意した。すると、クリス・ジェリコが挑発しに来る。帝王がゆっくりと立ち上がるだけで場内がどよめく……それが、ジャパンツアーにおける風物詩のようになった。

「あくまでもプレイヤー目線で見ていましたね。出るのは高山さんがファンだったスーパースターのあとの世代だから。むしろWWEの選手たちの方が『タカヤマだ！』となって、バックステージにいくとみんな写真をリクエストするんです。ただ、プロデューサーとしてリッキー・スティムボートが来た時だけは『先輩、リッキー・スティムボートがいますよ！』って興奮していました」

三冠王者となった髙山は、初防衛戦の相手にチャンピオン・カーニバル初優勝を遂げた鈴木を迎えた。3度のGURENTAI対決による前哨戦《ぜんしょうせん》タッグマッチを経ての5・30愛知県体育館。

お互いの共通認識として「リーグ戦は(三冠に挑戦するための)予選会じゃない」との主張があった。あくまでも王者と覇者によるキング・オブ・キング決定戦を全日本の人間ではなくGURENTAI同士でやろうというわけだ。

「チャンピオン・カーニバルで勝ち上がりたかった理由の一つが、髙山と闘いたかったことだ。ムタとの試合を見た時、シビレちゃったんだよ。誰が見ても完全復活した髙山という存在があるじゃねえか。だから今じゃなきゃ、誰かに負ける前じゃなきゃダメなんだよ。これで与党と

▲観戦する（左から）ハチミツ二郎、296、NOSAWA論外、高山、KENTA、柴田勝頼／著者提供

野党、完全に逆転だ。あいつら(全日本)が政権を持っているわけじゃない。俺たちが実力で……力と支持率で持った。
　仲間内のなあなあな選手権はやらない。次のシリーズ、前哨戦もやる。シリーズを通して高山と闘って、その総決算でタイトルマッチをやる。それが公約だ」(鈴木)
「予選会で優勝したからじゃない。鈴木みのるがやっぱり一番強かったから。三冠王者とチャンピオン・カーニバルの王者、どっちが強いんだ? そういう闘い。1年前の借りも返す。鈴木みのるに呼び起こされて復活して、鈴木みのるを葬り去ってさらにステップアップしていくよ。
　鈴木みのるは全日本に参戦している本当のエースじゃないか。俺は新参者《しんざんもの》のチャンピオン。その政権塗り替え。GURENTAIの政権はそのまま、自民党内で総理大臣が変わるようなもんだよ」(高山)
　どちらが強いかという至極明快な動機のもと、全日本プロレスの最高峰を懸けて二人が闘う……5年8ヵ月前、NWFヘビー級戦で顔を合わせた時には想像できなかったシチュエーションだ。
　2度目のシングルマッチと同様、鈴木は〝白〟に頼ることなくプロレス界の帝王の前へ立った。1度は病魔に倒れながら、相模原の時より大きな存在としてそびえ立つ強者。

あの頃を思えば、それを前にして対等な立場で向き合った鈴木の方が「ここまで来たか」である。「やっとお互いが極めている状態で闘える」という高山の言葉に、過去の2戦とはまったく違う意義がうかがえる。

このタイトル戦、22分59秒の間に鈴木が舌を出して挑発するシーンも、高山の踏みつけフォールもなかった。ただただ、お互いの持ち得る〝相手に勝つための方法〟を実践し合うような展開だ。

それを制したのは高山のエベレスト・ジャーマン。確かにそこで描かれたのは、他の全日本の選手とは違う二人にしかできない世界観による三冠戦だった。

「最強のチャレンジャーじゃないんだよ。どっちが強いか決定戦なんだからさ、俺らの中では。強いのは当たり前。当たり前を通り越して強いね。向こうは覚悟決めてGURENTAIが空中分解してもいいって。それが本当だってことを確信したよ。俺もそういう気持ちでいたけどね。

このカードが決まった時から、ずっと俺の中ではすごい……あったしね。ノーフィアーっていうのが嘘なんじゃないかって思うような弱い気持ちもあったかもしれない。だけど、それを振り払っていくことこそがノーフィアーなんだって。勝っても友を失っちゃ、ちょっと寂しいものがあるけど、そんな安い男じゃないのはわかっている。鈴木みのるが本当に強くて、かっけ－男で、それに尽きるよ」

「今日の試合が終わってわかったこと、変わったことと変わらないことがあった。わかったことは、高山も強《つえ》えが俺も強え。変わったことは、今日のところは俺より高山の方が強えと自分で認識したこと。あと変わらなかったことは、やっぱりあいつは最高の仲間だ。思いっきりぶん殴って、思いっきり自分の思いをぶつけて。さあ、日本のプロレスラーを名乗る諸君、マネできるものならマネしてみろ。これがプロレスだ」

当然ながらこのシリーズに関しては、修学旅行のような日々を封印していたのだろう。その中で、前哨戦では組むことも鈴木のパートナーとして対戦するケースもあったMAZADAに対し「涼しい顔して向こうにも俺にも……ハートの強い男だよ。そういう仲間がいたからよかった」とコメントの中で笑った高山。第一声も、試合よりNOSAWAへの「やっぱ会長がいるとGURENTAIがまとまるね」だった。

空中分解覚悟で臨んだ鈴木戦だが、そうはならなかったことで仲間の存在の大きさを再認識したに違いない。帝王が、一人のプロレス大好き人間に戻れる居場所……それがGURENTAIなのだ。

「GURENTAIの時点で、俺と高山の立場がちょっと変わったんです。それまで高山はプロレス界の帝王で、俺は格闘技からの出戻り。いつも高山がリードしてくれていた。

でもGURENTAIのリーダーが俺で、合流した時に髙山が『最初から鈴木さんはこういう立場の人だったんですよ。でも、鈴木さんがまだどうしていいかわからないから俺が手伝っただけで、鈴木さんがリーダーでやっていくのがいいんですよ』と言ってくれて。その言葉が嬉しかったというか、楽になれたんです。ホント、肝っ玉母ちゃんですよ、俺にとって」

後年、GURENTAI時代を振り返り鈴木はそう語っていた。戦友、盟友、友達……そのいずれも二人の関係性として想像つくが、肝っ玉母さんは聞かなければ思い浮かばぬままだった。

三冠王者・髙山はその後、諏訪魔を退けたが9・26横浜文化体育館で小島にベルトを明け渡す。この間、NOAHのシリーズにも参戦し杉浦貴とのコンビで「グローバルタッグリーグ戦」にエントリー。優勝した三沢光晴&潮崎豪《しおざきごう》に1点差で及ばなかった。

また、三冠ヘビー級の3本のベルト(インターナショナル、PWF、UN)をNOAHのリングへ持ち込みもした。そしてあの日……6月13日、髙山は広島県立総合体育館小体育館にいた。

この日も3本のベルトを持参。クリス・ヒーローをエベレスト・ジャーマンで倒すと「見せびらかしたいね、あいつだけには。小橋建太は(全日本時代)王者なのに泣く泣く置いてきたからね。最後の三冠戦で下した俺が今、持って見せびらかすことにつながりがある」と語っている。

その数時間後、三冠ヘビー級王座に名を刻んだ三沢光晴をリング禍が襲った――。

翌6・14博多スターレーン。いったい高山はどんな精神状態でリングへ上がったのか。セミファイナルの6人タッグマッチで小橋といつもと同じく激しい闘いを繰り広げたあと、自分の方から握手を求め、会場後方へ設置された献花台を指さし、歩を進めた。

そして佐野巧真とともにしばしその前へ立ち止まり、それを終えてから記者団の質問に答えた。「辛い中での試合だったが？」と振られると「闘いはいつも辛いよ。いつも見ない顔がたくさんいるじゃん。オヤジはもう終わりだから、あとは若いやつの試合を見てやってよ。社長のプロレスを継ぐやつらの試合を見てやってよ」と促した。

社長のプロレスを継ぐやつら……前日、秋山準から返上されたGHCヘビー級の王座決定戦が急きょ、潮崎と力皇猛の間で争われるメインイベントとなった。9・27日本武道館、三沢光晴追悼興行で高山は小橋と1年9ヵ月ぶり2度目のタッグを結成し、武藤&田上明の社長コンビと対戦。

三沢が導く形で武藤と小橋が初邂逅を果たした一戦。チームとして勝利をあげたあと、二人はセンター花道上に掲げられた遺影に対し揃って頭を下げた。

電流爆破にも踏み込む〝総合プロレスラー〟

主戦場以外の試合では、リアルジャパンプロレス9・11後楽園で初代タイガーマスクと対戦し、エベレスト・ジャーマンで完勝(2013年3月22日にタイガーがリベンジ)。さらに、IGF11・3JCB(現・TDC)ホールでは小川直也と一騎打ち。胴絞めスリーパーにギブアップこそしなかったものの、レフェリーストップで敗れた。全日本での活動は、結果的に2009年いっぱいとなる。

「最強タッグリーグ戦前の11月に、全日本の台湾遠征があったんです。GURENTAIの連中も一緒で、夜市で臭豆腐《チョードーフ》を食ってみんながオエーッ！ってなる中で髙山だけがうまいうまいって言っていたんです。そうやってみんなでワイワイやった帰りですね。あいつに『次のツアーで全日本は最後になります』ってポツンと言われた。

そこでは、そうなのかあという感じだったんだけど、部屋に戻ってｉＰｏｄをかけたらなぜか坂本九の『上を向いて歩こう』がかかったんです。それを聴いたら涙が止まらなくなっちゃって、ボロボロ泣いて……脳梗塞から苦労してここまで来た友達が離れてしまう。でも、こればかりはどんなに仲がよくても俺が決めることじゃないんだよなって」(鈴木)

2010年から、髙山はＮＯＡＨのほぼ全シリーズに出場。そこは三沢が遺したリングに対する思いも強かっただろう。一方の鈴木は4月にチャンピオン・カーニバル連覇を果たすとGURENTAIの活動休止を宣言した。

この年はNOAH、東京愚連隊などのリングで組むこともあったが、基本的には別々の道を歩む。また、高山は新日本1・4東京ドームで中邑真輔のIWGPヘビー級王座に挑戦。

6年前のイッテンヨンでもIWGPを懸けて対戦した両者。当時は史上最年少の若きチャンピオンだった中邑も、3度目の戴冠とあり新日本の中心選手に成長していた。12・5名古屋で永田裕志に勝ち防衛を果たすと「どうせドームでやるんであれば、一流の誰もが認めるレスラーとやるしかないでしょう。新日本以外で、俺とやりたいやついるか？」と発言。

これに高山が「闘いを求めるんだったら、俺しかいねえだろうと思って名乗りをあげた」と呼応。6年前と違うのは、中邑がボマイェ（ランニング・ニーアタック）を開発した点ということで、ヒザ蹴り対決が注目された。

高山はニーリフトでその差を見せつけんとしただけでなくエベレスト・ジャーマンも決めたが、後頭部へのボマイェに左→右とヒザを放った中邑がスリーカウント奪取。「今だから言うけど、俺が倒れてからけっこう要所要所に彼がいるわけよ。それで倒れて復活して初めて当たって、すげえチャンピオンになったなって」と称えた。

この年は1月に開催されたグローバルタッグリーグ戦において、佐野とのコンビで初制覇。

また、初開催となるシングルのリーグ戦「グローバルリーグ２０１０」でも優勝決定戦で秋山を下し、こちらも頂点に立った。

その実績を土産に7・10有明コロシアムで杉浦のGHCヘビー級王座に挑戦。これに関するエピソードは第4章に書いた通りだ。

シングルのベルト奪取はならなかったが、9・18大阪府立体育会館第2競技場で空位となっていたGHCタッグ王座を佐野と獲得。ノーフィアーでの戴冠以来、8年7ヵ月ぶりの返り咲きを果たす。

このように、NOAHのリングでは年間を通じてタイトル戦線で活躍。２０１１年はイッテンヨンでレインメーカー夜明け前の岡田かずちかとタッグで対戦しジャーマン葬、格の違いを見せつける。プロレスリングZERO1の10周年記念大会3・6両国国技館では大谷晋二郎の相手を務め勝利。東日本大震災発生は、その5日後だった。

6月にはKENTA率いる「NO MERCY」に加入。しばらく、ユニットのメンバーとして出場するさいは黒のロングタイツを履いた。8月には7年ぶりに新日本のG1 CLIMAXへ出場。そして8・27日本武道館にて開催された東日本大震災復興支援イベント「ALL TOGETHER」にてノーフィアーを再結成した。

また、新日本5・3福岡国際センターで小島を襲い、TAKAみちのく&タイチと結託した鈴木が6月より参戦。10・10両国における真壁刀義戦を高山が観戦し、試合後〝伸也〟時代パートナーだった男へジャーマン・スープレックスをお見舞いする。

これにより鈴木軍加入となった高山だが、年が明けた2012年のイッテンヨンは真壁の執念の前に一騎打ちで敗れ、メンバーとしての活動も5月まで。この年は10団体、翌々年にいたっては18団体に出場といよいよもって忙しくなり、シリーズ形態の戦場を並行するのが難しくなった。

そんな多忙な中、2013年1月よりスタートしたプロレス専門インターネット情報動画サイト『ニコニコプロレスチャンネル』内のニュース番組「ニコプロ一週間」のレギュラーコメンテーターに就任。これは、現役プレイヤーでありながら広く団体を網羅し、なおかつ喋りも堪能ということでオファーされたものだった。

地方遠征へいって東京にいない限りは、毎週水曜日夜10時に必ずスタジオルームへやってきて帝王節を響かせた。当日の試合会場より直入りするケースもあった。

「毎週水曜を楽しみにしていましたね。息子と一緒に夕方の6時にはご飯を食べてから向かったんですけど、今でも忘れないのは唐揚げを大量に作っちゃって、深夜の0時過ぎに戻ってきたら残っていたのを全部食べたんです。番組で楽しんできた勢いで手を出しちゃったような感じで」(奈津子)

全日本3・17両国ではドン・フライとプロレスのリングで再会。タッグ対戦でありながら、あの伝説の一戦を再現させるかのようにドツき合った。「NOSAWA　BOM－BA－YE」4・11新宿FACEには、タカン・ハンセン&ブルーザー・ミノディのミラクルパワーコンビが2010年10月8日以来2度目の来日を果たし、マサオ・ウォリアー&キク・ウォリアーを一蹴する（※正体は各自ググること）。

その2日後に開幕のグローバルタッグリーグ戦では、KENTAとのコンビで自身2度目の優勝。8月17日にはDDT両国国技館でウルトラセブンと共闘し、メトロン星人を退治。キリヤマ隊長が最終回で言った「地球は我々地球人の手で守らなければならないんだ！」を実践する。

秋になると武藤が旗揚げした「WRESTLE－1」で船木誠勝と抗争。11月～1月にかけて6度シングルで対戦し3勝3敗と五分の戦績を残す。また新境地開拓となったのが大仁田《おおにた》厚《あつし》との爆破マッチ。もとはといえば前年のNOAH12・9両国に邪道軍が乗り込み、NO MERCYと対戦したことがきっかけで、方舟のリングに有刺鉄線バットを持ち込んだ。

そこから邪道vsUWFという真逆の方向性に着目した大仁田が高山を爆破のリングへいざなう。最初は否定的だったが、NOSAWAが誘う形で同意。

大花火10・14新潟・朱鷺メッセで「ノーロープ有刺鉄線〝エベレスト〟電流爆破タッグデス

マッチ」大仁田&田中将斗《たなかまさと》vs高山&NOSAWAが組まれた。4日前の会見における両者のやりとりは、さすがに言葉でノシ上がってきたプロレスラー同士らしいものとなった。

まず、大仁田が開始予定時刻より約20分遅れで到着。理由は、高山にも振る舞おうとコンビニエンスストアでセルフサービスのアイスコーヒーを購入するつもりが、機械が故障しており足止めを食らったという。

その言い分に対し高山はスターバックス派であることを主張。そこからしばしコーヒー談議が和やかかつ腹の探り合い的雰囲気で繰り広げられた。

これは、単なるネタ的なものではなく「息子と一緒に俺の店へ遊びに来る時は、いつも道向かいにあるスタバで差し入れを買ってきてくれた」との296の証言からも裏づけられる。また大仁田も後年、バリスタになった。

大仁田　高山選手は電流爆破の火で焼かれて終わりかなと。哀しい運命をたどると思います。

高山　(爆破のリングへ)入ったことがないやつって、ごもっともだと思います。でも、最初は誰でもある。初めてのリングのロープをまたいで踏み潰すのが俺の生き方なんで。知らないってことは、多少は恐怖心あるね。でもそれは、どこのリングでも一緒。PRIDEもそうだったし、他団体のリングでも全部最初はある。それを乗り越えてロープをまたぐから、俺はノーフィアーと叫べるんだよ。

大仁田　ノーフィアーってどういう意味なの？　フィアーが恐怖、それを否定？　すげえな！

高山　大仁田さん以外はみんな知ってますよ。大仁田さんがちょうど国政で忙しかった頃でしょう。

大仁田　今までの選手とまったく違いますからね。遺恨とかではなく、高山選手が入ることで電流爆破のレベルというかステータスが上がっていきますから。まさかU系から来た選手が入ると……ある種、高山選手をリスペクトしました。天龍さんが上がった時以来のこの感触。じゃなかったら、アイスコーヒーを買ってこようとは思わない。でも機械の故障が。

高山　コーヒー飲みたかったな。

　このようなやりとりを経ておこなわれた一戦。高山は4人の中で唯一上半身裸にスパッツ姿でリングへ上がり、そして爆破を2度体験した(勝負は大仁田がNOSAWAから勝利)。最後には「今度はタイマンだ！」とシングル対決を要求。

　2ヵ月後の12・13茨城県立スポーツセンターでは同じ形式によるシングルマッチが実現。高山は3度の爆破を受けた末に、DDO(大仁田式DDT)でスリーカウントを喫しながら、ここでも「おっさん、今日で終わりじゃないからな！」と邪道超えの執念をムキ出しにした。

実際、2015年に爆破マッチの王者を認定する「爆破王」タイトルが新設されると超花火1・23ボディメーカーコロシアム（大阪府立体育会館）第2競技場におけるノーロープ有刺鉄線電流爆破ダブルバット&ダブルヘルデスマッチで大仁田を破り、初代王者に輝いた。御影石《みかげいし》でできたチャンピオンベルトは物理的にも重いものだったが、U系出身者の自分が真逆のフィールドでその象徴的存在を破って手にしただけに、達成感も大きかった。

すでに高山は総合格闘家ならぬ〝総合プロレスラー〟と言っていいほど、幅広いスタイルの中で求められた以上のものを見せられるプレイヤーとして評価されていた。15年前、佐久間一彦のインタビューで言った「21世紀のプロレスラーはなんでもできるようじゃなければダメ」を有言実行してきた結果、確立したステータスだった。

この間、NOAHのリングでは2015年年頭より鈴木軍がフルメンバーで侵攻。一時はGHC全タイトルを手中に収めるほどの猛威を振るう。しばらく高山はその流れに絡まなかったため、どちらにつくのか注目される中、3月28日に後楽園で鈴木と向かい合った。

鈴木は杉浦を攻撃するよう指示を出したが、高山はその背後を襲撃。そして鈴木軍を一網打尽に撃退し、NOAH勢と握手を交わす。それまでは外敵や反体制ユニットの立場が多かっただけに〝本隊〟の方へ立つやファンは大「タカヤマ」コール。

「三沢さんが創ったこの舟を海賊には渡せない。俺もいくぞ、ノーフィアー！」と叫ぶ。NO

▲爆破王のベルトを獲得し、ニコプロ一週間にて筆者（左）と週プロ・佐藤編集長（当時）に披露／著者提供

AHの危機に現れた救世主は、まさにウルトラセブンばりのヒーローだった。

これにより、高山は鈴木軍と敵対関係に。プレイヤーとしては、組むよりも鈴木みのると抗争した方が面白くなるとの読みもあっただろうが、根底で三沢光晴へ恩返しする場はここという直感が働いたのだと思える。

7・18後楽園で高山は、鈴木が丸藤正道から強奪したGHCヘビー級王座に挑戦。この一戦が荒れに荒れた。試合中、鈴木軍のメンバーが介入し飯塚高史のイス攻撃で額を割られ大流血へと追い込まれる。

それでもエベレスト・ジャーマンを決めたが、エル・デスペラードがレフェリーの足を引っ張りフォールを阻止。最後は血だまりの中へのゴッチ式パイルドライバーで沈められた。

反則し放題という鈴木軍のやり方にNOAHのファンは大激怒。罵声と怒号が飛び交い、試合後にはリング内へペットボトルが投げ込まれるなど暴動寸前の異常事態となる。

それに対し、鈴木は「こんな舟、跡形もなく消え去れ。杉浦、高山、丸藤もこの舟ごと深い海の底へ沈んでしまえ！」とせせら笑った。両者のリング上における関係は修復されることなく、対角線に立った。

その後も高山はNOAHを主戦場に、各団体へ出場。この中で2016年8月28日、DDT両国国技館のリング上において高木三四郎より9月からのレギュラー参戦が発表される。

▲三沢光晴が遺したNOAHのリングを守るために鈴木軍と闘う道を選択した高山を、三沢が見つめていた／著者提供

「DDTが今後、より一層広い一般層だったり地方展開だったり、ファン層を開拓していくためには、世間的な知名度のある方に定期参戦していただきたいっていうのが自分の中でありまして。そういった部分で髙山さんにはDDTで思う存分、シン・ゴジラならぬシン・タカヤマになって暴れていただきたいなと」

当時のDDTは竹下幸之介（現・KONOSUKE TAKESHITA）らの若い世代が台頭してきており、その壁として立ちはだかることで成長を促すという高木の狙いがあった。何より、センスが求められる文化系プロレスの中でもあらゆる団体を渡り歩き幅広いスタイルを実践してきた髙山なら、順応できる確信も持っていた。

事実、坂口征夫のような武闘派と絡む時はシリアスなスタイルで強さを見せつける一方、男色ディーノとの一騎打ちではさんざん拒絶したリップロックを受けた上で唇を奪い返し、それにより絆が生まれ、新生ノーフィアー結成という物語を描く。高木の期待通りの自己プロデュースぶりだった。

リップロックは単なる接吻《せっぷん》に見えるかもしれないが、ディーノによると「試合中の緊張感の中でフワサッと包み込まれ、そこで気が緩んでしまう、心から攻める技。言うなれば心の関節を極めている」サブミッション。それをやり返された時、自分の気持ちが通じたと確信したのだという。

「ヨッちゃんはね、あれほど嫌だ嫌だって言いながら、ちゃんとお客さんを転がしたいタイプなのよ。嫌な部分も本当にあるんだろうけど拒絶の仕方？　自分を崩すことなくやれる人なんだと思った。そこは髙山善廣と鈴木みのるっていう二人に通ずるものだと思うわ。〝自分を曲げずに曲げられる才能〟がすごいの。曲げているようで結果、曲がっていないの。そこはあたしも勉強になったわ。

やっぱりね、あれから7年経ってもあたしの中でヨッちゃんの存在はすごく大きいの。今でこそＤＤＴには秋山準っていうメジャー選手がいるけど、その前にこのあたしを対等に扱ってくれたのがヨッちゃんだった。越中の詩郎ちゃんと組んだこともあったけど、腰を据えてそういう関係になれたのは髙山善廣が初めてだった。あたしの表現に対し一目置いてくれているのは、なんとなく感じていたし」

一騎打ち後、前述のように新生ノーフィアーを結成しＫＯ－Ｄタッグ王座も奪取した二人。学生プロレス時代のキャラクターをそのままプロに持ち込んだディーノは、自身を「我流でやってきた人間」とする。

だからこそＵ系に始まり王道、ストロングスタイル、三沢光晴の系譜、さらには爆破にいたるまでを経験してきた髙山の話は「ガーン！となるほどの衝撃」だった。何より、そんな自分をプロレス界の帝王は〝差別〟しなかった。

ＤＤＴの最高峰であるＫＯ－Ｄ無差別級王座を初めて奪取した時、ディーノは「髙木三四郎は、あたしを差別しなかった。このベルトは、本当の意味での無差別なのよ」と涙を流しながら言った。リアルとファンタジーの境界線を見た時、人の心は揺さぶられる。

そして新生ノーフィアーは、悪ノリで名乗ったわけではない。髙山にとってそれが大切なものだとわかっているからこそ重く感じもしたが、ディーノ自身が当時の二人を見て面白いと思っていた。

「ファン時代にノーフィアーが好きだったの。テンションの高さが明らかにほかの選手と違うメジャーの選手が、あの切り口でカメラに押し込んでくるのは衝撃で。あたしの中に〝ノーフィアー最強説〟があって、どういう時でも当てはまるというか、万能なのよ。どんなシチュエーションでも、みんなで叫べば盛り上がれる。あの時代にそれを貫き通したところがすごいなと。

それをＤＤＴでやるとなって、まさにそこが曲げずに曲げるっていうやつで、ヨッちゃんも自分自身がＤＤＴで新しいことをやるために許容してくれたのよ。そして、あたしの中にはもう一人のノーフィアーとやっている自分ならば……っていうのがあった」

２００５年5月17日、ＺＥＲＯ１－ＭＡＸ後楽園大会におけるＧＡＹ世界アナル級王座決定戦で、ディーノは大森隆男と対戦。メジャー団体経験者とドインディー出身レスラーの一戦ながら、屈指の名勝負かつ迷勝負として知られる。そうした経緯を踏まえると、先代のパートナーに代わって髙山と組み、ノーフィアーを名乗る資格は確かにある……気がする。

　KO－Dタッグ王座を奪取した二人は「俺らは誰の挑戦でも受ける。なぜなら俺らは、ノーフィアー！」とポーズも決めた。髙山がディーノを正パートナーとして認めている証明だった。

「あたしはあまり個人で評価されたいとは思っていなくて、髙山善廣というバリューのある人がバカバカしいことをやればチームで賞をもらえるぐらいはいけるかもって思っていた。もちろん、賞がほしくてプロレスをやっているわけじゃないんだけど、そうなったら痛快でしょ？ヨッちゃんとなら、それを目指せたと思う」

　髙山はこの日のメイン後にも登場。遠藤哲哉《てつや》と60分フルタイム闘い、KO－D無差別級王座を防衛した竹下への挑戦を表明する。両者のタイトルマッチは5・28後楽園でおこなわれることに決定(5・21札幌では竹下&彰人《あきと》がタッグ王座に挑戦)。

「凄いチャンピオンだよ。立派すぎる。俺の甥っ子ぐらいだぜ、こいつ。俺もさ、GHC、IWGP、NWF、三冠とコレクションしているんだよ。その中にさ、KO－D無差別も入れておきたいなと思うんだけど、どうかね」

「髙山善廣、プロレス界の帝王学、俺に教えてみろよ」

「坊主、その口、吹っ飛ばしてやるからな。覚悟しとけ」

当時の竹下はキャリア4年8ヵ月の21歳11ヵ月。第61代王者としてこの後、最多連続防衛記録11回を樹立する。本来ならば、高山とのタイトルマッチは4度目の防衛戦になるはずだった。仮にこの一戦が予定通りおこなわれたら、竹下の新記録はなかったかもしれない。本人もジャーマン・スープレックスをテーマに、大学の卒業論文を書いたほどのこだわりがある人間だから、その筋の先人と1対1で肌を合わせるのはモチベーションが爆上がりしなっただろう（タッグ&6人タッグでは6度対戦）。

高山のKO‐D無差別級王座挑戦が決まった5日後、あの日が訪れる――。

頚髄《けいずい》完全《かんぜん》損傷《そんしょう》…想像を絶する闘い

5月3日は水曜日、本来ならばニコプロ一週間の日だが、高山はDDTの名阪《めいはん》ツアーに参加。ニコニコプロレスチャンネルとしても他の番組との兼ね合いで、配信は翌4日にスライドしていた。

つまり初めからその週の出演は〝お休み〟だった。名古屋では無差別級&タッグのタイトルマッチを見据え、竹下&彰人と前哨戦。ランニング・ニーリフトで彰人を押さえた（パートナーは入江茂弘《いりえしげひろ》）。

そして翌日の試合会場は大阪府豊中市《とよなかし》にあるローズ文化ホール。高木の地元ということもあり、定期的にＤＤＴの大会が開催される会場だ。試合は12時30分に開始。高山は樋口和貞《ひぐちかずさだ》&勝《かつ》俣瞬馬《またしゅんま》とのトリオで第4試合に登場し、ＨＡＲＡＳＨＩＭＡ&高尾蒼馬《たかおそうま》&ヤス・ウラノと対戦。時間にすると13時半あたりになる。

12分過ぎ、ウラノに対し高山が回転エビ固めを狙った。言うまでもなく、過去にも意表を突く意味で何度か出している。

回転エビ固めは頭から前転して決める技だが、そのまま高山は寝そべる状態となり、動かなくなった。これを見た木曽大介《きそだいすけ》レフェリーが、即座にストップをかける。

異変を察知したメインレフェリーの松井幸則《まついゆきのり》がリング内に入り、状況を確認。意識はハッキリしていたが「体が動かない」と訴えたため緊急事態と判断。救急車を呼び、サードロープを外して一番近い搬入口までの導線を確保する。

「高木さん、ごめんね」

リングから降ろされ、救急車に乗り込むまでは高木が付き添った。そして搬送される時、そう高山に言われた。

対応は迅速だった。休憩明けには鶴見亜門《つるみあもん》(今林久弥《いまばやしひさや》)ＧＭが状況を説明。空気を変えるべくアイドルユニットとして活動していたＮωＡ(勝俣、ＭＡＯ、大石真翔《おおいしまこと》)が熱唱した。高山が病院へ向かったあと、メインを締めたのは竹下。タッグマッチでディーノを帝王の代名詞ジャーマン・スープレックスで破ると、マイクを持った。

「私はメインに出るからその瞬間は見ていなかったので、運ばれていくところを見ながら大事になっていると理解しつつも実感がなかったんです。ただ、あとでほかの選手に聞くと竹下は恐怖を感じたみたいで、自分の試合の前に正しく状況を把握できていたんでしょう。

それでちょっと弱気になった部分を試合後のマイクで言ったんです。そこで私が『そんなことは言うな。ヨッちゃんだったらノーフィアー（恐れるな！）って言うと思うから』って言ったのは憶えています」（ディーノ）

高山が事故に遭った時点で、ＤＤＴは家族の連絡先がわからず鈴木みのるに問い合わせた。そこで、盟友が緊急事態となっていることを知る。すぐさま、奈津子に聞いたばかりの状況を伝えた。

奈津子に連絡がいったのとほぼ同じぐらいに、マネジャーの石原真《いしはらしん》も大阪で何があったかを把握する。最初は知らない番号の電話が何本もかかってきたのだが、電車内におり出られなかった。

「あとでわかったのは、どれもマスコミさんからの連絡だったんですけど、かかってきた時は（電車に）乗っていたので。その後、健さん（筆者）からかかってきた時に出られて『高山さん、

『大丈夫ですか?』と言われた。そこで説明してもらって、とにかく一度自分を落ち着かせたあと奈津子さんに連絡を入れたんです。

ちょうど新幹線に乗るところだったらしくて『しんちゃん、ごめんね。バタバタしてて連絡できなかったんだけど……』『いえ、僕も今、健さんから聞きました』というやりとりを憶えています。僕も大阪に向かいますと言ったんですけど『大丈夫。今は細かい状況がわからないので、それを確認できたら連絡します』と言われて、待機することにしたんです」

事故の数時間前、石原は週明けに予定された撮影の確認をLINEでやりとりしていた。午前中に「連戦から戻ってきて、翌日は朝早いですけどよろしくお願いします」と送ると「諸々、了解。じゃあ、試合にいってくる」の返信を最後に、連絡が取れなくなった。

夜、大阪へ着いた奈津子が病院にいくと、髙山は集中治療室で首を固定されただけでなく、自力で呼吸ができず気道を確保する気管挿管チューブを口から入れられた状態。そして医師より「頚髄完全損傷」と告げられた。

診断結果を奈津子から伝えられた石原は、この時点でも大阪へ手伝いにいきますと返したが「ありがとう。でも、今は集中治療室にいるから……」。確かにそれではやれることもなかったが、いてもたってもいられなくなり翌日の新幹線に飛び乗った。

「前の日の夜、奈津子さんと喋ったあと月曜にある撮影のプロデューサーさんに連絡したんです。『これからニュースに出ると思うんですけど、高山がこういう状況になりまして。今、ICUに入っているそうなんですけど僕も詳しくは状況がわからないので明日、大阪にいって確認次第連絡します。このたびは出られなくなり、申し訳ございません』と。

プロデューサーさんには『私はプロレスラーの髙山さんにお仕事をお願いしたんです。プロレスはそういう事態もあり得るでしょう。気にすることなく、髙山さんをケアしてください』と言っていただきました。それで翌日、新幹線に乗った時、奈津子さんから連絡が来て。車内放送が聞こえたんでしょうね。『今、新幹線に乗っているの⁉』って」

奈津子が言うには妻の自分でも一日に2回しか面会できず、それも15分程度とのことだった。そのため石原は、病院の最寄り駅で顔を合わせられるまで待つようにした。

駅前のガードレールに座り、次々とかかってくるマスコミからの連絡に対応。その後、入院に必要なものを買うためほとんど寝ていない奈津子とホームセンターに向かった。

夕方の面会時間までに、買い出しから戻る。本来、家族以外は集中治療室へ入れないのだが、奈津子が「ウチの身内です」と言ってくれた。

「パパ、パパ！　しんちゃんが来てくれたよ」

強い薬を投与し朦朧《もうろう》となっていたため、奈津子から「覗いてあげて」と言われ髙山の目の前に顔を置くと、口をパクパクさせガラガラ声で何かを喋っている。何度か聞き返すと、それは

「シ・ゴ・ト」だった。

高山は、そのような状態になっても月曜に予定された撮影の仕事を気にかけていた。それに気づいて石原は「プロデューサーには伝えてあります。『早く元気になってください』とメッセージももらいました」と聞かせた。

１９６㎝、１２５㎏の大きな体で金髪の男が動けず、いくつものチューブをつけられ意識が混濁しながら目を見開き「シゴト……シゴト」と訴える姿。それを見て、石原は「なんて凄い人なんだ」と思った。

「高山さんにとって、仕事に穴を開けるというのはそれほどのことなんです。何もなかったら次の試合にも出られていたし、そのあとには芝居の仕事もあったので、それに対する責任感ですよね。まさか第一声で言われるとは思っていなかったので……何年か経って、その話を本人にしてもまったく憶えていないって言うんです。だからなおさら、無意識の責任感だったんだと思いました」(石原)

２０１６年、高山はフジテレビのドラマ『ＯＵＲ　ＨＯＵＳＥ』へ芦田愛菜《あしだまな》、加藤清史郎《かとうせいしろう》、松下由樹《まつしたゆき》らと出演。役作りで金髪を黒髪に戻した。イメージを大切にするプロレスラーならばためらってでも不思議ではなかったが、役者として応じた。また、同年に公開された巨匠・マーティン・スコセッシ監督作品『沈黙―サイレンス―』では浅野忠信《あさのただのぶ》、窪塚洋介《くぼづかようすけ》、加瀬亮《かせりょう》らに混ざり、看守役で主人公を務めたアンドリュー・ガーフィールドとも絡んだ。

「スコセッシ監督作品はオーディションだったんですけど、ハリウッド映画だから守秘義務も徹底していて、マネジャーの僕まで誓約書を書かされたのと、僕が主人公の代わりになって、高山さんに何度も投げられたんですよ。そういう中で、当たり前ですがプロレスの試合をメインにスケジューリングしていたんですけど、芸能の仕事もけっこう入ってきたので相談したんです。

その時、ビッグマッチは別として基本的にはドラマのスケジュールに合わせていいよ、そういう仕事を大事にやりたいからって言ってくれて。やっぱり、大河にも出てほかの俳優さんたちと合わせる仕事なんだっていうのがわかっているからこそだと思うんですけど、引退は考えていなかったにしても年齢や体と向き合っていた時期だったんだと思います」

プロレスも、俳優業も仕事で受ける限り疎かにはしたくない。そんな高山の姿勢が、伝わるエピソードだ。

1991年にオーストラリアへ渡り、ゴールドコーストに住んでいた石原が高山と出逢ったのは、4年後のこと。UWFインターナショナルがファン参加ツアーでケアンズにやってきて、その現地サポートを務めたのがきっかけだ。

小学生の頃は、マスカラス・ブラザーズのファンだった。オーストラリアに住んだ以後も、日本から1週遅れで入ってきてレンタルビデオ店に並ぶドラマや他のスポーツの映像とともにプロレスも見ており、週プロも売られていてUインターの存在は知っていた。

その時点での高山に対するイメージは「バーボンをボトルで飲み、朝からステーキを食う男」。そうした縁もあり、1996年7月に日本へ戻った石原は2ヵ月後のUインター神宮球場大会を見にいく。

つまり、マネジャーとして付き合いが始まる前に高山のターニングポイントとなった一戦を会場で目撃していたのだ。帰国後は芸能事務所で働きつつ、よく食事へ誘われるようになる。

「それまでは『なんかあったら連絡してよ』という感じだったのがある日、改まった感じで呼び出されていってみたら夫婦で座っていて『しんちゃん、マネジャーやってくれない？』と言われました。ただ、僕は芸能事務所にいるから自分だけでは決められないので、一度社長に会ってくださいと答えたんです。

社長からはすぐにOKが出て高山さんもそこ所属になるんですけど。2009年4月に子会社の『ハイタイド』を僕がいただく形で独立させてもらった時に、元の事務所は大手だしこのままでいる方が絶対に仕事もありますよと言ったら『何言ってんの、こっちがしんちゃんにお願いしたんだからついていくよ』って言ってくれたんです」

石原の感覚では、オーストラリアで初めて会った時から、プロレス界の帝王になっても距離感は変わらないという。現在のような状況になってもマネジャーとしての仕事でやっている感覚とは違う。知らなかった世界に連れていってもらったり「世の中にはこんな旨いものがあるのか！」と教えてくれたりした高山善廣だから……が、すべてのベースなのだ。

とはいうものの、あの日より石原と奈津子の日常はまったく変わってしまった。大阪へいった時点では、まだある程度のことまでしかわからないため「ここまで長いリハビリ生活になるとは想像していなかった」と明かす。

「長くかかるという説明はあっても、それがどれぐらいなのかは見当がつかなかったですし、手術を受けた方がいいかどうかも先生によって意見が分かれた。その中で、奈津子さんが医師と相談して手術を受けることを選択したわけですけど」

医師から言われた手術とは、圧迫された首の神経に負担がかからぬよう、その箇所の骨を削るもの。選択は委ねられたが、たとえ受けたとしても亡くなる可能性があるという極めて絶望に近い宣告だった。

だが、そこで絶望したらすべてが終わってしまう。奈津子はできることであればやった方がいいと判断。5月8日に手術はおこなわれたが、1週間ほどが経った時に高山の心臓は一度止まった。

奈津子はその翌日に病院で知らされた。集中治療室にいたため蘇生《そせい》措置が早くでき、家族へ連絡するほどの事態ではなかったと説明を受けた。

医師によると、手術は成功したものの神経が膨らみ圧迫がかかったという見方。つまり、受けていなければ心臓は止まったままだった可能性がある。

奈津子の大阪での生活は始まっていた。ウィークリーマンションを借り、小学5年生と多感期の息子の面倒を祖母に見てもらい、週末は夜行バスで東京へ戻って月曜の朝にはまた高山のそばへと向かう。

それでは費用が大変だろうと、大学時代のチームメイトである金子健と今田健一朗が大阪に住む高山の後輩に相談。その弟がもともと住んでいたマンションを、奈津子のために提供してくれた。

石原も、できる限り大阪へ足を運んだ。午前と午後の2回、30分ずつ面会可能となるので、その時間に合わせていった。

ICUからHCU（高度治療室）に移ったものの、まだ自分で息を吸う・吐くができず、しばらくはノドに穴を開け人工呼吸器をつなげられた。声も出せないため、会話は文字が書かれたパネルを使う。

「高山さん、これですか？」と一文字ずつ確認し、表情で合っているか否かを伝える。1つの言葉を拾うのに30分かかった。

「入院後、初めて髙山さんのお兄さん（善将）が来た時に、僕もたまたま同じ電車に乗っていて。お兄さんも大きい方なので絶対にそうだと思っていたら案のじょう、同じ駅で降りてそこではじめましてとなったんですけど。それで顔を合わせた髙山さんが一生懸命喋って何かを伝えようとするんですけど、お兄さんはわからない。

なので僕が一個一個拾ったところ、言っていたのは〝ス・テ・イ（ィ）・ル・ア・ラ・イ・ブ〟（まだ生きている）だったんです。その解読だけで面会時間の30分が経ってしまったんですけど、英語だとは思わなかったからその分、時間を要した。どうしてもそれをお兄さんに伝えたかったんでしょうね」

大阪では3ヵ月入院。東京へ転院するには床《とこ》ずれを治し、問題なく自力呼吸ができなければ移動させられない。

手術を受けたところにいる方がいいという考え方もあるが、高山の思いは少しでも息子の近くにいきたいが本心だろう。受け入れ先は病院側で見つけてくれたが、移動に関してはすべて自分たちでやらなければならなかった。

知識など誰も持ち得ていない。そのため、主治医は厚意で帯同してくれた。ただ、病人をトランスポートするプロのスタッフはこちらで手配しなければならなかった。そういったことを、奈津子は一つひとつ確認していった。移動手段は車だと長時間となるため除外し、飛行機か新幹線のいずれかに絞った。

飛行機だと何席分かを確保しベッドのようにして運ぶのだが、これだとあまりに目立ってしまう。気圧の問題もあった。トランスポートスタッフと相談し、新幹線には気分の悪い乗客用のベッドを設置した部屋があるからと、それを利用することになった。

8月中旬、前日も東京で仕事があった石原は最終便に乗り、新大阪駅近くの安いビジネスホテルへ宿泊。翌朝6時半に病院へいき奈津子と合流する。

トランスポート会社が用意した車は酸素ボンベなどの設備も搭載されているのだが、救急車とは違うため朝の大渋滞にハマるとなかなか進めない。新幹線の時間まで間に合わなかったらまずいと思いつつ、石原が運転手に「これ、新大阪駅のどこに着くんですか?」と聞いたところ、普通に中央口のタクシーロータリーだという。

「通勤ラッシュの時間帯にそんなところへ停めたらメチャメチャ目立つじゃないですか。金髪ですし、ストレッチャーから足が出ているんですよ。写真でも撮られたら嫌だなと思って、奈津子さんにごめんなさいしてバンダナか何かで髙山さんの髪の毛を隠してくださいって頼みました。

駅に着いてからも大変だったのは、移動用の簡易ボンベが4本あってすごく重い。これ、誰が持つんだ⁉と思ったんですけど、主治医の先生や元看護師さんのスタッフの方に持たせるわけにはいかないので、僕が持って。それでやっぱり人が多いから、また高山さんにごめんなさいと言ってタオルを顔に被せて隠したんです」

高山が乗るストレッチャーは、改札横の駅員などが通る扉を開けてもらい、そこからコンコースを走って業務用エレベーターに乗った。他の利用客も並ぶホームで列車が来るのを待ち、到着すると事前に届け出をしていたため駅員も手伝ってくれた。

ところが、部屋の広さが本当にギリギリだった。ストレッチャーを斜めにしてなんとか入れ、ボンベをセッティング。スペース的に主治医とスタッフしか入れず、石原と奈津子は近くの席に座ったのだが、他の2人の席も取る必要があった。

東京駅に着くと駅係員が対応。乗客が全員降りるまで待ち、地下の通路を使わせてもらって八重洲口《やえすぐち》に出る。そこへ待機していた医療用のバンに乗り込んだ。

「新大阪は屋根がついているところに停まって降りたんですけど八重洲口に出た時、高山さんは3ヵ月ぶりに空を見たんです。そうしたら『暑いな』って口が動いたんですよね」(石原)

所沢市内の病院へと向かい、移動は完了。そこから帰る足がなかったので石原が鍵を預かり、高山の自宅まで奈津子の車を取りにいってまた戻るという一日だった。

プロレスでしか描けぬ「髙山、立ってみろよ！」

ただ、東京圏に戻ったことで一息というわけにはいかなかった。日本の医療機関には「3ヵ月ルール」なるものがある。一般的に「病院」とは治療や救急搬送などを24時間対応でおこなう「急性期医療」の場（一般病棟）を指す。そこで一定期間が過ぎると、病院側の受け取れる診療報酬が下がる仕組みになっているので「治療済み」と見なして退院を促す。

その期間が国の保険制度により90日と決められている。だから、新たな病院へ入ると、すぐに次の場所を探さなければならなかった。

「それが見つからない場合はお金を払って施設に入るか、自宅へ戻るしかない。もちろん奈津子さんが一番大変ですけど、知り合いの先生に聞いたり、僕や今田さんでパンフレットをかき集めたりというのを続けていました。病院としては部屋やベッドに限りはあるし、今ケガをされた方が優先されるのはわかるんです。2019年まではそうやって転々とし、その間も奈津子さんは何度も面接にいったり資料を取り寄せたりしていました」（石原）

新型コロナウイルスによるパンデミックが訪れる直前に、ようやくある施設へ落ち着くことができた。まったく言葉では追いつけないのを承知の上で、どれほど大変な日々だったか奈津子に聞いた。

「何がどう大変か説明できないぐらいなので、大変だと思わないようにしていました。確かに、大阪へ通い続けた3ヵ月間が一番大変だったってなるんでしょうけど、その後も生活がまったく変わってしまったことを思うと……また、そこでドーンと落ち込んでしまうので、そう思わないです。世の中には、私よりもっと大変な方はたくさんいるわけですし」

事故から4ヵ月が経過した9月4日、石原は鈴木みのる、髙木三四郎と会見をおこない高山善廣を支援する「TAKAYAMANIA」の発足を発表。その席で、詳しい容態が明かされる(公式の場としては、DDT6・5つくば大会に次ぐ)。

「まだ肩から下の感覚が戻っていません。お医者様には頚髄完全損傷、回復の見込みは現状ないと言われております。本人の意識はハッキリしているんですが、毎日病室の天井を見つめることしかできない日々に絶望を口にする状態でした。でも絶望ばかりしていられず、少しでもよくなる望みを持ってプロレス界の帝王は毎日リハビリを頑張っております」

石原からの報告後、髙木がTAKAYAMANIAの趣旨を説明。活動収益全額を高山の治療費に充てるとした。

鈴木も有志代表としてコメント。前日、高山のもとへ会いにいくと顔を見るや「G1、誰が優勝?」と聞いてきたと明かす。

「自分は体が動かない状態なのに、プロレスのことを気にして。俺がもう体もよくないしプロレス……（言葉に詰まる）プロレスをもうできないなって思った時に、彼とドン・フライの試合を見まして俺、何やってんだろうと思って（涙声）。その後、新日本に上がって意気投合してNOAH、全日本と各メジャー団体を一緒に暴れ回って、すごく濃い時間を共有してきて、一昨年はそれぞれ敵になり命を懸けて闘った……（涙声）自分の親友です。

普段、人のことをぶっ飛ばして、こんなクソヤローが何を言っても皆さんには響かないと思いますが、俺なんかどうでもいいんで、髙山善廣に……勇気をたくさんもらったと思うので、そういう皆さんの力を貸してください。それと、彼は言いませんがUWFの大先輩の前田日明さん、彼の最初の師匠である髙田延彦さん、ぜひ力を貸してください。よろしくお願いします」

そう訴えると、鈴木は帽子を取り深々と頭を下げた。この日を皮切りに、協力各団体の試合会場へTAKAYAMANIAのロゴマークが入った白い募金箱が設置され、選手たちがそれを持ち協力を呼びかける活動が始まる。

DDTは東京女子プロレスと、プロレスリングBASARA（現在は独立）、ガンバレ☆プロレス（同）とグループ全体で活動。募金箱を持つ選手の中には、髙山が出場予定だった5・28後楽園で竹下に挑戦したウラノの姿もあった。

本来ならばウラノは、4月の時点でその日を最後にフリー転身する旨を発表していた。所属ユニット「スマイルスカッシュ」のメンバーと組むはずが、豊中の試合が記録上、髙山からの

ＴＫＯ勝ちとなり〝いつでもどこでも挑戦権〟が移動したため、ＫＯ－Ｄ無差別級タイトル戦に臨むこととなったのだ。

２０１８年2月15日、８・31後楽園ホールにおける支援興行の開催を発表。のちに大会名は「ＴＡＫＡＹＡＭＡＮＩＡ　ＥＭＰＩＲＥ」とされた。同大会は高山自身がプロデューサーとしてマッチメイク等のアイデアを出し、携わるというもの。

団体やイベントプロモーションの主催ではないため、開催にあたっての運営費はゼロから集める必要があった。そこで、クラウドファンディングによるチケット販売をおこなって、購入が支援につながる形を採った。

支援者一人ひとりの力を結集させ、みんなの思いによって形とし、高山に届ける。6月15日～8月10日の受付期間中に１０５５人が賛同した結果、目標金額を大きく上回った（達成率１１６％）。

「クラファンにしたのは、ガラス張りにすることでお金を出す側が信用できるだろうというのがあって、加えてリングアナウンサー権や解説権のように参加してもらって、プロレスラーだけでなくみんなで一緒に作ってそれを高山に送るのが狙いだった。すぐ動けば話題にもなっただろうけど、高山善廣の名前を利用して利益を上げる興行と見られがちなんで、そういうのを避けたかったのもあるし、あとはタイミング。

参加してくれる団体のスケジュールがあるんで、うまくその隙間を見つけて。TAKAYAMANIAが去年の9月に起ち上げられて丸1年が経つけど、ずっと支援が続いている。だからあいつは責任重大ですよ。寝てる場合じゃない。確実に戻ってきてもらわないと。みんなそれを願って、その願いを持ち続けてくれていることが一番なんだろうな。愛されてますね、あいつは」(鈴木)

その一年間で、鈴木は国内だけでなく海外にいっても「これをタカヤマに渡してくれ!」とドル紙幣やポンドを渡された。また、同じように頸椎を損傷し車イスへ乗る人、癌と闘う人も募金しては「私も頑張っているから、高山さんも頑張ってください」と思いを託そうとする。

鈴木だけではない。募金箱を持った者たちはみな、それぞれの境遇の中で芽生えた高山との関係を、大切な宝物のように心の中へしまっていて、そのふたを開けるファンの姿を見てきた。

「僕は、高山さんの試合を見て、勇気や元気をもらいました。今度は僕がそれを返す番です」

この募金は与えているのではなく、返している——そこがTAKAYAMANIAにおける共通認識だった。だからこそ、紙幣や硬貨一枚の熱量が違った。

大会パンフレットには、事故以来初となる高山のインタビューが掲載された。そこでは、月曜から金曜まで主に手の動きと、体全体のリハビリを一日2時間やっていること、最初は食べ物を飲み込むと気道に入ってしまう可能性が高く、それで食べたい気持ちも起こらなかったのが、アイスコーヒーをゴクゴクと飲めるようになっただけでも前進を感じられることを語った。さらに……。

「事故の直後は……これ、本当は言っちゃいけないことなんだけど、死んじゃった方がマシじゃないかと、本当にそう思いました。ハヤブサ選手がケガをした時（2001年に頸椎を損傷）『病院の窓から飛び降りようとしても、体が動かない』と言ったというのを聞いていたので、その気持ちが本当によくわかって……たぶん、皆さんが思っている以上に悪かったんです。

でも今はこうして会話ができるし、物も食べられてテレビを見ることができる。前に進んでいるんです。これは僕の力じゃないです。周りの皆さんが支えてくれているからです。リハビリの中では、絵を描く時間が楽しく感じます。気持ちが前向きになっている実感があります。今回のTAKAYAMANIA　EMPIREに高山はいませんが、気持ちは在《あ》ります」

当日は総勢37選手が出場したのに加え、休憩明けにスタン・ハンセン、天龍源一郎、武藤敬司、小橋建太（ゲスト解説として来場）、安生洋二、宮戸優光、垣原賢人、山本喧一、丸藤正道（試合にも出場）、ヒデオ・イタミことKENTA、そして髙田延彦からの応援メッセージ映像が流された。さらに前田日明もリングへ。

「髙山！　プロレスラーの体はな、神経で動くんじゃねえんだよ。魂で動くんだよ！　おまえも魂で体を動かせるようになって、このリングに戻ってこい‼」と激烈エールを送ると、場内は大喝采となった。大会の模様を『Ａｂｅｍａ ＴＶ』（現・ＡＢＥＭＡ）で観戦していた当人は、その心意気に「父性を感じた」と感謝を噛み締めた。

メインは、髙山が「プロレスをやっていて一番楽しかった」ＧＵＲＥＮＴＡＩの一夜復活。鈴木＆ＮＯＳＡＷＡ＆ＭＡＺＡＤＡが組み、この日のためにハワイからやってきた太陽ケアがＴＡＫＡみちのく＆近藤修司《しゅうじ》という武藤ゼンニッポン時代に渡り合ったユニット（ＲＯＤ《アールオーディー》とブードゥ・マーダーズ）の２人とトリオを結成した。

場外戦で放送席付近まで来た鈴木の胸板にゲスト解説を務めた小橋と健介がチョップを見舞うと、ヤンヤの歓声。山崎一夫も含め、３人とも終始ニコニコ顔で語った。

北斗とともに芸能界で生きる立場となった健介にとって、その空間は実家に帰ってきたようなぬくもりを感じられたのだろう。目の前に広がる光景や耳に飛び込んでくる衝撃音、選手の息遣いを味わい「いやあ、やっぱりプロレスっていいねえ！」と、何度も口にしていた。

ゴッチ式パイルドライバーで鈴木がＴＡＫＡを下したあと、髙山の姿がスクリーンに映し出された。そして、支援してくれた観客に対し自分の声、自分の言葉で感謝を伝えた。

「今日はいかがでしたか？　今日、会場に来られた方も来られなかった方も、この場を借りて御礼を申し上げます。次回、どうなるかわかりませんが、足で蹴る感覚がちょっと出てきたので、悪さばかりする鈴木みのるの顔にビッグブーツできるのを楽しみにしています。鈴木みのる、待ってろよ！　会場にいるみんな、ありがとう。また会おう！」

出場選手以外にも、自主的に来場したレスラーや格闘家たちが募金を呼びかけた。大会終了後には健介と北斗がパンフレット購入者にサインを入れるサービスを急きょおこなった。

また、蝶野正洋はTOKYO　MX『バラいろダンディ』へ向かう途中、1時間ほど後楽園に寄って募金箱を持ち、撮影にも快く応じた。みんなが、自発的に動いていた。一つの共通した目的意識がとてつもないエネルギーを生み出し、高山善廣のためにやっていることながら、支援する者たちも多幸感を味わえた。

この大会にも296は運営スタッフとしてかかわった。奈津子や石原から信用されているのだろう、選手・関係者のギャランティをすべて預けられ、渡すのも役割だった。

「それで前田さんに怒られたんです。渡そうとしたら『なんやこれ？　高山のチャリティーなのに受け取れるか』って。ただ高山さんは、プロとして仕事をしてもらう以上はギャラを払わないとおかしいという考えで、固く言われているから石原さんも徹底するんです。前田さんに説明すると『そうか』と言って受け取ってもらえたんですけど、そのあと募金箱に入れるのは自由じゃないですか。山崎さんも同じでした。

当日、会場に来られなかった人たちにも支援していただきましたけど、巨人軍の原辰徳監督は驚くような額を寄付してくれたと聞いています。同じ東海大相模出身ということで、面識はなくても回り回って伝わったんでしょう。でも、それを表に出していないじゃないですか。どこかでつながっていると、いざとなったらみんなの力が集まるんだなと嬉しくなりました」

こうしてTAKAYAMANIA EMPIREは盛況のうち幕を閉じたが、支援活動はその後も続けられた。高山もリハビリに励み、1㎜ずつながらも前進した結果、肩まで動くようになる。

2019年2月には、武藤がドン・フライを連れて見舞いに訪れた。仲間たちがやってきては、プロレスの話をできるのが何よりの楽しみになった。

1979年「プロレス夢のオールスター戦」がおこなわれた8月26日に「TAKAYAMANIA EMPIRE Ⅱ」を開催。前回と違い、クラファンはチケット購入の形ではなく(通常の販売スタイル)リターンのみだったにもかかわらず150人が支援(達成率104%)。

メインは鈴木みのると鈴木秀樹が組み、丸藤&田中と激突。オールスター戦から40年というタイミングでその歴史を振り返ったところ、カール・ゴッチとビル・ロビンソンに師事した2人のチームが高山との会話の中で生まれた。

30分間フルタイムの全力疾走バウトは、まさに灼熱のハッテンニーロクに。時間切れ引き分けに終わったあとの「じわっ」という感じで発生した拍手は、見る者が目の前の闘いをじっくりと味わった上でなお反すうしているかのようだった。

「夢のオールスター戦40周年というと、新しいファンはおわかりではないかもしれませんが、馬場・猪木の両名が久々にタッグを組んだ夢の舞台でした。その夢の舞台に負けないような試合が本日、レスラーたちのおかげで繰り広げられたと思います。

これを皆さん、本当に夢で終わらせたくないことだと思いますので、僕がやるかどうかはわかりませんがプロレス界は8・26、今後毎年一年に1回はやってほしいですね。これは僕からの提案ではありますがファンの皆さん、どうでしょうか？」

前回に続いて全試合終了後に流されたメッセージ映像の中で、高山はそう呼びかけた。そして自らの音頭による「ノーフィアー！」で締めた鈴木は、汗を拭く間もなくタイツ姿のまま募金箱が置かれるスペースへ直行した。

ある意味、オールスター戦さえも超越する強烈な磁場が、TAKAYAMANIAにはできあがっていた。翌年以後も変わらぬ熱量に包まれ、支援の輪が広がる……誰もがそう思っただろう。

しかし、2020年に入り世界中をコロナが襲う。大会開催はもちろん、集まりたくても集まれず、支援するにも人との接触を制限される時期が続いた。ほどなくして有観客に戻ると募金活動は再開されたものの、無言で呼びかけなければならなくなった。

募金は、額ではなくそこにファンの思いがこめられていて、高山へ伝えるからこそ意義を見いだせた。箱の中にお金を入れるさいの、気持ちがこもったひとこと……それが帝王の力となり得た。

そうしたやりとりさえかなわぬ状況でプロレスラーや関係者、ファンの気持ちを支えていたのも高山善廣の存在だった。我々はこんなにも大変な思いでコロナと向き合っている、でも帝王はもっと厳しい闘いの毎日であるはずなのに、1㎜ずつ前に進み続け、その意志によって体を動かせずとも代わりに他者の心を動かし、行動につながる衝動を生み出してきた。

コロナの影響で2ヵ月、リハビリ中断の間は本当に何もできなかった。それでもイメージトレーニングは続けた結果、7月10日の公式ブログには支えられながらも直立する髙山の画像がアップされた。

3年2ヵ月ぶりに見たそびえ立つ帝王の姿。写真一枚がファンに与えたパワーはとてつもなかった。そして9月にはベンチプレスに挑むシーンも公開。

やがてコロナも収束に向かったが、ＥＭＰＩＲＥ開催に関しては団体形態と違うためすぐには動けない。結果的に、復活まで5年もの時間を要した。

コロナ禍では、家族とさえも接触不可能な日々が続いた。リハビリは週2回のペースで再開したが、２０２１年5月に褥瘡《じょくそう》（床ずれ）ができ、治るまでの7ヵ月間はまたしても何もやれなくなった。

ただ、変わらぬようでいて確実に進歩は見られた。顔や首、肩は感覚があり、上半身はミゾオチ、腕はヒジの上あたりまで。上腕は触れられる感触もある。5年前は肩より下が麻痺していた現実を思えば……だ。

2024年7月4日、石原は会見で「TAKAYAMANIA EMPIRE Ⅲ」の開催を発表。席上、鈴木みのるvs柴田勝頼のメインイベントも明かされる。

柴田は高山が倒れる1ヵ月前、オカダ・カズチカのIWGPヘビー級王座に挑戦し敗れたあとコメントブースに向かう途中で動けなくなり、救急車で病院へ運ばれた。診断の結果、急性《きゅうせい》硬膜下血腫《こうまくかけっしゅ》が発見され即手術。命はとりとめたが、現役プレイヤーとしてリングに立てぬ日々が続く。

それでも新日本ロサンゼルス道場でヘッドコーチを務めながら復帰を目指し、2021年10月21日の両国国技館におけるザック・セイバーJrとの5分間グラップリングルールで肌を合わせ、年が明けたイッテンヨンで成田蓮《なりたれん》を相手に復帰を果たした。高山の報を聞いた時は、自分も力になりたいと思いながら試合ができなかった。

その無念の思いがずっと拭えずにいた。復帰後も国内での試合は組まれぬ中、2022年にアメリカ・AEW（オールエリートレスリング）へ参戦。翌年12月24日をもって新日本との契約を終了し、新天地として入団する。

同じく参戦している鈴木との一騎打ちはAEWで組まれる可能性もあったが、柴田は契約の際にTAKAYAMANIAへの参戦をリクエストしており、またこのカードを日本でやることについても自分で動き、粘り強く交渉しOKをもらった。とにかく、凄まじいまでの思い入れと言えた。

「自分が（総合格闘技から）新日本に戻ってきた時、あまりにも縛りが強すぎてプロレスが嫌になって投げやりになりそうだったのが、髙山さんの言葉でプロレスとしっかり向き合えたことは大きかったです。『どんなものにでもルールや枠っていうものがあるから、その中でいかに今の自分で勝負できるかがプロだよ』と。この言葉は今でも常に頭の中へ刻まれています。本当にやってきた髙山さんだからこそ、説得力がすごかった。

アマレスのエリートみたいなバックボーンもなく、プロレスラーというあこがれの場所に辿り着いた。二人ともプロレスがスタートライン。それでいて、プロレスラーである以上は〝強さ〟も〝凄さ〟も備えておかなければいけないという意識。髙山さんと話をしても、プロレスにまつわるいろいろなものと闘ってきた感覚が近い気がします。格闘技のリングで〝プロレスラー〟として闘った部分で共感できます」（柴田）

柴田が倒れ入院した時、髙山より「大丈夫！　俺たち悪運だけは強いから！」とメールが来た。まさかその直後、あのようなことが起こるとは……自身の体験も踏まえ、動ける時に動かないと後悔するのがわかっていた。

7年5ヵ月ぶり4度目のシングルマッチは終盤までチョップのみで渡り合うという想像の先をいく展開に。その数、鈴木が97発で柴田は130発の合計227発（加えて小橋が3大会連続で放った解説席逆水平6発があり）。

これは、伝説のドームチョップ合戦として語り継がれる小橋vs健介戦の218発を上回るものだったが、言うまでもなく数で競ったわけではない。重要なのは、それほどシンプルな攻防でありながらプロレス王とザ・レスラーならではのエモーショナルな感情芸術作品となった事実の方だ。

最後は27分21秒、PK（ランニング・ローキック）で柴田がスリーカウント奪取（通算戦績は2勝2敗に）。勝負が決まってなおニラみ合うも、一度突き飛ばしてから鈴木がハグ。そのまま互いに座礼し、また抱き合った。

それが、二人に共通した「髙山善廣に見せたいプロレス」だった。これで終わっても、大満足な大会。ところが、締めると思わせておいて鈴木が呼び込んだのは……髙山善廣！

大会サブタイトルに「帝王光臨」と銘打たれていたため、会見の席で高山は来場するかとの質問が飛んだ。そこは現実問題として、当日の体調次第だった。昼の検査でGOサインが出て一同、胸を撫で下ろした。

ただ、高山自身としては後楽園にはいきたくともリングへ上がるのは当初、難色を示した。事故に遭った時、自分の足で降りられなかったからいつの日か帰還できたらそうするんだというこだわりがあった。

加えて、車イスの状態で担がれるのは経験していないだけに怖い。そこはブッチャーの引退セレモニーや、天龍プロジェクトで常日頃から天龍を持ち上げている296を中心に選手たちで対応すると説得した。

『DESTRUCTIVE　POWER』が流れると、西側花道から17歳に成長した実息の善弘《よしひろ》（父と同じ読み）が押す車イスへ座るプロレス界の帝王は姿を見せ、7年4ヵ月ぶりにリングへと上がった。鳴りやまない大「タカヤマ」コールの中、出場選手との集合写真が撮影されると鈴木がみんなに降りるよう指示。

そして、帝王は対角線上コーナー付近に移動させられた。ここで流れを理解した木原文人《きはらふみひと》リングアナウンサーが「ただいまより、時間無制限1本勝負をおこないます」と告げ、鈴木、髙山の順でコール。二人の5度目のシングルマッチが、急きょ実現する。

これをやるにあたり、鈴木は石原しか事前に知らせていなかった。開場前、すでに帝王と顔を合わせていた選手、関係者にとってもサプライズだった。

誰よりも髙山が驚いただろう。そしてとめどなく感情があふれ出たはずだ。

▲ここでも296や選手たちが縁の下の力持ちとなった

「来いよ！」と挑発する鈴木。髙山もそれに応えたい。でも、体は残酷なまでに言うことを聞かない。事故から7年以上、数え切れぬほどの苦しみを味わってきた中で、この時ほど自分に対し悔しいと思った状況はあるまい。

体は動かずとも涙腺は反応し、心の汗が止まらなかった。かすかに肩を揺らす以外、どうにもできぬ人間を衆人環視のもとに立たせたことで、否定的に受け取る人間が出ても不思議ではない。

それでも鈴木は、髙山に「立ってみろ！」と呼びかけたかった。叫びたかった。そして、動けずに涙を流す友の姿に、本当は自分も泣きたかったはずだ。

「だってあいつ、普段は一日中部屋の天井しか見ることができないんですよ」

髙山と向き合った鈴木なりの理由。忘れかけていたリング上における闘いの風景に身を置かせることで、奇跡を呼び起こそうとした。

「あの人にしか、あの言葉は言えないですよ。車イスの人に、普通は『立ってこい』なんて言えない。あの二人だからというのもあったと思います。並みの人間なら、これをやったらどう受け取られるだろうと考えちゃって出せない。でも、鈴木さんはさらけ出したんですよ」（296）

7年間思い続けてきた「立ってこい」の思い——プロレスは、ドラマや小説、映画などあらゆるエンターテインメントとされるジャンルでは描けぬ表現が、現実のものとなり得る。

目の前で起こっている現実のシーンを、柴田はリングサイドから見守った。鈴木戦が発表された時に出した「けっして医学では解明できないエネルギーがプロレスには存在します」という自身のメッセージ……それを頭の中で反すうしていただろうか。

「自分が実際にリングへ復帰しているのは奇跡のようなものです。生存率18％以下でしたから。主治医に復帰は無理と断言されても、診察のたびに『マット運動できました！』とか『受け身とれました！』などと報告していたら、先生も最後の方は呆れていました。

もちろん命を救ってくださった先生には感謝していますが、ここからは自分でできることを見つけていかなければ誰かがやってくれることではありません。一度しかない人生なので、しっかり燃やしたいんです、すべてにおいて」（柴田）

柴田自らが経験した奇跡を、後楽園ホールにいる者たちだけでなく生中継を見ていた全国のTAKAYAMANIAが、祈りをこめて求めた。大「タカヤマ」コールは、雨乞いの儀式のようだった。それでも――。

泣き続けながら、なんらかの言葉を漏らし続ける高山を見て鈴木は「おまえが立てないんだったらこの勝負、お預けにしてやるよ。その代わり、てめえが還ってくるまで俺はプロレスのリングでおまえのことをずっと待っているからな！　何が帝王だ。今のプロレス王はこの俺、鈴木みのるだ！　悔しかったら立ち上がって、俺の顔を蹴っ飛ばしてみろ、この野郎‼」とマイクで告げた。ここで終了を告げるゴングが鳴らされた。

勝負タイムは未発表だったが、あとで測るとこの間1分44秒。その場では「ノーコンテスト」とされたが、実質〝水入り〟といっていい。

2018年8月14日、鈴木は悪性リンパ腫と闘う後輩の垣原と対戦。1分50秒で絞め落とすと「髙山に力を与える？　その程度かよ！」と厳しい言葉を浴びせ、UWF特別ルールから一転し場外へ投げ捨て、イス攻撃を見舞った。

だがそこで攻撃を止め「この続きはとっておいてやる。出直してこい」と言い放ち、リングを降りた。垣原は戦前、髙山を励ますべく復帰を目指し「TAKAYAMANIA　EMPIREへつなぎたい」とコメント。支援も呼びかけていた。

それに対し、シビアに力不足だと突きつけたのだ。後日、髙山に報告すると「そうじゃなきゃ、みのるちゃんじゃないよね」と、ニヤッと笑った。6年後、自分が〝お預け〟を食らうとは思わなかっただろう。

かくして鈴木vs髙山戦は絶大なる反響を呼んだ。そして「この一戦こそが2024年のベストバウト」の声がたくさんあがった。

実際、年末のプロレス大賞選考会では候補にノミネートされた。しかし、髙山は言った。

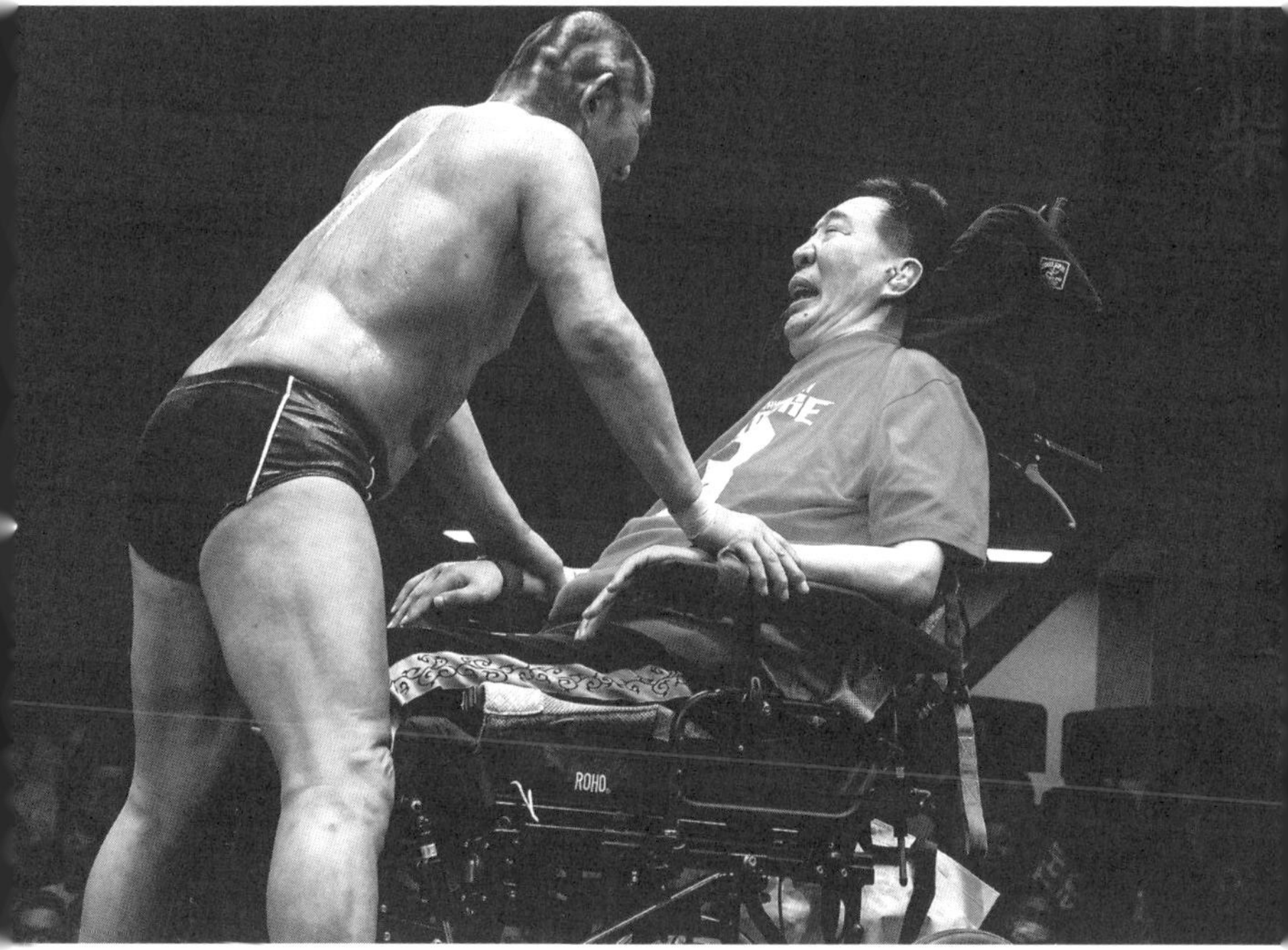

▲「立ってこい」　2人にしか立ち入ることができない"試合"が繰り広げられた

「ベストバウトは鈴木vs柴田戦だよ。その代わり、ベスト興行賞のようなものがあるんなら、俺は（授賞式に）いくよ」

最後は再び参加選手たちもリングへ上がり、高山と一緒に「いくぞー、ノーフィアー！」と叫んだ。なんという特別な空間が現出したのか。全員が、その場にいられたことに感謝しているように思えた。

後日、高山は高熱に見舞われた。それほど全身が興奮したのか。このような状態にあっても、体は正直だった。

「足の裏が（地に）ついている感覚があるんです。動くか動かないかっていうと全然動かなくて変わらないんですけど、中の神経はつながってきているんじゃないかなっていう気がして。実際には動いていないんだったら変わらないって言われたらそれまでなんですけど、感覚としてはケガした時と雲泥の差なんですよね。

現在は、週に1回のリハビリ。今は有料になっちゃったから。病院に入っていた時は保険でできたけど（施設では）実費なんです。それでもリハビリをやると気分的にもよくなるし、体の感覚がまったく違う。体が柔らかくなって、疲れてくたくたになってすぐ寝られるし。自分で動こうと思う以上に体自体が一生懸命動こうとしている」（TAKAYAMANIA EMPIRE Ⅲパンフレット掲載インタビューより）

高山善廣は、リングに上がれずともちゃんとプロレスラーとして闘い、ファンに力と勇気を与えてきた。そして……鈴木みのるとのシングルマッチは今、この瞬間も続いている。あの時、勝負タイムがコールされることなく止められた、本部席のストップウォッチのスタートボタンが再び押される日は、来る――。

GERMAN

あとがきであっても〝つづく〟──

「言葉にした瞬間、物事が陳腐になる」それでも恐れずに書くことで、語り継がれる

まえがきにて、髙山善廣と番組をともにした4年間がプロレスマスコミ生活の中で一番楽しい時期だったと書いた。幸いなことに『週刊プロレス』から離れたあとは、編集ライターだけでなく試合中継の実況、コメンテーター（選手経験者でないので〝解説〟とは自ら名乗らず）、イベント進行、MCといった喋りの仕事もやらせていただいている。

数え切れぬほどの試合を言語化してきたが、自分がやれてよかったとすぐに浮かんでくるのも帝王絡みとなる。第6章で触れたDDT両国国技館におけるウルトラセブンとの共闘がそれだ。この一戦は円谷《つぶらや》プロとの正式なコラボレート企画で、髙山&MIKAMI vs 中澤《なかざわ》マイケル&松永智充《まつながともみつ》のタッグマッチに人間サイズのセブンとメトロン星人が絡むというものだった。映像ディレクターの古武直城《ふるたけなおき》氏が第8話「狙われた街」をモチーフにVTRを作り、リング上の

あとがきであっても〝つづく〟——

試合へとつながる。

　異星人によって操られたマイケル＆松永に苦戦したが、そこへセブンが現れボストンクラブでメトロンを退治。あとを受けた高山とＭＩＫＡＭＩは、自力で相手を沈めた。

　この時、ウルトラセブンの最終回でキリヤマ隊長（中山昭二《なかやましょうじ》）が言った「地球は我々、地球人の手で守らなければならないんだ！」のセリフを中継で伝えた。場内でも流されたから、帝王の耳に届いていたかもしれない。45年前の言葉を、その影響を受けたプロレスラーが実践するとは実相寺昭雄《じっそうじあきお》監督の想像も超えていたと思われる。

　プロレスラーの中でもウルトラシリーズのファンは多いが、やはりセブンが一番人気。帝王＆ＭＩＫＡＭＩ組となったのはそれが理由だし、中邑真輔ともその話で盛り上がり「僕が好きな回は『円盤が来た』なんです」と、シブ目のチョイスだったのが印象深い。

「ニコプロ一週間」内でも、セブンネタに関してはある意味プロレスより阿吽の呼吸で帝王とトークができた。今思うと、それも含めての一番楽しかった時期だった気がする。

　そうしたことからＧＵＲＥＮＴＡＩで〝隊長〟と呼ばれていたのも、２９６さんが初めての見舞いでウルトラセブンのお面を被っていったのも、筆者の中では線でつながるのだ。共通ワードを持った者同士の会話は、グルーヴ感もあり心地いい。

　今回の執筆にあたり17名の人々と会い、それぞれの中へ在る高山善廣についてあらためて語っていただいた。共通するのは目をキラキラと輝かせながら、自分が携わった帝王史における時代を言葉で表す姿。みんなの中に、髙山善廣と共有したあの時がかけがえのないものとして刻まれている。できるならそのままずっと聞いていたかったが、2017年5月4日からのことも話してもらう必要があった。

17人分の、表情が変わる瞬間を見た。いや、厳密には鈴木みのる、石原真、髙山奈津子の三方に関しては、そこで感情が揺れるさまは表に出さなかった。帝王と距離が近いがゆえの強さ――それが、本当は誰よりも現実と直面しているはずの3人から感じたものだった。

今回、会いにいった方々はいずれも髙山善廣が刻んだ代表的なエピソードの登場人物、もしくは目撃者となる。ネームバリューのある選手はほかにもあげられるし「なぜ○○の話がないんだ?」という声が出るのも承知だ。

あくまでも本書は、筆者が求めた証言集だと認識していただきたい。髙山善廣がプロレス界と格闘技界に残した足跡は、今後も語り継がれていくべき。だからこそ、これが最後の評伝とならない方が望ましい。

そもそも、この本を自分が綴《つづ》るとなった時点でもっと適任の書き手がいるはずだと思っていた。今回ご協力を願ったプロレスマスコミの先人である金澤克彦さんや、週プロ時代の後輩でありながら比べ物にならぬほどのバランス感覚を持つ佐久間(在籍時の呼び方をさせてください)

の方が、髙山善廣と深くかかわってきた。いつの日か、そういった書き手が伝説を受け継ぎ文献にしてくれるだろう。そしてその時、今回登場していないゆかりある方々に当たってもらえたら、帝王の評伝がより完ぺきなものとなる。自分はそれに向けての〝つなぎ〟を真っ当にやればいい。今回ばかりは、自身の衝動を優先させていただいた。

〝あの時の髙山善廣〟を追い求める旅は、まず大学時代から始まった。TAKAYAMANIA　EMPIREが開催されるたび、アメリカンフットボール部当時の仲間の皆さんがスタッフとして動き回る姿を見ていた。

帝王紀元前の話を誰に聞けばいいかと思ったところ、本人より「あの二人がいい」と名前を出されたのが、金子健さんと今田健一朗さん。まるでおとぎ話のようなセピア色のエピソードは、青春時代をともにした者でなければ語れない。

一度は夢破れた髙山善廣を〝こっち〟へ呼び戻すきっかけとなった宮戸優光さんとの再会。まさか、第1次UWF入門前にもエピソードがあるとは思わなかった。

Uインターの新人だった頃の姿を、同じ空間で見ていた金原弘光さんと和田良覚さん。厳しい日々を励まし合った者同士だからこその関係性が人生における財産となっているのが伝わった。

武藤ゼンニッポン時代、何度となくインタビューした川田利明さんとも、今回の取材で十数年ぶりに再会することができた。言葉の間合いが、懐かしく感じた。これも帝王が導いてくれたと受け取っている。

本書のタイトルでもある「ノーフィアー」を語る上で、大森隆男さんは外せまい。帝王とのコンビがいかに充実していたかは、話すうちに自分で笑い出す場面が何度もあったことからも伝わるだろう。

プレイヤーではなく、マスコミ側から見た髙山善廣に関しては本書の要になると思っていた。金澤さんと佐久間さんの証言なくしてあの時代の空気感は描けなかったし、まったく違うテイストの一冊に仕上がったはずだ。

同じく、本書の柱としたかったのが小橋建太さん、佐々木健介さんという同学年によって描かれた物語だ。そこには個人的な思い入れも含まれている。

帝王、健介さんと同じ昭和41年生まれとして、あの頃の活躍ぶりは本当に誇りだった。そして、週プロを離れるさい小橋さんにいただいた「俺たちの世代はまだまだこれからだよ！」の言葉がフリーランス転身後、どれほど支えになったか。

眼窩底骨折を隠しながら小橋建太のため、髙山善廣のためにリングへ上がった佐々木健介。その1年4ヵ月後に訪れた鉄人の復帰戦――それらのドラマを濃密に、今の世代のファンへ伝えることができるのは書き手冥利に尽きる。

帝王がプロレスをやっていて一番楽しかったGURENTAIの頃。選手とは違う立場だから見えた風景を語れる296さんの存在も、筆者にとってはラッキーだった。ネームバリューに付随する数字ばかりで頭が埋まっていたら、そこに気づかなかっただろう。

髙木三四郎大社長（以前の呼び方でお許しを）と男色ディーノ……男色先生は、あの場にいた記憶の呼び起こしを、無理強《むりじ》いさせる形となってしまった。心苦しくもあったが、DDTグループがどんな意識で向き合い続けてきたかが伝わると思う。

そして鈴木みのるさん、石原真さん、髙山奈津子さん——強さを感じたと前述したが言うまでもなく、そのようなありきたりの言葉で表すにははばかれるほどの経験をしてきている。

「言葉にした瞬間、物事が陳腐になる」

中邑選手からかつて聞いた真理は、この仕事を続ける中で常に脳裏を旋回する。文章が生業《なりわい》の身としてはパラドックスなのだが、圧倒的な現実にテキストが追いつけぬ時、己の無力さと取材対象者への申し訳なさに襲われる。

ただ、それを恐れていては何も書けない。そうか、こういう時に「ノーフィアー！」と心の中で叫ぶものなのか。みのるさんと石原マネジャー、奈津子夫人が再認識させてくれた。

たとえポケットの中にあった10円玉一つでも、帝王の力となり得る。同じように、真摯な姿勢で向き合って書けばゼロではない。取材へご協力いただき、力を与えてくださった皆様に心より感謝いたします。

高山善廣ついて語っていただいた皆さん以外にも、多くのＴＡＫＡＹＡＭＡＮＩＡに背中を押された。中でも社内異動をはさみ、本来の業務と並行する形で編集を担当されたワニブックス・岩尾雅彦《いわおまさひこ》さんと、さまざまな形でサポートしてくださった吉岡萌《よしおかもえ》さんには迷惑のかけっ放しで、来世では合わせる顔がありません。

本書は、お二方の帝王に対する思い入れによって世に出されるものだ。筆者はその熱量を、代わって出力したにすぎない。こういう形のＴＡＫＡＹＡＭＡＮＩＡもあるということを、知っていただきたい。

あとは帝王本人に、どう高笑い込みのダメ出しをされるか。「ニコプロ一週間」も、そういうノリだった。あの頃の空気感を味わうべく、高山善廣の手元へ本書を届けたところで筆者のミッションは完遂するが、ＴＡＫＡＹＡＭＡＮＩＡの活動はこれからも、つづく。

募金箱を持ち、呼びかけた時に何千何万と繰り返し唱えた願いを、最後に記したい。もちろん、我々と帝王を結び続ける「ノーフィアー」の言葉とともに——。

「ＴＡＫＡＹＡＭＡＮＩＡへのご協力をよろしくお願いします。皆様の支援のお気持ちをお預かりし、募金という形で高山さんにお伝えいたします！」

（２０２５年2月6日・記）

エンドロール

それぞれのノーフィアー

プロレスに戻ってきた5年間があればマイナスをプラスに変えられる

――宮戸優光

Uインターから離れたあと、高山と付き合いはそれほどなかったんです。だから全日本プロレスにいってからの活躍は見ていなかった。でも、ロビンソン先生が日本にいた時はよく指導を受けに来て、そこでまた再会した感じでした。Uインター時代に、高山はアメリカ・ナッシュビルまでロビンソン先生のコーチを受けにいっていたから、もう一度そこに触れたいというのがあったんでしょうね。

首のケガをしたと聞いた時は、ビックリしました。ただ、心配はしてもそういう時って連絡がとりづらいものじゃないですか。だから、その時に思ったのは高山がプロレスに戻るまでの5年間と、戻ってきてからの頑張ったその心があれば、きっと日常に戻れるんじゃないかなって思ったし、今もあります。彼の諦めない心っていうのは、普通の人間以上にとても強いと思うんですよね。

プロレスラーになる前からの高山善廣のストーリーそのものは、これからも続くんです。今、続いている状況ってやめて戻ってきた5年間のように彼をより強くして、またみんなにメッセージを発信できるようになるんじゃないですかね。そうなってほしい。マイナスをプラスに転化できた5年間を経験している人間だからこそ、今回も本当に大きなマイナスを大きなプラスにしてくれると思っています。

医学の進歩に関する情報をちゃんと収集して髙山くんに知らせること
――金原弘光

僕は整骨院をやって勉強もしているから医療の知識を持っているじゃないですか。頚髄損傷がどういうものか聞いた時点で理解したんで辛かったです。それで大阪から東京へ転院した時、会いにいったんですけど声を出せずにいる彼の姿を見たら、普通ではいられませんでした。ゴールが見える病気ならまだいいんですよ。ああいうケガは、ゴールが見えないだけにより辛い。治るという保証がない中で彼は今、頑張っているじゃないですか。一方で、奇跡が起こって動けるようになった事例もあることはあるんです。あとはiPS細胞のようなものが実用化されて、薬も進歩して治療ができる可能性もあるので、今はそこに期待することしか自分にはできない。

若い頃、毎日をともに分かち合ってきた人間がこういう形で今も頑張っているので、人生について考えます。辛いのは本人なのにね。でも、プロレスを続ける上でいい時もそうでない時もあるっていうのは、髙山くんだってそれを繰り返していたと思うんですよね。だから答えは出ないものなんでしょうけど……。

医学的知識を持った立場から言うとすれば、体がボロボロになってやっているプロレスラーがいっぱいいる中で健康が一番大事なんだから、自分と向き合って何が大切かを考えて、やめる時は早いうちにやめる、そういう勇気も必要だなと思います。リングを離れても闘っている髙山くんのことを聞くと、ご家族の強さも感じます。僕らができることは、募金箱を持つことぐらいなんで、それぞれがやれることをやっていくしかない。

あとは医学の進歩に関する情報をちゃんと収集して髙山くんに知らせること。今も、髙山くんの周りにはそういう人たちがたくさんいて、新しい情報が入ってくるようにはなっているので。リハビリにしても、間違いなくいいリハビリの仕方を把握して実際にやっている。僕が聞いたら、それ以上はないものをちゃんとやっているなと思えました。

コロナがあって、ずっとお見舞いにはいけなかったんですけど話すことはいくらでもあって、この前はUインターに来ていたスティーブ・ネルソンや、ビリー・スコット、ダン・スバーンからメッセージが送られてきたと言っていました。それでお礼の写真を送ってくださいと言われて、髙山と一緒にハローと言っている画像を送りましたね。

だから、国内の仲間たちだけではないんですよ。もう30年以上も前になるのに、そうやって参戦した選手たちも応援しているんです。会社としてではなく、個人同士になってもつながっている……そういうところが、Uインターらしいと思うんですよね。

U系って探めた歴史じゃないですか。その中で髙山くんはボーダーレス

——和田良覚

髙山くんが大阪で倒れた時は、会いたくても会えない時間が長く続いて。常日頃、顔を合わせていた友人がある日、突然いなくなるという経験は初めてだったんで「なんで、なんで……」と唱えながら何度も何度も泣きました。のちに、ようやく見舞いにいけた時も、泣いちゃいけないって思っていたのに会った瞬間、涙が出てしまって。

お見舞いには2回しかいけていません。何回もいきたかったんですが僕がコロナにかかっていた時もあったし、髙山くんは喘息もあるから怖くていけなかったんです。

今、日々の中で思うことは〝髙山くんに比べたら〟なんですよ。寝ないで仕事をやるぐらい

でキツいなんて言っていられないじゃん。ジン帯が切れていようが動けるじゃん！って。だから、髙山くんのおかげで何に対しても頑張れるようになりました。そうやって、比較してはいけないのもわかってはいるんです。でもこうして、髙山くんによって頑張ることができているのは事実なんですよ。

反対に、僕が何もできていないことの方がね……サク（桜庭和志）はUFC殿堂入り表彰で髙山くんの名前を出したじゃないですか。あれは嬉しかったし、やっぱり仲間なんだなって思えたし。

ＴＡＫＡＹＡＭＡＮＩＡ　ＥＭＰＩＲＥには毎回参加させていただいていますけど、いつも思うのは髙山くんの人徳。考えられないぐらい選手や関係者が集まるじゃないですか。ファンもそうです。それに尽きるんですよ。先輩からかわいがられて、後輩からは尊敬されているって、なかなかいないですよ。そうじゃなければ、あんな熱量にはならないです。

その音頭をとる鈴木みのるもすごいですよ。世界一性格の悪い男って言っているけど、みのるちゃんが髙山くんのために陰で大泣きしているのを知っているんで。

年は髙山くんの方が上だけど、みのるちゃんの方が泣く子も黙る大先輩じゃないですか。それでも「みのるちゃん」って呼んでいる。普通はこの業界、年上だろうがなんだろうが先輩は先輩じゃないですか。人の言うことを聞かないあの鈴木みのるが髙山の言うことは聞きますからね。それぐらい髙山善廣ってすごいんですよ。

ウチの家内は、みのるちゃんのファンクラブの発起人なんです。当時は、髙山くんとウチ、みのるちゃんとウチでつながっていたのが、気がついたらその二人が一緒になっていて僕はメチャクチャ嬉しかったんですよ。あの関係性が、大好きなんです。

U系って揉めた歴史じゃないですか。その中で髙山くんはボーダーレスなんですよね。なぜなら、先輩の立場からも尊敬できる人間だからだと思うんです。

僕は今、レフェリーとして、トレーナーとして食わせてもらっていますけど、それを続ける上で間違いなく髙山くんの存在が大きいです。本当に自信がなかったですから。何度も髙山くんに「もうできねえよ！」って愚痴をこぼして。その泣き言を全部聞いてくれた。彼がいなかったら、僕は今頃この業界にいないんじゃないかな。

彼の強い精神力で回復してほしい

――川田利明

今、思い返すと俺とやっていた頃の高山の怖いもの知らずな部分って、三沢さんに通ずるところがあったよね。レスラーって、ある程度抑えるところがあって、これをやったらこうなるっていうのを想定してやるものだけど、高山にはそういうところが見られなくて。だからこそ刺激があった。

Uインターと全日本で3回シングルマッチをやったあと、10年ぐらいして最後の一騎打ちをやった（2010年4月24日、NOAH札幌テイセンホール大会におけるグローバルリーグ公式戦。30分ドロー）。あの時は、彼も一流のプロレスラーになっていたから肌を合わせても感覚が違ったし、どちらかというと俺自身の方がコンディションを保っている状態じゃなかったからね。

今後は彼の強い精神力で回復してほしい。そして自分の足でリングに立ってほしい。

〝強敵〟と書いて「とも」と読む。それが僕にとっての髙山善廣なんです
――小橋建太

髙山選手がリングに上がれない状況であっても、ケガに立ち向かって頑張っている姿は、多くの人たちに「自分も頑張らないといけない」という思いを持たせてくれる。

リングの外でも生き方を見せるのがプロレスラーです。僕もケガや病気から復帰してきた一人だからこそ、リングの外でも自分の生き方を見せる・自分の目の前に立ちはだかる大きな敵、ケガ、病気と闘うということは、気持ちが強くなければできないことです。

リング内で見せる「肉体の強さ」と、リング外で見せる「精神力の強さ」はまた別で、肉体の強さイコール精神力の強さではないです。そういう精神力の強さを今までに感じたことがあるのは師匠の馬場さんや先輩の三沢さんでした。でもそれを、自分と同学年の人間からも強さを感じた。それが髙山善廣なんです。

『北斗の拳』では〝強敵〟と書いて「とも」と読みますよね。髙山は僕にとってリングで闘ううちにどんどん惹きつけられていく「強敵」でした。でも、かといって〝友〟かというと、プライベートでは特に付き合いはなかったですけどね。

だいたい、友達にあんなヒドいこと言わないよ(笑いながら)。いろんなことを言われたけど、まあ、そこは毒舌レスラーの髙山善廣であり、鈴木みのるだから、こっちは態度で示すしかなかったです。リングの上で答えを返すのが僕のスタイルだったし、髙山も僕の答えを正面から受け止めてくれました。「キョウテキ」はほかにもいるけど、それは強い対戦相手という認識であって、相手の魅力に惹きつけられるかどうかというのはまた違ってきます。

僕の引退試合の時(2013年5月11日、日本武道館)、セミファイナルがノーフィアーvs鈴木みのる(パートナーは丸藤)だったんです。試合が終わったあとに髙山が「今日のメインイベンターがやってくるぞ。小橋建太、最後まで全力でいけよ!」と言ってくれて。そんなことを言うとは思わなかったし、鈴木みのるもメインイベントの試合、引退セレモニー、試合後のインタビューとかでなかなか帰ってこない僕を控室で待っていてくれて、握手したんです。そういう気持ちを持っている人間は、口が悪くても本質はいいヤツですから。

髙山がケガをしたとき、鈴木みのるが「髙山のことをかわいそうとは思わず、俺たちの力で髙山を立たせてやるぐらいの思いでいてほしい」って言ったでしょ。僕はあれを見てXに「敵ながらカッコいいことを言う」ってポストしたんです。そうしたら「まだ敵なんだ」っていうコメントをファンの方からもらったけど、〝強敵〟と書いて「とも」だから。

武道館で組んだ時に俺の隣で言ったあのセリフが聞こえた気がしました

――佐々木健介

事故のことを知った時は正直、言葉が出なかったですね。頑張れと言っても頑張れるような状況でもないわけですから、言葉にしようがなかった。だから1回目の支援大会は自分、器用じゃないんでできることはなんでもしたいという思いしかなかったです。サイン会をやらせてもらったのも、皆さんに喜んでいただけましたけど、俺からすれば本当にこれぐらいしかできないという思いで。

むしろ、あの大会が開催されたことでやっぱりプロレスっていいよなあって思わせてもらえた。鍛えた体をぶつけ合うことが自分は好きなんだなって。そういう世界に自分はいられたんだって思いました。だからあの日は逆に、高山選手に導いてもらったんです。言葉じゃなく、思いによる会話ができたのかなって。

高山選手と小橋選手に関しては、同じ学年ということもあって、特別な思い入れを持っています。プロレスを長年やっていて、そういう人間と出逢えること自体、俺は奇跡だと思うんですよ。その時代にいて、闘わなければそうはならなかったんですから。出逢っていなかったら自分はどうなったんだろうというのがあるし。

今年（2024年）の大会で7年ぶりにリングに上がった姿を見て……嬉しかったです。プロレスラー・髙山善廣の姿をファンに見せてくれたなと思いました。普通に考えたら、今の姿を見せるのはどうだろうかとなるでしょう。でも、それこそ「俺は生きてるぞ！」っていうところをしっかり見せた。あの場面で、武道館で組んだ時に俺の隣で言ったあのセリフが聞こえた気がしました。

ノーフィアーを解散した時「語り草になってほしい」と言った通りになった
——大森隆男

インターネットで最初にニュースを見た時は、搬送されたということが出ていて、そのあとは情報がなかなか入ってこなくなって、ずっと気になっていました。その後、関係筋から概要を教えていただいたのはけっこう経ってからだったんですけど……ショックでしたよね。それで1回目のTAKAYAMANIA EMPIREに声をかけていただいて、試合をやることで髙山さんの力になることにつながるのであればと思うと嬉しかったです。男色ディーノ選手とのチームでしたけど、そういうのは関係なく、あの大会にかかわることができるだけでも……足を引っ張っていることはなかったと思うんですけど、どうでしたか？

あの大会に出て思ったのは、最初に声をかけた鈴木みのるさんがすごいということでした。プロレス界とファンの人たちが、今までは髙山さんに力をもらってきたから、今度は俺たちが力を返す番だっていう集合体になっていると感じましたし、その中で自分が何十年も前に髙山さんとやっていたノーフィアーというものが息づいている。

それは本当に嬉しいことで、解散した時に「語り草になってほしい」って僕は言ったと思うんですけど、その通りになっているんですから。今でも僕自身は、ノーフィアーだと思っています。ワイルドでノーフィアーなチャイルドです。全部本当の俺です。

4月に髙山さんのお見舞いにいったんです。前回、浅子さんといったのが2019年だったから、もう5年も経ったんだって話しました。1回目にいった時はいろいろ話すうちにあっという間に時間が経っちゃって。

久しぶりに話をする人ってお互いがお互いの記憶をサポートし合うことで会話が成り立つところがあるじゃないですか。「いや、そこは大森さん違うよ」「いや髙山さん、あの時はこうでしたよ」という感じで進みました。なんか、あの頃の控室での会話が再現されているようで、何年経っても同じ呼吸なんだなって。

この前は、映画を見にいった話をしてくれて、ちょっと前までの髙山さんだったら考えられないな、すごいなって思って。その時点で次の大会があったら会場までいけるんじゃないかって思ったら本当に来られたじゃないですか。これはあとづけでもなんでもなく、本当にそう思いました。次は立ってくれる。髙山さんが望めばその場にいたいです。髙山さんが望めば、ですよ。俺が言うのはおこがましいことなんで。

大きなものを背負ったことに対する責任と向き合うのは当たり前です

――髙木三四郎

コロナの影響でけっこう髙山さんのところへ会いにいけなくて、EMPIRE Ⅲの開催を発表する少し前、何年ぶりかにお会いすることができたんですけど、変わらず前向きでしたね。その姿を見て、これからも変わらず支援を続けていきたいと思いました。コロナ中はそれが思うようにできなかったし、そもそも無観客の頃はお客さんが募金箱のところまで来られなくて、どうすることもできない思いに駆られたと思うんです。

それは僕らも同じでしたけど……なんていうんですかね、その間も髙山さんに対する思いは何も変わらなかった。僕の立場からすると本当に、ＤＤＴのために頑張ってもらった、貢献してくれたことに対しての思いなんですよ。事故があってしばらくしてから初めてお見舞いにいった時、僕らでやれることは続けていきたいんでということは伝えましたし、それに対して高山さんから「ありがとう」と言ってもらった。

自分のリングであのような事故が起こってしまったことに対し、大きなものを背負ってしまったというのは、ご家族の次ぐらいにやっぱりあるんで、それに対する責任と向き合うのは当たり前のことだと思っています。それは髙山さんだけに限らず、ウチの人間がそうなったとしても会社として背負っていくことですから。

支援やケアもそうですけど、そのような事故が起こらないように努めるのが一番大事なんだと思います。僕はハヤブサさんの時にはこの業界にいて、他人事とは思えなかったのもあって、できる限りそういった事態が起こらないようにするため、やるべきことには向き合っていくのがプロレス団体の務めだと思うんで。

それに関しては、髙山さんの周りの方々が応援してくれて、連携もちゃんと取れているのが大きいです。先ほども言った通り、みんなが他人事ととらえずに動いてくれている。もちろんそれは髙山さんの人徳なんでしょうけど、いざとなった時に動いてくれる人々が周りにはこんなにもいるっていうのが、髙山善廣という人を表しているんだと思っています。

私は今もヨッちゃんの正パートナーだと思っている

――男色ディーノ

これ、ホント正直な思いなんだけど、一番コロナが憎いって思ったのはヨッちゃんのお見舞いにいけなくなったこと。なる前にいけた時は樋口、ウラノさんといって他愛もない話をしたんですけど、それさえもできなくなるっていうのがね……だから、今はだいぶ緩和されたみたいで、そこはいい方向にいっているんだなって思う。

DDTグループとして支援活動を続けていくのは当たり前のことなんだけど、ヨッちゃんをリアルタイムで見ていない世代の選手たちが入ってくる時代よね。もちろん、プロレスラーになるぐらいなら髙山善廣のことは知っているんだろうけど、我々と同じ思い入れでの受け取り方にはならないだろうから、そこをこれからもどうつないでいくかが課題だと考えている。

そういう中で、私は今もヨッちゃんの正パートナーだと思っている。ノーフィアーはまだ続いているのよ。私の人生にノーフィアーが、髙山善廣が棲《す》みついちゃっているから。

296
見舞いにいってウルトラセブンのマネをしたけどノーリアクションでした

あの日、僕は後楽園ホールにいたんですよ。WRESTLE－1の大会で仕事中だったからケータイの電源を切っていたんですけど、何かのタイミングで見たら木曽さんと松井さんからすごい着信が入っていて。信じられなかったですね。あまりにも……だったんで、今でもその時の記憶が飛んでいるんです。

高山さんが大阪から東京へ戻ってきて、その時は大田区の病院にいたんですけど、けっこう経ってからようやく会いにいけて。石原さんから「高山が『先輩、全然会いに来てくれない』って言っていましたよ」と言われてはいたんですけど、どんな顔をして会ったらいいのか、会ってなんて言ったらいいかわからないものじゃないですか。

それで、鈴木秀樹を連れていったんです。二人でおちゃらけるしかないと思って、ウルトラセブンのお面を被って病院にいって「やあ高山くん、久しぶりだな。元気か？」ってセブンの声色で話したんですけど、ノーリアクションでした。僕がお面を被るとヒゲが出ちゃうんですよ。そこはちゃんと「先輩、出てますよ」って突っ込んできました。今まで3回、お見舞いにいっていますけど3回とも秀樹と一緒です。

僕がやれるとしたら、そういうことだと思ったんです。昔から家にも遊びにいかせてもらって、善弘がガキの頃から見てきて親戚のおじさんぐらいに思われているだろうから、できることじゃないですか。髙山さんの息子もね、毎回TAKAYAMANIA大会の時は手伝いに来ていますからね。

まあ、俺がやらせているんだけど。お父さんのためにこれほどの人たちが集まって協力してくれているんだから挨拶はちゃんとしろとか、パンフレットに入れる選手のサインを一つひとつもらいにいかせたりとか。

TAKAYAMANIA EMPIREって、もちろん支援していただいた分を医療費に回すというのもありますけど、僕は髙山善廣を忘れてほしくないからやっている感覚です。やらなくても忘れないよという人もいるだろうけど、こういうアクションはしていかないと。

これまでは髙山さんがプロデュースするカードをやってきましたけど、今後も継続していくならそれと合わせて僕らが隊長に見てほしい選手、カードを実現させるという方向も入れていくと思います。ゆかりのある選手に限定したら、けっこう引退する選手も出てくるでしょうからね。今の世代の選手たちが出ることによって、TAKAYAMANIA自体がプロレス界に貢献できる。それは髙山さんも言っていましたね。

今も支援活動が続いているのを見て高山善廣は色褪せないって思います

——金澤克彦

事故から7年が経過して今もこうして支援活動が続いているのを見て、高山選手がプロレス界に残してきた功績がそのままレスラー仲間にもファンにも伝わっているし、まだ記憶にもしっかり残っているということなんだと思います。それだけ試合と生きざまをちゃんと見せてくれた。ひとことで言うと、高山善廣は色褪《あ》せないっていうこと。ただ、ベルトを巻きました、インパクトを残しましたというんじゃなく、生きざまがすごかったんです。

面白いんですよね、高山選手って。フレンドリーでありながらも、容赦しないところは容赦しない。バックステージコメントでも、最初から言ってやるという感じで「おい、GK！」って来る。その時は、僕が「最近の高山はあえて自分をヒールの方向へ持っていっているように見える」とテレビ解説で2、3回言っているんです。15分ぐらいの試合が7分ほどに編集され『ワールドプロレスリング』で流れたんですけど、その発言をしたシーンはカットされずにそのまま放送されました。それを見たらしいんです。

それで「俺のことをヒールだとか100万回言っただろ！」って来たんですけど、そう言いたくなるほどカチンときたんでしょうね。「俺が新日本のリングにヒールとして上がっていると思っているのか。俺の闘いがヒールに見えるのか、GK？　そこはどうなんだ」ってほかのマスコミの前でピンポイントで噛みついてくる。「それは正論です」って答えたら「だろ？」ってなるんですけど、僕は図太いのか変態なのか、みんなの前でそういうことをされても平気で。

そこは、けっして偉そうに言うわけじゃなく「レスラーにナメられてたまるか！」っていうのが絶対的にあって。プロレスラーに対するリスペクトはありますけど、好きでこの仕事に入ったからにはプロレス記者が下と見られるのも、言われたらシュンとなってしまうのも嫌だし。そこはある程度、長州力で慣れているから。

高山選手って、そういうマスコミの発言や実況・解説にも突っ込んでいたじゃないですか。技名を間違ったらもっと勉強しろとか。あれは非常にいいことですよ。ほかにちゃんと指摘してくれる人がいないんだから。藤田和之と佐々木健介のIWGPが2分ぐらいで終わっちゃった試合も、僕は高山選手と放送席で一緒だったんです。

そこで帝王が「これはナシだろ！」って言ったのをよく憶えています。ああいう試合って、アナウンサー的にはどう表現したらいいか厳しいじゃないですか。それで僕が「IWGPのベルトが泣いていますよ！」って言ったのが、モロに波長が合ってあの場を凌げたっていうのがありました。

僕は一度もお見舞いにはいってないんです。言い方が悪くなってしまうかもしれないけど、見たくないっていう感じになっちゃうじゃないですか。自分の中で強かった人間がそういう状態になっているのを見たくないって思う気持ちをわかっていただきたいんですけど……まあ、ある意味、逃げているんでしょうけどそれは僕の性格的なものなので。僕もこの10年で手術が必要な大病を2度経験していますけど、家族以外の面会・お見舞いはすべて断っています。自分が弱っているところを見せたくないんで。

友人である大谷晋二郎に対しても同じ思いでいけていないんです。だからこそ、こういう形であの全盛期に僕が思っていたことが本人に伝わって、あの頃を思い出してくれたら少しは力になれるのかなと思います。

全部自分で責任を持つということ。誰かのせいにしないのが高山イズム

――佐久間一彦

SNSで起こったことを知った時点でかなり大きな事故だったというので、やはりまず三沢さんの事故が頭をよぎりました。だから、動けなくなったことは不幸な事故だったし、僕は奥さんも息子さんのことも知っていたのでご家族のことを考えましたけど、とにかく生きててよかったというのが一番でした。

お見舞いにいっていないのは大阪で脳梗塞になった時と同じで、弱い姿を人には見せないのが髙山さんだというのがあって。本人は迎えてくれるとは思うんです。でも僕はやっぱり、強いままの姿で陰ながら応援したいというのがあるので。何年もお会いしていないですけど、SNSでみのるさんとかが発信してくれるのを見ると嬉しいです。

プロレス業界以外で仕事をする中で、髙山さんの話になることがあります。TAKAYAMANIA　EMPIREの前に、トレーニング系サイト関係の方から「髙山選手って今、そういう状況なんですね。好きな選手だったので頑張ってほしいです」と言われたこともありました。正直、プロレス界の外に出ると募金活動が継続しておこなわれていることは広く伝わっていない印象があります。

僕は髙山さんと大谷さんの募金箱が設置されていると1000円札1枚をそれぞれに入れることを続けているんです。大きな額を1回募金するより、少ないながらもそれによって継続できるじゃないですか。これに関しては何よりも続けることだと思っているので。同じ考えの方々はたくさんいると思います。みんな、いい時だけ追っているんじゃないんだなって。そこがプロレス特有の温かさですよね。

ウチの子が今、21歳なんですけど小学生の時に小橋さんと髙山さんがアントニオ猪木酒場でやったトークイベントに連れていったんです。控室でお二人と写真を撮らせてもらった子どもが、今は大人になってからニュースで髙山さんのことを見たらしくて「ええっ、あの髙山さんが⁉」ってなったんです。小さい頃の記憶の中にいる髙山さんのことをちゃんと憶えていたということは、それほどのインパクトがあったからなんでしょうね。

本当に、自分自身にとっていい影響を与えてくれた方の最盛期を最前線で追えたというのはよかったと思いますし、リアルな人生指針というか、やっていることは違っても根底の部分で必要なことを教えてもらった気がします。そこに関してはずっと変わらず20年以上やれているんで。

髙山さんが言っていたなんでもできるようになるというのはイコール、全部自分で責任を持つということであり、それは他人のせいにしないことなんです。これほどのことになっても、髙山さんは誰かのせいにしていないじゃないですか。

僕は「おまえがちゃんとやらないから遅れただろ」って言っちゃうんですけど、そういう髙山イズムを改めて刻んで日々の中でやっていかなければと思うんです。それが、髙山さんを追う中で得られた僕の財産なんですから。

我々は縦のつながりではなく横のつながりだと思っています

――金子健&今田健一朗

金子　僕は報道で事故を知りました。ああ……という感じで、衝撃的でしたね。もうこれでおしまいになっちゃったなって正直、ありました。見舞いにはいっていないです。もし、誘われても自分はいかないだろうと思います。自分だったら、そういう姿を友達には見せたくないと思うので。

今田　我々の仲間たちはみんな、いかないようにしていますね。石原さんによると「今田は顔を見せに来ない」って言っていたそうなんですけど、僕らは高山さんの方こそ早く会いに来てくださいよ！という考えなので。

金子　コロナになったのもありましたし、中にはいって顔を見せてやろうって言うやつもいたんですけど、そういう気にはなれなかったですね。それで、違うところで何かできないかと思っていたら、今田からこういうの(TAKAYAMANIA)をやるんで手伝ってくれと言われた。

今田　アメフト部で僕らの代のやつら10人ぐらい集まって。TAKAYAMANIA EMP

IREのスタッフをやるんです。

金子　そういう場ができると、みんな集まる。やっぱり、なんとかしたいという気持ちはみんなの中にあるんだなと思います。

今田　僕はグッズの打ち合わせもあってこの前、初めていきました。ほかの人にはやさしい口調なのに僕には命令口調になる一方で、僕の立場なら「ちょっと待ってください」って言えるじゃないですか。大学時代に〝オスペ〟という言葉を使っていて、それが何十年経っても高山さんから出るんです。「お仕置きスペシャル」といって、グラウンド100ヤードをダッシュとかやらされたんですけど「今田、これはオスペな」って。

金子　大会当日も、有名な方々が多く来られているのを見て、そういう人たちにここまで好かれていることを初めて知りました。あとはファンの温かさ。本人が出ていないにもかかわらずみんなが来てくれるっていうのは、高山が「してあげたい」と思わせているからなんだろうなと。彼の人間性、今まで積み上げてきたものが素晴らしいと実感しました。

今田　髙山さんの人柄がEMPIREにも表れていると映ります。

金子　根底には若い時に同じ時を過ごして、一緒にバカやってっていうのがあったからなんでしょうね。縦のつながりではなく、我々は横のつながりだと思っている。そのつながりはずっと変わらないと思うし、我々で大事にしていきたいものです。

TAKAYAMANIAを続ける中で一番印象的だった奈津子さんの言葉

——石原真

TAKAYAMANIAの活動は、髙山さんの「みのるちゃんにやってほしい」という言葉から始まったものでした。それを受けて最初の会見に僕と鈴木さん、髙木さんで出席した時、鈴木さんが……〝世界一性格の悪い男〟としてプロレスをやっている鈴木みのるさんが人前で涙を見せたじゃないですか。あれはプロレスラー・鈴木みのるでもあるけど、一人の友人としての鈴木みのるでしたよね。

お二人に髙山さんのことを相談するようになって、それを報告すると「俺の好きな人たちとしんちゃんが仲よくなれて嬉しいな」って言われたことがありました。本当は髙山さんが元気な時にそうなれたらよかったんですけど。

リングに上がっていた頃は本当にいろいろな団体に出ていたから、細かくどの団体でどうっていうのは奈津子さんにも言っていなかったと思うんです。でもTAKAYAMANIAを始めたことで、奈津子さんがさまざまな団体でここまで思われていることを知った時に「ウチのパパってすごいんだね」って言ったんです。それがこの活動を続けてきた中で一番印象的な言葉かもしれないです。

数え切れないほどの応援や励ましのメッセージをいただいて、一つひとつに感謝なんですけど、一番近くにいた奈津子さんがお父さんのケガでパパの存在感を知るというのが……もちろん皆さん、印象に残るありがたいお言葉をかけてくださるんですけど、7年以上もこの活動を続けてきて、長かったけれどもあっという間にも感じる中で、やっぱり奈津子さんの言葉が強く刻まれているんだと思います。

コロナの頃は3年近く会えない日が続きました。それを思うと今は緩和されましたし、奈津子さんが頑張って資格を取ったことで高山さんに付き添って外に出られるようにもなりました。映画館や実家の海にいくなんて、前は考えられなかったですから。そうやって、高山善廣は着実に前進しています。

何が楽しいかを感じられない日々……だから
これからもあいつを羨ましがらせてやる

――鈴木みのる

あれから7年間以上経って、本当にいろいろな思いがあった中でこの前、あいつに会った時に言われてハッとしたことがあった。「毎日同じ天井を見て、朝に目が覚めて暗くなって、飯を食って……俺はそれ以外にないんですよ」って。すごい苦痛だろうなと思う。今日が何日なのか、あの日から何年経ったかすらもわからない。

だけど生きているという状況を繰り返している中、周りの人たちがどうとか、何が楽しいかを感じなくなっていると。でも、俺の話は楽しそうなんですよ。今、俺がこういうことをやっているって教えると「いいよなー」って言うから、AEWで試合をした時の入場シーンを動画で見せたんです。

コロナで試合がなくなったから、今は一人でアメリカにちょこちょこいってやっているんだよって言ったら「それ、NWAチャンピオンみたいじゃん」って。あいつの中では40年前のプロレスのイメージから変わらないんですよ。俺も同じ時代にプロレスを見ていた人間なんで、NWAといえばリック・フレアーじゃなくハーリー・レイスの時代ですからね。

そういう活動をすることで、どんどん羨ましがらせてやろうと思って。どんなに格闘技で誰に勝ったと言ってもあいつは羨ましがらないのに、NWAチャンピオンが全米サーキットをしていたイメージのことを俺がやっているって悔しがるんです。そして今でも「タカヤマニア・プリーズ！」と言ってお金を渡してくる人たちが海外にたくさんいる。

人間は、いつかは忘れる生き物なんですよ。それはあいつに限らず俺のこともそうです。ずっとそのままなんていうことはない。俺の場合はそうなったら違うことをして生きることができる。でもあいつは、ほかのことで生きることができない。だからなんとかしようと思える。気持ちだけでいったら、俺はどっちでもいいんです。あいつが元気でさえいてくれれば、俺はあいつのことを憶えているから。でも、これに関してはあいつの命が懸かっているわけですから、あいつが生きる方法を探し続けているだけです。

その中で、協力してくれる人には高山に対し哀れみは持たないでほしいって伝えたい。かわいそうという気持ちでは、募金箱にお金を入れないでください。高山自身がどう思っているかはわからないけど、俺にはそういう思いがあります。かわいそうだから恵んでほしくて頼んでいるわけじゃなく、一緒に生きる希望を作ろうよって言っているだけなんで。

何が今の自分を支えているか……それよりもいただいた気持ちに応えなくちゃ、なので
——高山奈津子

高山がプロレス界で上がっていった頃は、私もそれほど会場にはいっていなかったですし、家では本当にそれまでと変わらなかったので、そうなっているんだっていう実感はそれほどな

かったですね。UWFインターの頃は見ていたんですけど、本人もあまり会場には来てほしくなさそうな感じだったので。

ただ、武道館とか大きな会場にはいっていました。そこで大きな声援を受けているのを見て、こんなにもたくさんの皆さんが応援してくださっているんだって思っていました。そこまでプロレスを見ていなかった自分が嬉しくなって、感動したぐらいだったので、誇れることをやっているんだなって。

そこは私と一緒にいる時とは別の場所じゃないですか。だからお仕事をしている時の姿は別という感覚でした。プロレスを好きになったかどうかも、まずは痛そうというところから入ってしまうので、好きかどうかはわからないです。

でも、家で彼がプロレスのビデオを見る時に解説をしてくれるので、詳しい方だとは思いますけど。アントニオ猪木さんの試合やWWEを見るんですけど、テレビは一台しかないので一緒に見ることになるんです。あと、自分の試合を録画して見ていました。

そうそう、全国の応援してくださる方々から本当に多くの頂き物があったので、そういうことで有名になっているんだっていうのを実感していましたね。嫁が蟹《かに》好きって言ったんでしょう、木くずの中に蟹が6匹入っている箱が2つ届いて「どうしよう、こんなに食べきれない！」ってなったことがありました。

日常の中でも街を歩いていて声をかけられることもなかったですし……まあ、それは見た目が怖いからなんでしょうけど。私も背が高いですから。

巡業がある団体へ出るようになってからは2、3週間いきっ放しで帰ってきたら2週間ぐらい休んでまた出ていくというサイクルだったんですけど、いない時はすごく楽になるんで、帰ってきてからもやさしくできるんです。「何が食べたい？」って聞いたりで、彼も居心地がよかったと思います。

ただ、映画にいこうとしたりどこかへ泊まりにいこうと思ったりしても、ケガをしちゃうといけなくなるのは哀しかったです。巡業しているから本当は旅行もいきたくなかったかもしれないけど、でもちゃんと一緒にいってくれていました。

休みの日でもトレーニングは絶対にやっていました。たぶん、あの人は真面目なんです。体を休めなくちゃいけないから一日何もしない日は設けるんですけど、基本はジムにいっていました。何もしない日は、ゴロゴロするタイプではないのでオモチャとかいじっていました。

巡業にいっている間、とにかくいろんなものが届くんです。たぶん、移動先でポチポチやっているんでしょうけど、その積み上がった箱を戻ってきたら開封するのがオフの楽しみだったみたいです。本当、家では普通よりちょっとマメなパパでしたね。絶対に皆さんにはお見せしないような、変な踊りを踊ることもありました。だから〝プロレス界の帝王〟って呼ばれるようになって「そうか、帝王なんだー、よかったねー」というぐらいの感じでした。

そういうパパだけど、意志が強いところは偉いなって思っていました。何か決めたことに関してはは絶対にやってしまうところは、カッコいいと思います。今もリハビリをやる時、ドクターからは無理ですって言われても諦めず頑固なまでに頑張れるところは偉いなって。

それも、自分自身に対してだけなんですよ。周りにその頑固さを押しつけるようなことをする人ではない。私に対しても、絶対にこれをやるなって言ったことはないんです。

皆様にご支援をいただいて、2025年の5月で9年目に入ります。その間、本当に数え切れないほどの忘れられないことがありました。小さなお子さんがお小遣いから300円ぐらい寄付してくださったり、本当に誰がというのではなく皆さんからも、そういった気持ちをいただいて、感謝をしてもし尽くせないぐらいだと思っています。

鈴木みのるさんが最初に髙山のところへ会いに来てくれた時、髙山は私の前で泣いたことがなかったんですけど、私がしばらく席を外した間に泣いていたのがわかって、私にも言えないようなことを話していたんだなと思いました。何が今の自分を支えているか？　なんだろう……わからないです。それよりも、皆さんからいただいた気持ちに応えなくちゃという思いの方が強いんで、それがそうなんですかね。

応えなくちゃ、ではなく応えていけるかどうかなので。私は家の中の姿しか見ていないですけど、これほどの人たちが感動した、よかったというコメントをくださり、今でも支援してくださっている。そのことを、ちゃんとわからないといけないって思います。誤嚥性肺炎《ごえんせいはいえん》になったことをブログに書いた時、その日のうち夕方のニュースでとりあげられてビックリしたんです。全然忘れられていなかったんだなって。

私から見ていて一番すごいと思うのは、諦めないところです。どこかで諦めて「俺はもう、死ぬんだ」って言い出してもおかしくないじゃないですか。そういう投げたことを絶対に言わない人なので。私はそれに付き合っているだけで、偉いのは彼です。

フラワーカンパニーズ「感情七号線」
https://www.youtube.com/watch?v=E7vRV8csH_w

引用・参考資料

『週刊プロレス』(ベースボール・マガジン社)
『スポーツアルバムNo.7 高山善廣』(ベースボール・マガジン)
『身のほど知らず。』高山善廣・著(東邦出版)
『妻たちのプロレス　男と女の場外バトル』ターザン山本　福留崇広・著(河出書房新社)
『TAKAYAMANIA EMPIRE』オフィシャルプログラム
『TAKAYAMANIA EMPIREⅡ』オフィシャルプログラム
『TAKAYAMANIA EMPIREⅢ』オフィシャルプログラム

//
髙山善廣
Yoshihiro Takayama

たかやま・よしひろ／1966年9月19日、東京都墨田区生まれ。湘南で学生時代を過ごす。20歳で第1次UWFの入門テストに合格するも、肩のケガで続かず。ライフセーバーとして働くが、夢を諦めきれずUWFインターナショナル（Uインター）に再入門し、1992年6月28日に金原弘光戦でデビュー。先輩や強豪外国人へ果敢に挑み、1995年10月9日に始まった新日本プロレスとの対抗戦で台頭する。Uインター解散後はキングダムを経て、全日本プロレスに参戦。総帥・ジャイアント馬場から高い評価を得て、のちに正式に所属となる。プロレスリング・ノアの旗揚げに参加後は、フリーランスとして総合格闘技のリングへ。2002年6月23日のPRIDE.21におけるドン・フライとの壮絶な死闘は今なお伝説として語り継がれる。その後も恵まれた体格とアグレッシブな闘いぶりで人気を博し、GHCヘビー級王座、IWGPヘビー級王座、三冠ヘビー級王座、さらにはGHCタッグ、IWGPタッグ、世界タッグとタッグタイトルまですべて獲得し、日本国内3大メジャー団体を完全制覇。〝プロレス界の帝王〟の異名にふさわしい活躍を見せるが、DDTプロレスリングに参戦中の試合で頸髄完全損傷を負い、長期欠場へ。2024年9月3日の「TAKAYAMANIA EMPIRE Ⅲ」でリングイン。鈴木みのるとの特別試合が組まれた。現在も完全復帰へ向けてリハビリに日々励んでいる。

「TAKAYAMANIA」公式HP
https://takayamania.buyshop.jp

※同サイトで販売された商品の売り上げは「TAKAYAMANIA」に寄付され、高山善廣選手の治療費等に充てられます。また、同サイトでは高山善廣選手への寄付を銀行口座への振り込みで受け付けています。

鈴木健.txt
Ken Suzuki.txt

すずき・けん／1966年9月3日、福島県会津若松市生まれ、葛飾区西亀有出身。1988年より21年間『週刊プロレス』の編集記者から編集次長、2001年より週刊プロレスモバイル編集長を務め、2009年にフリーとなりプロレス、音楽、演劇等の表現ジャンルについて執筆。プロレス中継では50団体以上の実況と解説を経験。「TAKAYAMANIA EMPIRE」でも実況を務める。髙山善廣とは2013年から2017年にかけてニコニコプロレスチャンネル情報番組「ニコプロ一週間」で毎週共演。ワニブックスウェブ「News Crunch」にてみちのくプロレスを題材とした小説『アンドレ・ザ・小学生』（https://wanibooks-newscrunch.com/category/series-054）を執筆。著書に『プロレス きょうは何の日？』（河出書房新社）、『白と黒とハッピー～純烈物語』（扶桑社）、『純烈物語 20-21』（同）がある。

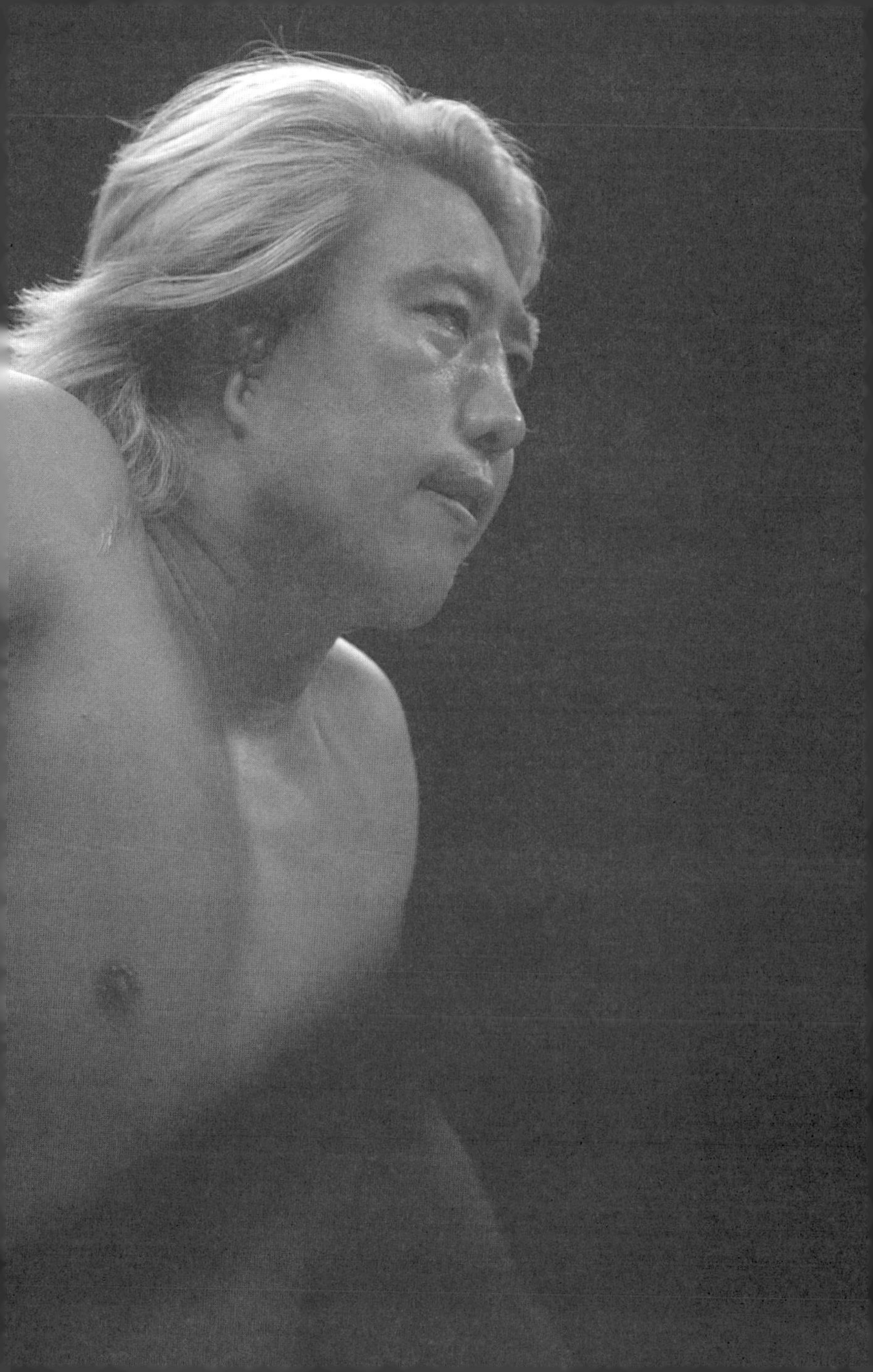

髙山善廣評伝｜ノーフィアー

NO FEAR

2025年3月30日　初版発行

著者　鈴木健.txt

装丁　金井久幸

協力　石原真（ハイタイド）

校正　株式会社東京出版サービスセンター

編集　岩尾雅彦、吉岡萌（ワニブックス）

写真　長尾迪（カバー写真、P318-319、377、381、384-385）
山内猛（上記以外の本文すべて）

発行者　髙橋明男

発行所　株式会社ワニブックス
〒150-8482
東京都渋谷区恵比寿4-4-9えびす大黒ビル
ワニブックスHP　http://www.wani.co.jp/
（お問い合わせはメールで受け付けております。
HPより「お問い合わせ」へお進みください）
※内容によりましてはお答えできない場合がございます

印刷所　大日本印刷株式会社

DTP　株式会社 三協美術

製本所　ナショナル製本

ISBN 978-4-8470-7490-5